역주 『신학신설(身學新說)』

역주자 소개

안예리(安禮俐)　　한국학중앙연구원 한국학대학원 인문학부 부교수

『근대 한국의 언어 문제』(2020), 『신식부인치가법의 번역과 어휘』(공저, 2020), 『근대 한국어의 변이와 변화』(2019) 등의 논저가 있다.

이준환(李準煥)　　전남대학교 인문대학 국어국문학과 부교수

『신식부인치가법의 번역과 어휘』(공저, 2020), 「≪훈민정음 해례본≫의 초성, 중성, 종성 설명 용자에 관하여」(2020), 「근대 전환기 국한문체의 형성과 자전, 사전, 학습서의 편찬」(2019) 등의 논저가 있다.

임상석(林相錫)　　부산대학교 점필재연구소 교수

『식민지 한자권과 한국의 문자 교체: 국한문 독본과 총독부 조선어급 한문독본 비교 연구』(2018), 『한국 고전번역사의 전개와 지평』(공저, 2017), 『한국 고전번역자료 편역집』(공역, 2017) 등의 논저가 있다.

정한데로(丁한데로)　가천대학교 인문대학 한국어문학과 부교수

『발견을 위한 한국어 단어형성론』(2019), 『한국어 등재소의 형성과 변화』(2015) 등의 논저가 있다.

역주 『신학신설(身學新說)』

초판 1쇄 인쇄 2020년 11월 20일
초판 1쇄 발행 2020년 11월 27일

역주자 안예리 · 이준환 · 임상석 · 정한데로
펴낸이 이대현
편 집 권분옥
디자인 안혜진

펴낸곳 도서출판 역락
주 소 서울시 서초구 동광로 46길 6-6 문창빌딩 2층
전 화 02-3409-2058(영업부), 2060(편집부) | 팩시밀리 02-3409-2059
이메일 youkrack@hanmail.net
역락홈페이지 http://www.youkrackbooks.com
등 록 제303-2002-000014호(등록일 1999년 4월 19일)

ISBN 979-11-6244-619-5 93710

* 책값은 표지에 있습니다.
* 이 도서의 국립중앙도서관 출판예정도서목록(CIP)은 서지정보유통지원시스템 홈페이지(http://seoji.nl.go.kr) 와 국가자료종합목록 구축시스템(http://kolis-net.nl.go.kr)에서 이용하실 수 있습니다. (CIP제어번호 : CIP2020047218)

이 책은 2018년 한국학중앙연구원 공동연구과제로 수행된 연구임. (AKSR2018-C08)

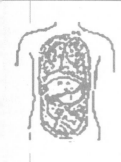

역주 『신학신설』

身學新說

안예리
이준환
임상석
정한데로

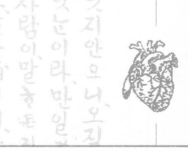

역락

서

천하불건이엿치업는거시잇지안으니오직

못흐면곳지혜가미진혐이잇눈이라만일

즁거가잇스면무론엇더허사람이말흐돈지

거사요가하고사람으로써그말을버리지안

보신기하은신상에먼저심술께라맛당이갓

못혈거시여놀사람이미양범홀허고십상이

나기에밋쳐서눈션여의원의비만막기니

다뇌가일즉이여기연홈이잇서…글일

서을섭엽호아써어버이도셩기쓰몸도호

『신학신설』 표지 (국립중앙도서관 제공 이미지)

서

천하물건이녯치업는거시잇지안으니오직녯치을궁진치

못ᄒᆞ면곳지혜가미진험이잇ᄂᆞ니라만일술을궁구ᄒᆞ야

증거가잇스면무론녯터헌사람이말ᄒᆞ듀지다맛당이믿들

거시요가ᄒᆞ고사람으로써그말을버리지안을거시라듸기

보신지학은인성에먼저심을ᄲᅦ라맛당이강구ᄒᆞ기필을지

못헐거시여놀사람이미양범홈ᄒᆞ고심상이넉이다가그병

나기에밋쳐서는젼여의원의비만막기니가히탄식ᄒᆞ리쏘

다뇌가일즉이여긔연홈이잇서글일ᄭᅴ여가에약간방

서을셥엽ᄒᆞ야셰어버이도셩기고몸도호위ᄒᆞ기에슬가ᄒᆞ

되깁프흘리고멀고아득헌지라그나두을뭇지못ᄒᆞ야듸

『신학신설』 서-1a (국립중앙도서관 제공 이미지)

다힝이

셩인의덕화가빗나고들러셔사히일실가트믈만나기로구

라과주,일읍이라의셔을어더봉녀그의논이갓잡고쉬우며

그리치가엿고발가셔일듸의가히증거허게꼬졀ㄹ이가히

빙준ㅎ디또다뽑아셔쳑합나를ㄹ만들어써횐허베보기를갓

쵼가싱각ㅎ아이에모든글을모아셔잡심하야찻기를업치

락뒤치락지게다든지별어달만에그갈약허고요긴헌거슬

어든이그졍신을비양하야셔병근원을ㄷ던눈바는실노헌

원씨와기벽의발명치못헌빅치라만일세상사람으로하여

곰다이잇치에발그면거위가히안ㄴ강영허끼ㄴ수꼬헐

인이무어세약을쓰며도무어세의원을쓰리요즁을의논허

『신학신설』 서-1b(국립중앙도서관 제공 이미지)

고약을쓰는일은즘븟긔록허지안은이라신묘상원에송촌

거사는서허노라. ㅎ

『신학신설』 서-2a (국립중앙도서관 제공 이미지)

　이 책은 1891년에 지석영에 의해 편찬된 필사본 예방의학서 『신학신설』에 대한 역주서이다. 해제 부분에서는 『신학신설』의 서지사항과 저자, 목차, 주요 내용, 관련 연구 현황, 활용 방안 등을 기술하였고, 역주 부분에서는 원문의 쪽수를 기준으로 현대어역과 원문 판독 결과를 대응시켜 제시하였다. 원문 판독 결과를 제시할 때에는 원문에 없는 한자를 병기하였음을 밝혀 둔다.

　『신학신설』은 순 국문으로 작성되어 한자가 전혀 쓰이지 않은 문헌이지만, 사용된 어휘 중에는 적지 않은 한자어가 포함되어 있다. 그중에는 오늘날에는 쓰이지 않는 것도 상당해 표기에 드러나지 않은 한자가 무엇인지 알아야 그 내용을 올바로 이해할 수 있다. 따라서 역주서로서의 이 책의 활용도를 높이기 위해서는 무엇보다도 대응 한자를 규명해 내는 작업이 필수적이라고 판단하였다. 이 과정에서 지석영이 참고한 『전체신론(全體新論)』, 『박물신편(博物新編)』, 『유문의학(儒門醫學)』 등 한문본 근대 과학서의 대응 부분을 확인하였고, 필요할 경우 각주를 달아 한자 병기의 근거를 기록해 두었다.

　현대어역과 원문 부분의 각주에는 내용의 이해에 도움을 줄 수 있는 주석을 제시하였고, 각 장의 마지막에 표의 형식으로 국어학적 특징에 대한 주석을 따로 모아 제시하였다. 어휘적으로 보충 설명이 필요한 부분에는 근대의 이중어사전과 국어사전의 기술 내용을 함께 보이기도 했다.

　『신학신설』에 대한 역주 작업은 2018년 한국학중앙연구원 공동연구과제를 통해 이루어졌다. 연구과제에 참여한 국어학 연구자와 국문학 연구자가 함께 자료를 읽어 나가며 현대어역을 하고 각자의 전공을 살려 주석을 달았다. 코로나19로 인해 비대면의 일상을 살아가는 요즘, 사람과 사람의 교류를 통해 배우는 것이 얼마나 많은지 생각하며 함께했던 연구진을 떠올린다. 안예리, 이준환, 임상석, 정한데로 네 사람은 학연을 비롯한 별다른 연고가 없다. 각자의 자리에서 각자의 연구를 하다가 어느 학술대회 발표장, 어느 세미나 등에서 만나 서로의 연구에 귀를 기울이다 접점을 찾게 되었고, 한 팀을 이뤄 머리를 맞대고 같이 고민한 끝에 작은 결실을 맺었다. 세상에서 가장 좋아하는 일을 하다 만난 소중한 인연에 감사하며, 공동 연구의 결과물이 학계에도 작은 보탬이 되기를 기원한다. 마지막으로, 출판을 맡아 주신 도서출판 역락에 감사의 인사를 전한다.

2020년 가을, 안예리 씀

차례

『신학신설』 해제

1. 서지사항과 저자

『신학신설』은 1891년에 지석영(池錫永, 1855-1935)이[1] 편찬한 근대적 예방의학서로 순 국문으로 작성된 필사본이다. 책의 크기는 가로 19.0cm, 세로 29.4cm이고 분량은 1책 60면이다. 선장(線裝) 형식으로 제본되어 있는데 꿰맨 구멍이 네 개인 사침안(四針眼) 선장본이라는 점에서 다섯 구멍으로 꿰매는 한국 고서의 일반적인 제본 방식과 차이가 있다. 국립중앙도서관(청구기호: BC古朝68-103)에 소장된 것이 유일본이며 국립중앙도서관 온라인 원문 보기를 통해 원문 이미지를 볼 수 있다. 또한 한국학문헌연구소 편 『지석영 전집(池錫永全集)』과 대한의사학회 편 『송촌 지석영(松村 池錫永)』에 영인본이 실려 있다.

『신학신설』은 한국의 근대 의학과 근대 국어학의 개척자였던 지석영의 독특한 이력을 잘 보여 주는 자료이다. 지석영은 한국 최초로 우두법을 실시

---

[1] 지석영은 '太原', '幼幼堂居士', '松村居士', '松村' 등의 호를 사용하였다. 주요 저술에 나타난 지석영의 호를 정리해 보면 다음과 같다. 『우두신설(牛痘新說)』(1885) 서문: 幼幼堂居士 太原, 『신학신설』(1891) 서: 송촌거사, 총논: 틔원, 『언문(言文)』 표지, 서문: 太原, 『자전석요(字典釋要)』(1907) 서문: 松村居士, 『대한국문설(大韓國文說)』(1907): 松村.

하여 천연두 퇴치에 앞장섰고 『우두신설(牛痘新說)』(1885)을 편찬하였으며 1899년 설립된 의학교의 초대 교장을 지내는 등 근대 한국 의학의 선구자적 인물이었다. 또 한편으로 지석영은 언어 연구에도 매진하여 여러 가지 선구적 업적을 이뤄내기도 했다. 1905년 고종에게 '신정국문(新訂國文)' 상소를 올려 국문 표기의 개혁과 통일을 촉구했고 이를 계기로 1907년 국문연구소가 설립되었다. 지석영을 포함한 국문연구소의 위원들이 2년간의 갑론을박 끝에 완성한 '국문연구의정안(國文研究議定案)'은 대한제국기의 대표적인 국문 연구 성과물이라 할 수 있는데 그 실질적인 내용은 지석영의 '신정국문'에 대한 찬성 또는 반대의 의견을 정리한 것이었다. 또한 지석영은 『훈몽자략(訓蒙字略)』(1901), 『아학편(兒學編)』(1908), 『자전석요(字典釋要)』(1909), 『언문(言文)』(1909) 등의 한자 및 외국어 학습서와 자전을 집필하기도 했다.

2. 『신학신설』의 구성과 주요 내용

책의 구성과 주요 내용에 대해 살펴보면 다음과 같다. 먼저, 겉표지에는 '신학신설 완'이라고 한글로 적혀 있고 표지 뒷면에는 '朝鮮總督府圖書館 圖書登錄番號(昭和17.11.5 古23703)' 도장이 찍혀 있어 1942년에 조선총독부 도서관에 소장 등록된 자료임을 알 수 있다.

표지 다음 장은 서문으로 책의 기본적인 관점과 편찬 경위, 그리고 편찬 목적에 관한 내용을 담고 있다. 그 핵심을 요약하면 다음과 같다. 첫째, 천하 만물에는 이치가 있으며 그 이치는 증거를 통해 설득력을 얻는다고 하였다. 실제로 지석영은 『신학신설』의 본문 곳곳에서 서구 과학계의 실험 결과나 의학계의 해부 결과를 들어 기술 내용을 뒷받침하였고 기술 내용에 대해

독자들이 의구심을 가질 경우 직접 시험을 해 스스로 증거를 찾아보라며 시험 방법을 안내하기도 했다. 즉, 만물의 이치와 그 증거에 대한 서문의 언급은 이 책이 실증적 근거에 기초한 과학적 합리성을 중시하는 관점에서 작성되었음을 밝힌 것이라 해석할 수 있다.

둘째, '성인의 덕화' 덕분에 서양의 책들을 얻어 보게 되었고 그 책들에서 유용한 내용을 뽑아 이 책을 짓게 되었다고 하였다. 여기서 '성인'은 고종을 지칭하는 것으로 보인다. 원문을 보면 '성인' 부분에서 줄 바꿈이 되어 있는데 이러한 개행법은 대두법이나 격간법과 함께 주로 국가나 임금에 대한 존경심을 표시하는 방법이었다. 개항 이후 고종은 중국에서 편찬된 근대 과학서들을 대량 수집하여 관리들에게 읽도록 하였는데 지석영 역시 『전체신론(全體新論)』, 『박물신편(博物新編)』, 『유문의학(儒門醫學)』, 『부영신설(婦嬰新說)』, 『서약약석(西藥略釋)』 등을 접하게 되었고 실제로 『신학신설』의 내용 중 상당 부분이 한문본 근대 과학서들을 발췌 번역한 것이었다.

셋째, 이 책에 담긴 내용은 '헌원씨와 기백이 발명치 못한 이치'로 이 이치를 깨닫고 잘 실천하면 병이 나기 전에 예방할 수 있으므로 의원을 찾아갈 필요가 없다고 하였다. 이는 『신학신설』이 건강관리를 위해 일상생활 속에서 실천해야 할 지침들을 담은 예방의학서라는 편찬 목적을 기술한 것이며 더불어 그 내용이 동양의 전통의학과는 다른 새로운 것임을 밝힌 것이다. 헌원씨(軒轅氏)는 중국 전설 속 상고시대 제왕인 황제(黃帝)의 호로 명의 기백(岐伯)과 함께 중국 의학을 창시한 것으로 전해 내려온다. 허준의 『동의보감(東醫寶鑑)』에서도 헌원씨와 기백을 한의학의 시초이자 절대적인 권위자로 언급하였는데 지석영은 서구의 의학에 근거한 『신학신설』의 내용이 헌원씨와 기백이 발명하지 못했던 더 뛰어난 이치라고 주장한 것이다. 이는 한의학적 치료의 한계를 서구 의학으로 극복하려는 지석영의 관점이 드러난 부분이라 할 수 있다.

한편 서문의 마지막에 "신묘 상원에 송촌 거사는 서허노라"라고 쓴 것을 볼 때 신묘(辛卯)년인 1891년 1월 15일에 집필이 완료된 것으로 보인다. 지석영은 1887년부터 1892까지 약 5년간 신지도에서 유배 생활을 했는데『신학신설』서에 기록된 일자를 보면 유배지에서 이 책을 저술하였음을 알 수 있다. '송촌 거사(松村 居士)'에서 '송촌'은 신지도 유배 시절에 거주하던 '송곡리(松谷里)'에서 딴 것으로 추정된다.

서문에 이어지는 본문은 '총론, 광, 열, 공기, 수, 음식, 운동'으로 구성되며 마지막에 부록으로 '보영'이 추가되어 있다. '총론(1a~2a)'에서는 무병장수의 비결은 병이 나기 전에 조심하는 것이고 이를 위해 빛과 열과 공기와 물과 음식과 운동의 여섯 가지에 유의해야 한다고 하여 저술의 목적과 책의 구성을 소개하였다. 그리고 최근 서양의 의학이 발달하여 수명이 백 세에 이르거나 평생 병에 걸리지 않고 사는 사람들이 있음을 언급하며 그 비결이 보신의 이치를 깨달아 미리 조심하기 때문이라고 덧붙였다.

'광(2a~6b)'에서는 모든 생명체에게 빛이 중요함을 이야기한 뒤 도시에 사는 부자와 시골에 사는 농부 중 부자 쪽이 의식주의 제반 측면에서 더 좋은 환경에 있음에도 농부 쪽이 더 건강한 이유는 바로 농사일을 하며 자연히 햇빛을 많이 쬐기 때문이라고 하였다. 또한 방안에 햇빛이 잘 들도록 하는 것이 건강을 유지하는 데에 매우 중요함을 강조하며 어린아이와 병자가 있는 집은 특히 일조량에 신경을 써야 한다고 하였다. 이와 관련해 과거 영국에서 창문 수에 따라 세금을 부과하는 제도를 시행한 결과 집집마다 창문을 없애 어린아이들이 햇빛을 충분히 받지 못하게 됐고 인구가 감소하는 부작용이 있었다는 사례를 소개하기도 했다. 더불어 선글라스와 안경에 대한 내용, 각 색상이 정서에 미치는 영향과 인테리어 시의 주의점에 관한 내용을 덧붙였다.

'열(6b~12a)'에서는 사람과 동물이 살아가는 이치가 체온을 유지하는 데에 있다고 하며 호흡과 음식물의 소화가 체온 유지와 어떻게 관계되는지를 설명하였다. 열의 성질에 대해서도 자세히 기술하였는데 쇠와 각종 직물이 갖는 전열도가 각기 다르다는 점, 직물의 색에 따라서도 열을 흡수하는 정도가 각기 다르다는 점 등을 언급하였다. 또한 공기의 열이 신체의 열에 미치는 영향과 그 원리를 설명하고 신체가 온도를 낮추기 위해 열을 배출하는 과정에서 땀이 난다고 하였다. 열과 관련해 생길 수 있는 열사병과 감기의 원인 및 그 예방법에 대해서도 공기의 열과 신체의 열의 상관관계에 근거해 설명하였다.

'공기(12a~19b)'에서는 먼저 땅과 공기의 관계를 계란 노른자와 이를 둘러싼 흰자에 비유하여 알기 쉽게 설명하고 공기가 비록 눈에 보이지는 않지만 분명히 존재하는 땅 위의 한 물질이라고 하였다. 그리고 공기가 산소, 질소, 이산화탄소, 수소로 이루어져 있으며 그 비율과 인체에 좋고 나쁨을 설명하였다. 동물은 산소를 마시고 이산화탄소를 내쉬는 반면 식물은 이산화탄소를 마시고 산소를 내쉬기 때문에 산소가 고갈되지 않는 것이라 하였다. 또한 호흡과 혈액순환의 원리를 통해 산소와 이산화탄소가 신체 각 부분의 작용에 미치는 영향을 기술하였고 목매어 죽은 사람의 시체를 해부한 결과 심장의 좌심방에 있는 피가 검붉었다는 점을 들어 호흡을 통해 이산화탄소를 배출하지 못하면 핏속에 독이 쌓여 생명을 잃게 됨을 설명하였다. 그밖에도 공기 중의 독성을 프랑스와 인도 등의 사례를 통해 상술하였다. 그리고 사람이 하루에 호흡하는 공기의 양을 계산하고 그 양을 확보하기 위한 방의 크기를 제시하였으며 실내에서의 통풍의 중요성과 집 근처 오물에서 나오는 독한 공기를 예방해야 함을 강조하였다.

'공기'의 바로 뒤에는 '지기(19b~24b)'에 관한 내용을 덧붙였는데 이는 지형에 따른 대기의 성질과 인체에 미치는 영향을 서술한 부분으로 도시와 시골, 내륙과 해안을 각각 비교하였고 프랑스, 독일, 스위스, 영국, 이탈리아, 오스트리아, 아프리카의 여러 사례를 제시하였다.

'수(24b~32b)'에서는 먼저 물이 지구의 4분의 3을 차지하며 지구상의 모든 물질이 다 물을 머금고 있다고 한 뒤 물에 대한 과학적 연구 성과들을 소개하였다. 물이 산소와 수소의 화합물이고 전기분해를 해 보면 그 비율이 1 대 2라는 점을 기술하였고, 화씨 온도를 기준으로 물의 어는 온도와 끓는 온도를 제시하였으며 기타 물의 화학적, 물리적 성질을 기술하였다. 또한 물이 수증기가 된 후에는 부피가 증가하는데 이를 철기 안에 가두어 두면 폭발력이 생겨 증기기관이 이러한 원리를 이용하는 것이라고 설명하였다. 그리고 물이 신진대사에서 차지하는 역할, 물의 종류와 각각의 용도, 물을 마시거나 목욕을 할 때의 주의점, 실내 습도를 유지하는 방법 등 실생활에서의 물의 활용에 대해서도 자세히 설명하였다.

'음식(32b~48b)'에서는 생명을 유지하기 위해서는 반드시 음식을 섭취해야 함을 강조한 뒤 신진대사로 인해 소모된 에너지를 음식물을 통해 보충하게 되는 과정을 소화와 혈액순환의 원리를 통해 설명하였다. 그리고 음식을 골고루 먹어야 함을 주장하며 과일과 채소만 먹을 때의 부작용과 반대로 고기만 먹을 때의 부작용을 몇 가지 사례를 통해 제시하였다. 또한 소화가 잘되는 음식과 그렇지 않은 음식의 종류를 열거한 뒤 서양에서 총을 맞아 위에 구멍이 난 환자를 관찰한 결과 음식물에 따라 소화의 쉽고 어려운 정도, 빠르고 느린 정도에 차이가 있었음을 덧붙였다. 아울러 신체에서 열을 내는 음식물과 살을 이루는 음식물을 분류하고 각각의 작용에 관여되는 물질, 즉 피브린, 카세인, 글루텐, 젤라틴 등에 대해 소개하였다. 그밖에도 고기를 굽는 방법에 따른 소화 작용의 차이, 밀가루로 빵을 만드는 방법, 병자들이 먹지 말아야 할 음식, 올바른 식사 습관, 커피와 술의 효능과 부작용, 풍토와 음식의 관계 등에 대해 설명하였다.

'운동(48b~50b)'에서는 최근 기계 문명의 발달로 운동량이 줄어 신체에 해가 있음을 지적하고 매일 야외에서 적당량 운동을 하는 것이 건강을 유지하고 장수하는 비결이라고 하였다. 그리고 서양의 운동법으로 노 젓기, 걷기, 공 던지기, 공차기, 얼음 위에서 큰 돌 끌기, 스케이트, 활쏘기, 사냥하기, 그네뛰기, 아령 및 역기 운동 등을 소개하였다. 또한 노래 부르는 것이 폐 건강에 좋고 가족끼리 모여 함께 노래 부르는 것은 정서적으로도 좋다고 하였다. 마지막으로 몸을 움직이는 만큼 잠도 충분히 자야 하며 몸을 단련하는 것처럼 마음도 단련해야 하는데 이를 위해 독서나 바둑 등의 취미 생활이 필요하다고 하였다.

부록으로 추가된 '보영(50b~58a)'에서는 갓난아기 돌보는 방법을 소개하였다. 먼저 수유의 효능과 필요성을 설명하고 아이가 자람에 따라 수유의 양과 횟수를 어떻게 조절해야 하는지, 음식을 먹기 시작할 때 어떤 음식을 먹여야 하는지를 이야기하고 일 년이 지나면 젖이 묽어져 아이를 기르는 효능이 없어지므로 수유를 너무 오래 하면 아이에게도 산모에게도 해가 크다고 하였다. 특히 산모가 월경을 다시 시작한 후에도 계속 젖을 먹이면 그 해가 다음에 태어날 아이에게까지 미친다고 하였다. 또한 유모를 구할 때 주의할 점과 나귀, 소, 양 등의 젖을 먹일 때 주의할 점을 들었다. 그 밖에 통풍, 일조, 위생 등의 측면에서 주의해야 할 사항들과 이가 나며 병을 앓는 경우의 대처법, 우두 접종의 필요성 등을 언급하였다.

3. 관련 연구 현황

근대에 관한 여러 논문과 저서에서 지석영은 당대를 대표하는 개화 지식인 중 한 사람으로 거의 빠짐없이 언급되는 인물이다. 지석영의 생애 및 업적에 대해서는 역사학계, 의학계, 국어학계에서 많은 연구가 이루어져 왔지만 『신학신설』에 대한 연구는 현재까지는 미진한 상황이다. 먼저 지석영에 대한 선행연구를 개관하고 『신학신설』을 분석한 두 편의 연구 성과를 소개하고자 한다.

지석영의 업적이 학계에 본격적으로 소개된 것은 1985년에 신용하, 신일철, 이광린 교수가 3권짜리 한국근대사상총서로 편찬한 한국학문헌연구소 편 『지석영전집』이 계기가 되었다고 볼 수 있다. 이 전집은 지석영의 업적을 개화와 의학에 관한 저작, 국문 연구에 관한 저작, 자서류 저작의 세 부류로 나누고, 당시까지 알려진 자료를 총망라하여 영인, 해제한 것이다. 『신학신설』 역시 이 전집에 영인되어 있다.

전집 간행 이후의 연구들은 역사학계, 의학계, 국어국문학계의 연구들로 나누어 살펴볼 수 있다. 첫째, 역사학계의 연구는 신용하(2004, 2005)에서 지석영의 개화사상과 개화활동을 정리한 것이 대표적이라 할 수 있다. 둘째, 의학계의 연구로는 근대 의학의 선구자로서의 지석영의 면모를 부각시킨 기창덕 (1993, 1995)의 연구, 그리고 대한의사학회의 "지석영 선생 기념 학술 심포지움" 발표 성과를 토대로 한 대한의사협회(1994)가 있다. 대한의사협회(1994)의 경우 생애, 우두법의 보급, 의학교, 국문 연구, 한자 정리 등 지석영이라는 한 인물에 대한 역사학, 의학, 교육학, 국어학 등의 학제적 연구 성과를 담고 있고 일부 자료를 영인해 부록으로 제시하였다.[2]

2　　『신학신설』 역시 대한의사협회(1994)의 부록에 영인되어 있는데, 영인 상태가 좋지

지석영에 대해서는 국어학계에서 가장 큰 관심을 가져왔다고 볼 수 있다. 국어국문학적 연구의 관심사는 주로 표기와 음가에 대한 지석영의 학설에 집중되어 있었고, 일부 연구에서 지석영이 편찬한 한자서의 체제를 검토하였다. 박병채(1980), 박호현(1993), 신유식(1993), 김영진(1999), 이준환(2012b, 2013, 2014a, 2014b, 2014c), 송철의 외(2013) 등은 '대한국문설', '신정국문', '국문연구소 보고서', 『언문』, 『자전석요』, 『아학편』 등을 연구 자료로 삼아 지석영이 주장하던 표기법과 그 기반이 된 음운 이론을 분석하였다. 여찬영(2003), 하강진(2010), 이준환(2012a)는 『자전석요』를, 한성우(2009, 2010)은 『아학편』을 분석 대상으로 삼아 그 구성과 판본 별 특징, 한자 자석 및 한자음에 대해 연구하였다. 한편 안예리(2020)은 '신정국문'과 근대 실학자들의 정음 연구 성과가 갖는 관련성에 대해 살펴보았다. 이처럼 국어학계에서 지석영의 여러 업적들이 꼼꼼하게 검토되어 왔지만, 『신학신설』에 대해서는 아직 본격적인 연구가 이루어지지 않았다.

전 학문 분야를 통틀어 지금까지 발표된 『신학신설』에 대한 연구 성과는 단 두 편의 논문뿐인데, 각각은 건축학사 그리고 과학사의 관점에서 이 자료의 중요성을 높이 평가하였다. 김명선(2008)은[3] 건축학사적 관점에서 『신학신설』에 나타난 근대적 주거 문제를 논의하였는데 전체 내용 중 일조와 채광, 통풍과 환기, 주거지의 조건 등 주거위생과 관련된 내용을 집중적으로 분석하였다. 검토 결과 김명선(2008:769)은 『신학신설』의 자료적 가치를 다음과 같이 평가하였다.

않아 연구에 활용하기는 어려울 것으로 보인다.

3   김명선(2008), "지석영의 『신학신설』(1891)에서 근대적 주거 문제", 『한국산학기술학회 논문지』 9(3), 765-770.

"1880년대 후반~1890년대 초 박영효, 유길준, 지석영 등을 통해 근대적 위생론이 도입되었고 주거위생에 관한 내용이 포함되어 있었다. 그중에서 지석영의 『신학신설』은 주거위생 조건을 체계적, 구체적으로 서술하여 일반인들에게 계몽하고자 했다는 점에서 한말 주거계몽담론의 선구적 저술이었다. (…) 『신학신설』은 1890년대 중반 이후 민간신문이나 잡지 및 학회지, 교과용 도서 등의 매체를 통해 크게 확산된 주거위생담론의 기본적인 서술구조와 내용을 선취했다는 점에 의의가 있다. 한편 이 책은 지석영이 서양의 위생서들을 읽고 이를 나름대로 정리한 것으로, 그 시기는 1891년이다. 이 때문에 근대적 위생개념이 막 도입되기 시작한 당시의 개념들 즉, '지기', '양생', '장기설' 등이 사용되어 주거위생의 당위성과 필요성을 설명하는 논리적 근거가 되고 있다(김명선 2008:769)."

건축학사적 관점에서 이루어진 위와 같은 평가는 『신학신설』에 사용된 문체나 어휘 연구에도 많은 시사점을 준다. 신문, 잡지, 교과서를 통해 근대적 위생 담론이 확산되기 이전, 근대적 위생 개념이 막 도입되기 시작했을 무렵의 새로운 개념들과 어휘들을 담은 자료이기 때문이다.

『신학신설』에 대한 또 하나의 연구 성과는 김연희(2017)이다.[4] 이는 과학사 분야에서 『신학신설』의 자료적 가치에 주목한 논문으로, 지석영이 어떤 한역 근대 서양 과학서들을 참고하여 이 책을 편찬하였는지를 실증적으로 밝힌 연구이다. 당대 한국의 개화 지식인들에 의해 널리 읽혔던 한역 근대 과학서들과 목차 및 내용을 일일이 대조한 결과 지석영이 『전체신론』, 『박물신편』, 『부영신설』, 『서약약석』, 『유문의학』 등을 참고하여 『신학신설』을 편찬했음을 밝혔다. 또한 지석영이 이들 서적의 내용을 그대로 옮긴 것이 아니라 자신만의 관점을 더해 내용을 재구성하였다고 보며, 이 책을 "서양의 근대 과학의

---

4 김연희(2017), "19세기 후반 한역 근대 과학서의 수용과 이용: 지석영의 『신학신설』을 중심으로", 『한국과학사학회지』 39(1), 65-90.

산물을 토대로 구축된 새로운 보신지학에 전통 한의학의 습합을 시도한 새로운 형태의 근대 위생서(김연희 2017:89)"라고 평가하였다. 김연희(2017:75-81)에서 제시한 번역 대응 부분에 대한 표는 본서의 역주 작업에 큰 도움이 되었다.

4. 자료의 활용

이상에서 살펴본 바와 같이 『신학신설』의 내용은 주로 서구의 개인 위생과 주거 위생에 관한 사항들로 이루어져 있다. 하지만 지석영 자신이 한의학적 배경을 가졌던 만큼 군데군데 한의학적 견해를 덧붙여 전통적 지식과 근대적 지식의 중첩을 보여 주었고 또한 일부 내용에 대해서는 서구 의학의 관점에서 전통 의학에 대한 비판적 의견을 제시하기도 했다. 이러한 점을 고려할 때 이 책의 내용에 대한 분석은 여러 학문 분야에서 근대적 지식의 형성 과정을 연구하는 데에 기여하는 바가 클 것이라 생각된다. 또한 이 책의 상당 부분은 1880년대 이전 중국에서 한역된 근대 과학 및 의학서들을 발췌 번역한 것으로 근대 초기 동아시아 지식장의 형성 과정을 밝히는 데에도 중요성이 큰 자료라 할 수 있다.

국어학적 연구 자료로서도 『신학신설』은 중요한 의미가 있다. 공문서 및 법률에서의 국문 사용 원칙이 공표된 것이 1894년이었고 최초의 순 국문 신문으로 주목받아 온 『독립신문』이 창간된 것이 1896년이었다는 점에 비추어 볼 때, 지석영이 1891년에 한자를 전혀 사용하지 않고 오직 국문으로만 근대 서구의 예방의학을 조선에 소개한 것은 매우 이례적이면서도 선각적인 일이었다. 『신학신설』은 1880~1890년대 중앙어의 모습을 조망해 볼 수 있는 자료이자 국어학자로서 지석영이 지니고 있었던 표기, 음운, 형태 등에 관한 지향점을 살펴볼 수 있는 중요한 자료이기도 하다. 또한 한자어를 모두 국문으로 표기하고 있으므로 『신학신설』에 나타난 한자음을 향후 지석영이 편찬한 『훈몽자략』, 『언문』, 『자전석요』 등과 비교해 지석영의 현실 한자음에 대한 인식 변화를 살펴볼 수 있을 것이다. 『신학신설』의 국어학적 특징에 대한 본격적인 연구는 추후를 기약하기로 하고 본서에서는 우선 두드러지게 확인되는 국어학적 특징들을 장별로 간략하게 정리해 두었다.

근대의 위생과 주거의 문제를 다룬 최초의 예방의학서이자 순 국문으로 작성된 선구적 업적이라는 점에서 『신학신설』은 근대사, 의학사, 과학사, 가정학사, 건축학사, 지식사, 국어사, 국어학사, 문체사, 번역사 등 여러 학문 분야에서 한국학 발전에 기여할 수 있는 기초 자료로 활용될 수 있을 것이다.

현대어역과 원문

『신학신설』

일러두기

1 　『신학신설』의 원문에는 띄어쓰기가 이루어져 있지 않고 문장부호도 쓰이지 않았다. 이 책에서는 가독성을 높이기 위해 원문 텍스트를 제시할 때 현대식으로 띄어쓰기하고 문장 종결 위치에 마침표를 찍었다. 단 원문의 표기는 그대로 반영하였다.

2 　『신학신설』의 원문에는 본문 내 협주와 본문과 분리된 상단주의 두 가지 주석이 포함되어 있다. 이 책에서는 협주는 〖 〗로, 상단주는 〔 〕로 표시하였다. 협주는 원문에서의 위치를 그대로 반영하였지만 상단주의 경우 본문 중 내용상 대응되는 부분에 삽입하였다. 두 면에 걸쳐 있는 상단주의 경우 앞 면에 포함시키되 면 경계에 '/'를 삽입하였다.

3 　한 어절이 두 면에 나뉘어 있는 경우 앞 면에 포함시키되 면 경계에 '/'를 삽입하였다.

4 　원문에 쓰인 도량형 단위는 미터법으로 환산하지 않고 그대로 썼으며 각주로 설명을 덧붙였다.

5 　원문의 '시(時)'는 12시간 체계에 근거한 것으로 24시간 체계로 볼 때 2시간에 해당한다. 현대어역에서는 24시간 체계로 환산하였다.

1. 서序

身學新說

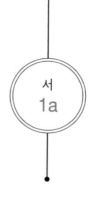

서
1a

현대어역

서문

천하 만물이 이치 없는 것이 없으니 오직 이치를 궁구해 나아가지 못하면 곧 지혜가 미진해진다. 만일 이치를 궁구하여 증거가 있으면 어떠한 사람이 말하든지 다 마땅히 믿을 것이고 그 사람으로 인해 그 말을 버리지 않을 것이다. 보신지학은 인생에서 먼저 힘써야 할 것이라 마땅히 강구하기를 게을리하지 말아야 할 것인데 사람들이 늘 이를 소홀히 하고 대수롭지 않게 여기다가 병이 나면 오로지 의원에게만 맡기니 탄식할 일이다. 내가 일찍이 여기에 대해 안타까움이 있어서 글을 읽고 여가가 있을 때 약간의 의서를 섭렵하여 어버이도 섬기고 몸을 호위하는데에도 쓸까 하였지만 그 내용이 깊고 흐리고 멀고 아득하여 그 도를 찾지 못하였다가

원문(한자 병기)

서(序)[1]

쳔하(天下) 물건(物件)이[2] 잇치(理致)[3] 업는 거시 잇지 안으니 오직 잇치(理致)을 궁진(窮進)치 못ᄒ면 곳 지혜(知慧)가 미진(未盡)험이 잇는이라. 만일(萬一) 리치(理致)을 궁구(窮究)ᄒ야 증거(證據)가 잇스면 무론(無論) 엇더헌 사람이 말ᄒ든지 다 맛당이 미들 거시요 가(可)히 그 사람으로써 그 말을 버리지 안을 거시라. 디기(大蓋) 보신지학(保身之學)은 인싱(人生)에 먼져 심슬 쩨라 맛당이 강구(講究~講求)허기 결을치[4] 못헐 거시여늘 사람이 ᄆᆡ양[5] 범홀(泛忽)허고 심상(尋常)이 넉이다가 그 병(病)나기에 밋쳐서는 젼(專)여 의원(醫員)의게만[6] 막기니 가(可)히 탄식(歎息~嘆息)허기쏘다. 닉가 일즉이 여긔 기연(慨然)홈이 잇서[7] 글 일쑈 여가(餘暇)에 약간(若干) 방서(方書)을[7] 셥엽(涉獵)ᄒ야 써[8] 어버이도 셍기고 몸도 호위(護衛)ᄒ기에 슬가 허되 깁고 흘리고 멀고 아득헌지라 그 나루을 뭇지[9] 못ᄒ야드니

주석

1 '서'의 첫 두 문장은 『전체신론(全體新論)』(1851) '序'의 앞부분을 번역한 것이다.

2 오늘날 '물건'은 '형체를 갖춘 물질적 대상'을 뜻하지만 한문에서 '物'은 보다 넓은 의미로 사고의 대상이 되는 구체 혹은 추상의 존재를 나타낸다. 이 문헌에서 '물건'은 이 문장에서처럼 '만물'의 의미로 쓰이기도 했고 문맥에 따라 '음식', '물체', '물질' 등의 의미로 쓰이기도 했다.

3 『전체신론』에 쓰인 '物', '理', '窮', '知', '據'를 지석영은 '물건', '잇치/리치', '궁진', '지혜', '증거'와 같이 2음절로 번역하였다.

4 ‘한가하-’의 뜻을 가지는 ‘겨를ᄒ-’의 활용형이 과잉 분철된 것이다. 15세기 이후 문헌에 널리 나타나던 명사 ‘겨를/겨롤/겨ᄅ/겨르/결/결을(暇, 閑)’, 형용사 ‘겨르릏-’와 관련이 있는 형태이다. [閑暇ᄂᆞᆫ 겨르리라<1459월인석보서1, 17a>, 欲 여희여 뷘 겨르ᄅ윈 ᄯ짜해 샹녜 이셔<1463법화경언해1, 77b>] 겨를ᄒ-’는 “봄으로브터 ᄀᆞ을에 가도록 내 감히 겨를ᄒᆞ야 쉬지 못ᄒ야시되(1782유경기대소민인등윤음, 1b)”에서와 같이 형용사로 쓰인 것이나, 이곳에서는 동사로 쓰여 차이를 보인다.

5 ‘미양’을 한자어 ‘每樣’으로 볼 수도 있다. 하지만 19세기 말에 발간된 게일(1897)에서는 이를 한자어로 풀이하고 있지 않아 당시 ‘미양’이 고유어로서 인식되었을 가능성이 높아 보인다. 이에 따라 본서에서도 ‘미양’에 대해 한자 병기를 하지 않았다. [게일(1897:313) 미양 每 : Always; every time]

6 19세기 말~20세기 초에는 의료 전문 인력을 뜻하는 말로 ‘의원(醫員)’, ‘의자(醫者)’, ‘의사(醫師)’, ‘의생(醫生)’, ‘의가(醫家)’ 등이 쓰였으며, 이 문헌에서는 ‘의원’과 ‘의자’가 확인된다. ‘의원’은 양의를 뜻하는 ‘의사’와 한의를 뜻하는 ‘의생’을 아우르는 의미로 쓰였고, ‘의가’는 ‘의서의 집필자’라는 추가 의미도 가지고 있었다. [게일(1897:83, 85) 의원: A physician; a surgeon; a medicine-man, 의가: Physician; writers on medicine, 의ᄉ: A physician; a doctor], [문세영(1938:1121, 1122) 의사: 양약으로 병을 고치어 주는 것을 업으로 삼는 사람, 의생: 한약으로 병을 고치어 주는 것을 업으로 삼는 사람, 의원: 의사·의생의 총칭]

7 ‘방서’는 한의학 서적에 처방이 많이 제시된 것에서 연유한 명칭이다. 전통적으로 ‘방서’와 더불어 ‘방술(方術)’, ‘방사(方士)’도 같은 의미로 사용되었다.

8 언해문에 나타나던 ‘以’의 전이어이다.

9 ‘나루를 묻다’는 ‘問津’을 풀어쓴 것이다. ‘問津’은 『논어(論語)』 「미자(微子)」에서 공자가 장저와 걸익에게 나루터를 묻는 장면에서 쓰인 표현으로 ‘도를 찾다.’, ‘학문으로 들어가는 길을 묻다.’의 뜻이다.

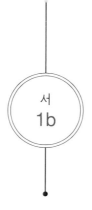

서
1b

현대어역

다행히 성인의 덕을 통한 감화가 널리 빛나고 멀리까지 들려서 온 세상이 한 가족 같아져 구라파주[서양 세계를 말한다.]의 책을 얻어 보게 되니 그 내용이 가깝고 쉬우며 그 이치가 잘 엮이고 밝아서 일일이 증거를 댈 수 있고 절절이 표준을 삼을 수 있겠다는 생각이 들었다. 이에 유용한 내용을 뽑아 책 하나를 만들어 편하게 볼 수 있게 갖춰 두자고 생각하고 모든 글을 모으고 고심하여 찾기를 엎치락뒤치락하게 애쓴 지 여러 달 만에 간략하고 요긴한 결과물을 얻었으니 정신을 배양하여 병의 근원을 끊는 그 내용은 실로 헌원씨와[10] 기백이 발명하지 못했던 이치라 하겠다.[11] 만일 세상 사람이 다 이 이치에 밝으면 거의 모두가 건강하고 편안하게 오래오래 살 수 있을 것이니 무엇에 약을 쓰고 또 무엇에 의원을 쓰겠는가? 병의 증상을 의논하고

序

다힝(多幸)이[12]

성인(聖人)의[13] 덕화(德化)가 빗나고 들려셔 사히일실(四海一室) 갓틈을 만나기로 구라파주(歐羅巴洲)【셔양(西洋) 셰계(世界) 일음이라.】의 셔(書)을 어더 본니 그 의논(議論)이 갓참고[14] 쉬우며 그 리치(理致)가 엿고[15] 발가셔 일ヽ(一一)이 가(可)히 증거(證據)허게고 졀ヽ(節節)이 가(可)히 빙준(憑準)ᄒ깃쏘다. 쏩아셔 칙(冊) 한나를 만들어 써 편(便)허계 보기를 갓촐가 싱각ᄒ야 이에 모든 글을 모아셔 잠심(潛心)하야 찻기를 업치락뒤치락지게 다든 지 열어 달 만에 그 갈약(簡略)허고 요긴(要緊)헌 거슬 어든이 그 졍신(精神)을 비양(培養)하야셔 써 병(病) 근원(根源)을 쓷는 바는 실(實)노 헌원씨(軒轅氏)와 기빅(岐伯)의 발명(發明)치 못헌 잇치(理致)라. 만일(萬一) 셰상(世上) 사람으로 하여곰 다 이 잇치(理致)에 발그면 거위[16] 가(可)히 인ヽ(人人) 강영(康寧)허고 긔ヽ(箇箇) 수고(壽考)헐인이 무어세 약(藥)을 쓰며 쏘 무어세 의원(醫員)을 쓰리요. 즁(症)을 의논(議論)허/고

주석

10 중국 전설 속 상고시대 제왕인 황제(黃帝)의 호이다. 명의 기백(岐伯)과 함께 『황제내경(黃帝內經)』을 써서 중국 의학을 창시한 것으로 전해진다.

11 허준의 『동의보감(東醫寶鑑)』 서문(한글 필사본)에서 "의원이 샹히 헌원시와 기빅을 말ᄒᄂ니 헌원 기빅이 우흐로 하ᄂᆞᆯ 벼리ᄅᆞᆯ 궁구ᄒ고 아리로 사ᄅᆞᆷ의 니치ᄅᆞᆯ 궁극히 ᄒ니 맛당이 긔록ᄒ기에 셜ヽ치 아니홀 듯ᄒ더 오히려

므릇믈 긔록ᄒ고 논난을 지어 후셰의 법을 드리온즉 의원의 글이 잇시미 오린지라"라고 한 것처럼 황제와 기백은 한의학의 시초이자 절대적인 권위 자로 여겨져 왔다. 지석영이 이 책의 내용을 소개하며 황제와 기백이 발명 하지 못했던 이치를 담고 있다고 한 것은 한의학적 치료의 한계를 서구의 근대 의학으로 극복하고자 하는 집필 의도를 반영한 것이다.

12 원문에서 '다힝이' 뒤에 줄 바꿈이 되어 있는데 후행 어절의 '셩인'을 높이 기 위한 '개행법(改行法)'에 해당한다.

13 개항 이후 조선 정부에서 한문본 근대 서양 과학서를 대량 수집해 관리들 에게 읽게 하였던 것을 고려할 때 '셩인'은 '고종'을 뜻하는 것으로 생각 된다.

14 '갓챱-'은 현대국어의 '가깝-'에 대응된다. 『신학신설』에서는 '갓챱-' 외에 도 '가챱-'으로 표기된 것도 보이며, 현대국어 '가깝-'에 대응하는 '각갑-' 의 형태도 관찰된다. '가깝-'이 직접적으로는 '갓갑->가깝-'의 형태 변화 를 겪었기 때문에 형태상 '갓챱-'을 '가깝-'과 관련짓기에 어려움이 있을 수 있다. 이와 관련하여 곽충구(1980)과 이승재(1983)의 논의가 주목되는데, 15세기에 'ㅅ'으로만 표기되던 단어가 18세기에 'ㅊ'으로 실현된 예로 '돍~돛', '숡~숯'이 논의된 바 있다. 현대국어에 '가챱-'은 비교적 넓은 지 역(강원, 경상, 전라, 제주, 충청, 평안)에 분포하여 방언형으로 쓰인다.

15 '엿고'는 현대국어 '엮고'에 대응된다. '엮-'은 '엳-'에서 비롯한 말로, 모음 으로 시작하는 어미 '-어', '-은' 등과 결합할 때에는 '엿거', '엿근'과 같이 나타났으나 자음으로 시작하는 어미 '-고' 등과 결합할 때에는 '엿고'처럼 쓰였다. 이 말이 '이야기 따위가 잘 구성되어 이어져 있다'의 뜻으로 이해 되는 것이므로 이곳 『신학신설』의 문맥과 자연스럽게 연결이 된다. 현대국 어 '엮다'는 타동사로 쓰이는 것이나 이곳의 '엳다'는 자동사로 쓰인 것이 다. 이런 자동사의 쓰임이 "諸侯 封히욜 쁘디 疎闊ᄒ니 엿것는 簡冊은 누를 爲ᄒ야 프르렛ᄂ고<1481, 두시언해 24:62b>"와 같이 보이기도 하고, 북한

어에서 '차례와 단계를 밟아 이어져 나가다.'의 뜻으로 쓰이는 것도 이런 자동사로서의 쓰임으로 이해된다.

16 '거의'의 의미이다. [게일(1897:205) 거위: About; nearly; almost], [문세영 (1938:69) 거위: 【거의】와 같음]

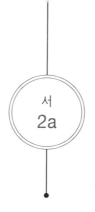

서
2a

현대어역

약을 쓰는 일은 일부러 기록하지 않았다. 신묘년[17] 정월 대보름에 송촌
거사가[18] 썼다.

원문(한자 병기)

약(藥)을 쓰는 일은 즘즛 긔록(記錄)허지 안은이라. 신묘(辛卯) 상원(上元)
에[19] 송촌거사(松村居士)는 서(書)허노라. 흥[20]

주석

17   육십갑자의 스물여덟째로 지석영(1855-1935)의 생애 중에는 1891년에 해
     당한다.
18   '송촌 거사(松村 居士)'은 지석영의 호로 '송촌'은 신지도(薪智島) 유배 시절
     에 거주하던 '송곡리(松谷里)'에서 딴 것이다. 1887년 5월 18일(음력 4월 26

일) 『고종실록』의 기록에 따르면 서행보(徐行輔)가 지석영의 처벌을 요구하는 상소를 올렸는데 그 이유는 갑신정변 당시 박영효 등을 몰래 도왔다는 점, 그리고 우두 보급을 구실로 작당을 한다는 것이었다. 결국 지석영은 1887년부터 1892년까지 약 5년간 신지도에서 유배 생활을 했으며 이 기간 동안 『신학신설』을 집필하였다.

19 음양설에서 중원(中元), 하원(下元)과 함께 세 가지 갑자를 이르는 말로 1월 15일에 해당한다.

20 이 문헌의 곳곳에는 종이를 덧붙여 수정한 흔적이 있는데 'ᄒ'는 덧붙여진 종이에 적혀 있다.

'서'에 나타난 국어학적 특징

1) 한자음

경음화	◎ **헌원씨(軒轅氏)와**〈서-1b〉 '시>씨'의 경음화를 보여 준다. 이런 '氏'의 한자음의 경음화가 근대국어 시기에 일어난 것은 널리 알려진 바이다. 그러나 지석영이 편찬한 『자전석요』(1909)에서는 '氏'의 한자음으로 '시'를 제시하고 있어 차이가 있다.
구개음화	◎ **쳔하(天下)**〈서-1a〉 '天'을 '텬>쳔'과 같이 구개음화된 음으로 적은 것이다. 『자전석요』는 '天'의 규범음을 '텬'으로, 현실음을 '쳔'으로 제시하였다. ['반모음' 참고] ◎ **잇치(理致)**〈서-1a〉 '理'가 어두에서 두음법칙과 구개음화를 겪어 '리 → 니 → 이'로 변화된 것을 반영한다. ['두음법칙' 참고]
두음법칙	◎ **잇치(理致)**〈서-1a〉 '理'가 어두에서 두음법칙과 구개음화를 겪어 '리 → 니 → 이'로 변화된 것을 반영한다. ['구개음화' 참고] ◎ **셥엽(涉獵)ᄒ야**〈서-1a〉 '獵'이 어두에서 '렵 → 녑 → 엽'으로 변화되는 것을 의식하여 어중에서도 '엽'으로 적은 것이다. 하나의 한자어라고 하더라도 한자음을 개별적으로 인식하고 적은 결과에서 말미암은 것이다. ◎ **갈약(簡略)허고**〈서-1b〉 '略'이 어두에서 '략 → 냑 → 약'으로 변화되는 것을 의식하여 어중에서도 '약'으로 적은 것이다. 음절의 경우 '간략'이 [갈략]과 같이 발음되는 것에 따라 '갈'로 적은 것이다.

반모음	◎ **쳔하**(天下)〈서-1a〉 ‘쳔’은 치찰음 아래에서의 반모음 /j/의 탈락을 반영하지 않았다. [‘구개음화’ 참고] ◎ **구라파주**(歐羅巴洲)〈서-1b〉 ‘쥬>주’와 같은 치찰음 아래에서의 반모음 /j/의 탈락을 반영한 표 기이다. ◎ **서**(書)**을**〈서-1b〉 ‘셔>서’와 같은 치찰음 아래에서의 반모음 /j/의 탈락을 반영한 표 기이다. ◎ **세상**(世上)〈서-1b〉 ‘셰>세’, ‘샹>상’과 같은 치찰음 아래서의 반모음 /j/의 탈락을 반 영한 표기이다. ◎ **수고**(壽考)**헐인이**〈서-1b〉 ‘슈>수’와 같은 치찰음 아래에서의 반모음 /j/의 탈락을 반영한 표 기이다. ◎ **송촌거사**(松村居士)〈서-2a〉 ‘숑>송’과 같은 치찰음 아래에서의 반모음 /j/의 탈락을 반영한 표 기이다.
아래아	◎ **인싱**(人生)**에**〈서-1a〉 ‘生’이 ‘싱’과 같이 전래음대로 표기되어 있다. 『자전석요』에서는 규범음으로 ‘싱’을, 현실음으로 ‘생’을 제시하였다. ◎ **잠심**(潛心)**하야**〈서-1b〉 ‘줌>잠’과 같이 /ㆍ/>/ㅏ/에 따른 한자음의 변화를 반영하였다. 『자 전석요』에서는 규범음과 현실음을 모두 ‘잠’으로 제시하였다.
중철	◎ **잇치**(理致)〈서-1a〉 한자어 ‘이치’를 적은 것인데, 한자어는 본음에 대한 인식이 있음

에도 불구하고 고유어의 표기에서와 마찬가지로 중철을 하여 선행 한자음의 아래에 'ㅅ'을 받쳐 적었다. 이는 고유어의 '비치→빗치'와 같은 표기에 이끌린 결과로 생각된다. 이 문헌에서 '理致'는 '잇치(31회)'와 '리치(2회)'로 표기되었다. 이처럼 『신학신설』에는 고유어, 한자어, 혼종어 등 어종을 불문하고 이런 중철이 광범하게 행해졌다.

2) 자음 관련

겹받침	◎ **업눈**〈서-1a〉 '없-+-눈'의 결합에서 어간 말음 'ㅅ'의 탈락을 반영한 표기이다. ['모음조화' 참고] ◎ **안으니**〈서-1a〉 '않-+-으니'의 결합에서 어간 말음 /ㅎ/의 탈락을 반영한 표기이다. 이 문헌에서는 이런 '안으-'의 표기만 나타난다. ◎ **일꼬**〈서-1a〉 '읽-+-고→[일꼬]'와 같이 어간 말 자음군 중 /ㄱ/이 후행하는 어미의 /ㄱ/을 된소리로 만들고 탈락한 것을 반영한 표기이다. ['경음화' 참고] ◎ **끈눈**〈서-1b〉 '끊-'은 '긏->긑->긶-'을 거쳐 오늘날에 이르게 되었는데, 자음 어미 앞에서 어간 말음 /ㅎ/이 탈락한 것을 반영한 표기이다. ◎ **안은이라**〈서-2a〉 '않-+-으니라'의 결합에서 어간 말음 /ㅎ/의 탈락을 반영한 표기이다. ['분철' 참고]
경음화	◎ **심슬 쎄라**〈서-1a〉 '힘쓰-'는 '힘쁘->힘쓰-'의 변화를 거친 것인데, 『번역소학』(1518),

『정속언해』(1518)를 비롯하여 일부 문헌에서 '힘스-'가 쓰이는 것이 관찰된다. 여기서 '슬'로 쓴 것은 종래의 어형을 받아들인 결과로 이해된다. 또한 '쎄'는 /ㄹ/ 뒤 /ㄱ/의 경음화를 반영한 표기이다. ['구개음화' 참고]

◎ **탄식ᄒᆞ기ᄶᅩ다**〈서-1a〉

'깃도다'를 '기ᄶᅩ다'로 적은 것은 '깃'의 말음 /ㅅ/이 불파에 의해 후행 음절의 /ㄷ/을 경음화한 뒤 탈락한 것을 반영한 표기이다. ['아래아' 참고]

◎ **일즉이**〈서-1a〉

15세기에는 '일즉'과 '일쯕'이 모두 나타나고 그 후에는 '일즉'과 '일쯕'이 공존하는 모습을 보이나 이곳에서는 경음화를 반영하지 않은 '일즉'이 쓰였다. ['전설모음화' 참고]

◎ **일쏘**〈서-1a〉

겹받침 /ㄺ/ 뒤 /ㄱ/이 경음화되고 어간 말음 /ㄱ/이 탈락한 것을 반영한 표기이다.

◎ **빙쥰ᄒᆞ기ᄶᅩ다**〈서-1b〉

'깃도다'를 '기ᄶᅩ다'로 적은 것은 '깃'의 말음 /ㅅ/이 불파에 의해 후행 음절의 /ㄷ/을 경음화한 뒤 탈락한 것을 반영한 표기이다. ['아래아' 참고]

구개음화	◎ **심슬 쎄라**〈서-1a〉 '심'은 '힘>심'의 ㅎ구개음화를 반영한 표기이다. ['경음화' 참고] ◎ **막기니**〈서-1a〉 현대어의 '맡기-'에 해당하는 '맛기-'는 원래 중세국어에서 '맛디-'로 쓰였는데 ㄱ구개음화에 따른 과도 교정으로 '맛기-'로 형태가 바뀐 것이다. ['자음동화' 참고]
ㄹㄹ 연쇄	◎ **실노**〈서-1b〉 '실로'를 '실노'로 적은 것으로, 근대국어 시기에 'ㄹㄹ'의 연쇄를

'ㄹㄴ'으로 적던 표기법을 계승한 것이다.

자음동화	◎ **막기니**〈서-1a〉 '맛기니 → 맏기니 → 막기니'와 같이 어근의 '맛'이 음절 말 평폐쇄음화를 겪은 후 후행하는 /ㄱ/에 의해 위치 동화된 것이다. ['구개음화' 참고] ◎ **셍기고**〈서-1a〉 '섬기-'는 역사적으로 '셤기->섬기-'의 변화를 겪었는데, '셍기-'는 '섬기- → 셈기-'로 전설모음화되고 /ㅁ/이 후행하는 /ㄱ/의 영향으로 위치 동화되어 /ㅇ/으로 표기된 것이다. ['전설모음화' 참고]
탈락	◎ **못ᄒᆞ야드니**〈서-1a〉 '못ᄒᆞ-+-얏-+-더니'의 결합으로, 선어말어미 '-얏-'에서 말음 /ㅅ/이 탈락한 것이다. ['고모음화' 참고] ◎ **증거허게고**〈서-1b〉 '증거ᄒᆞ-+-겟-+-고'의 결합으로, 선어말어미 '-겟-'에서 말음 /ㅅ/이 탈락한 것이다.
첨가	◎ **한나를**〈서-1b〉 '하나[一]'에 /ㄴ/이 첨가된 형태인데, 오늘날에서는 강원, 경상, 전라, 제주, 충청, 평안, 함경, 중국의 길림성, 요녕성, 흑룡강 방언에서 그 쓰임이 두루 관찰되는 형태이다.

3) 모음 관련

고모음화	◎ **못ᄒᆞ야드니**〈서-1a〉 /ㅓ/와 /ㅡ/의 음성적 유사성으로 인하여 '-더니'가 '-드니'로 고모음화된 것이 표기되었다. ['탈락' 참고]

◎ **갓촐가**⟨서-1b⟩

'갓추-'는 'ㄱ초->가초->갓초->갓추->갓추-'와 같은 변화를 거친 것인데 이미 이 시기에는 '갓추-'의 어형이 쓰이고 있었음에도 불구하고 여기서는 아직 고모음화가 일어나지 않은 어형을 사용했다.

단모음화　◎ **여긔**⟨서-1a⟩

'여기'는 '이어긔>여긔>여기'를 거쳐 형성된 말인데, 아직 초성 아래에서 /ㅢ/>/ㅣ/의 변화를 반영하지 않았다.

모음조화　◎ **업논**⟨서-1a⟩

어간이 음성 모음 /ㅓ/를 지니므로 어미 역시 '-는'이 결합하는 것이 모음조화에 부합하나 15세기 자료에서부터 '없-'은 '-논'과 결합하는 양상이 절대적으로 우세했다. 이 문헌에서도 '업논'이 12회, '업는'이 2회로 이런 양상을 계승하였다. ['겹받침' 참고]

반모음　◎ **먼져**⟨서-1a⟩

'먼저'는 '몬져>먼져>먼저'의 단계를 거쳤는데 여기서는 치찰음 아래에서의 반모음 /j/의 탈락을 반영하지 않았다.

◎ **거시여늘**⟨서-1a⟩

중세국어의 '거시어늘'에 해당하는 것으로, 이는 '것+-이-+-어늘'과 같이 계사 뒤에서 '거늘'이 '어늘'로 교체된 것을 반영한 것이다. 이것이 /ㅣ/ 뒤에서 /ㅓ/에 반모음 /j/가 첨가되어 /ㅕ/가 된 것이 이곳에서 보이는 '거시여늘'이다.

◎ **들려셔**⟨서-1b⟩

'들리-+-어셔'의 결합으로, '셔'는 치찰음 아래에서 반모음 /j/를 유지한 표기이다.

◎ **편허계**⟨서-1b⟩

'편허-+-게'의 결합으로, 어미에 반모음 /j/가 첨가된 형태이다. 음운론적으로는 이런 반모음의 첨가를 설명하기 어렵다.

◎ **쓰리요**〈서-1b〉

　‘쓰-+-리오’의 결합으로, / ㅣ / 모음 뒤에서 ‘오’에 반모음 /j/가 첨가
된 것을 반영하여 ‘요’로 표기하였다.

**전설
모음화**

◎ **일즉이**〈서-1a〉

　‘즉’은 치찰음 아래에서의 전설모음화를 반영하지 않은 표기이다.
이 문헌에서는 ‘일즉’의 쓰임이 압도적이고, ‘일직’의 쓰임이 〈29b〉에
서 1회 발견된다. [‘경음화’ 참고]

◎ **셍기고**〈서-1a〉

　‘섬기-’에서 ‘섬’이 후행 음절의 / ㅣ /의 영향으로 전설모음화된 것이
다. [‘자음동화’ 참고]

◎ **즘즛**〈서-2a〉

　현대어의 ‘짐짓’은 역사적으로 ‘짐즛>짐짓’의 형태 변화를 겪은 것
인데, 여기에서는 첫째 음절이 치찰음 아래에서 전설모음화된 것에
대한 인식으로 ‘짐→즘’과 같이 표기한 것이다.

아래아

◎ **미진험이**〈서-1a〉

　‘미진험이’에서 ‘험’은 ‘ᄒᆞ-+-ㅁ’의 결합으로 ‘ᄒᆞ->허-’로의 변화
를 반영한다. 일반적으로 ‘ᄒᆞ-’는 중앙어에서는 / ㆍ />/ ㅏ /에 따라 ‘ᄒᆞ->
하-’와 같이 바뀐 것으로 간주하나 이곳에서 볼 수 있듯이 / ㆍ /가 / ㅓ /
로 바뀐 모습을 보여 중앙어의 일반적인 변화 양상과는 차이를 보인
다. 이런 양상은 19세기 자료 가운데 『규합총서』(1869)의 ‘평순허고’,
‘업시허고’, ‘아니허고’ 등에서뿐 아니라 『삼성훈경』(1880)의 ‘공경허
고’ 등에서도 보이는 바이다. 그리고 방언에서도 ‘허-’가 쓰이는 지역
은 널리 나타나는데, ‘허-’는 강원, 전남, 전북, 평북, 함북, 경기 옹진,
중국의 요녕, 길림 등에서 쓰이고, 서울 지역어에서도 ‘하-’를 ‘허-’로
말하는 사람이 적지 않게 관찰된다. 예를 들자면 “필요없는 얘기를 왜
허요. 필요없는 얘기 왜 허냐 이 말이야.”(송현호 1996: 126)를 들 수 있

다. 이를 보면 서울 사람인 지석영의 언어에서도 동일한 양상을 보여 서울 지역어의 변화 모습을 보여 주는 것으로도 이해해 볼 수 있다.

◎ **탄식허기쏘다**〈서-1a〉

  '탄식하겠도다'에 해당한다. '-겟-'을 '깃'으로 표기한 것은 일부 /·/ >/ㅓ/의 변화가 있었던 것과 관련되는 것으로 보인다. ['경음화' 참고]

◎ **갓틈올**〈서-1b〉

  '긑->갇-'과 같은 어두에서의 /·/>/ㅏ/의 변화를 반영한 표기이다. ['중철' 참고]

◎ **밝가셔**〈서-1b〉

  '붉->밝-'과 같은 어두에서의 /·/>/ㅏ/의 변화를 반영한 표기이다. ['연철' 참고]

◎ **'빙준ᄒ기쏘다**〈서-1b〉

  '빙준하겠도다'에 해당한다. '-겟-'을 '깃'으로 표기한 것은 일부 /·/ >/ㅓ/의 변화가 있었던 것과 관련되는 것으로 보인다. ['경음화' 참고]

◎ **만들어**〈서-1b〉

  'ᄆᆞ돌->ᄆᆞ들->만들-'과 같은 어두에서의 /·/>/ㅏ/의 변화를 반영한 표기이다.

◎ **ᄯᅳᆮ는**〈서-1b〉

  모음조화에 따르면 'ᄯᆞᆮ는'으로 표기되는 것이 옳은데, 비어두에서의 /·/>/ㅡ/에 따라 /ㅡ/가 /·/와 동일하게 인식됨에 따라서 'ᄯᅳᆮ는'과 같이 표기된 것이다.

---

4) 분철, 연철, 중철

분철	◎ **녁이다가**〈서-1a〉 　'녀기다가'를 과잉 분철한 결과로 당시 자료에서 이와 같은 어간 내부의 과잉 분철이 적지 않게 보인다.

◎ **열어**〈서-1b〉

'여러'를 과잉 분철한 것이다. 이와 같은 과잉 분철의 예는 "쥬부의 된 ㅅ경이 육지 온 지 열어 달의 밤나스로 고숭ㅎ다 토기를 게우 돌나<신재효 판소리 사설 1>"와 같이 다른 자료에서도 보이는 바이다.

◎ **어든이**〈서-1b〉

'얻으니'를 첫째 음절의 말음은 둘째 음절의 초성으로 연철하고, 셋째 음절의 초성은 둘째 음절의 종성으로 과잉 분철하여 이루어진 혼합 표기이다. ['연철' 참고]

◎ **수고혈인이**〈서-1b〉

'-이니'가 과잉 분철되어 '인이'로 표기되었다.

◎ **안은이라**〈서-2a〉

'않-+-으니라'의 결합에서 어미를 과잉 분철하였다. ['겹받침' 참고]

연철

◎ **발가셔**〈서-1b〉

'밝-+-아셔'의 결합으로, 어간과 어미가 연철되었다. ['아래아' 참고]

◎ **어든이**〈서-1b〉

'얻으니'를 첫째 음절의 말음은 둘째 음절의 초성으로 연철하고, 셋째 음절의 초성은 둘째 음절의 종성으로 과잉 분철하여 이루어진 혼합 표기이다. ['분철' 참고]

중철

◎ **잇스면**〈서-1a〉

중세국어와 근대국어에서는 주로 '이시면'이 보이고, 근대국어에서는 일부 '이스면'이 보여 '이시-/잇-+-면/-으면'의 결합 양상을 보였다. 이와 관련하여 이해해 보면 이곳의 '잇스면'은 '이스면'이 중철된 것으로 볼 수 있거나, '있-+-으면'의 결합으로 보아 '이시-/잇->있-'의 변화를 반영한 표기로 이해해 볼 수도 있다. 후자의 경우라면 '잇스면'은 'ㅆ'이 각자병서가 아닌 합용병서의 쓰임을 보이는 것이다.

◎ **본니**〈서-1b〉

'보니'를 과잉 중철한 것이다.

◎ **갓틈율**〈서-1b〉

'같음'을 중철한 것이다. ['아래아' 참고]

5) 문법 형태

조사	◎ **잇치율**〈서-1a〉

'이치를'과 같이 목적격 조사 '를'이 쓰일 자리에 '을'이 쓰였다. 이 문헌에서는 선행하는 체언에 상관없이 목적격 조사가 대체적으로 '을'로 표기되는 특징이 있다. 다만 특이하게도 〈서-1b〉에 등장하는 '한나를, 보기를, 찻기를'에서는 목적격 조사 '를'이 등장한다. 그러나 원문을 보면 이때 '를'은 종이를 덧붙여 수정한 것으로 초기 제작 과정에는 '한나을, 보기을, 찻기을'로 기술되었던 것으로 추정된다. 한편, 〈2a〉의 '물건를'에서 '를'은 '을'이 올 자리에 반대로 '를'이 쓰인 것이기에 특이하다 할 만하다.

2. 총론總論

身學新說

신학신설
1a

현대어역

신학신설

태원[1] 지석영 지음

총론

세상 사람 중에 오래 살기를 좋아하지 않거나 일찍 죽기를 싫어하지 않을 사람은 없다. 사람의 수명은 하늘로부터 부여받는 것이라 길고 짧음이 정해져 있다고 하지만 만일 법에 걸려 처벌을 받거나 재앙에 빠지는 등의 일이 없고 또 건강관리를 잘하면 누구나 장수할 것이다. 옛말에 이르되 사람의 목숨이 70에 이를 수 있고 타고난 자는 80까지도 가능하다고 하였으나 실제로 수명이 80에 이르는 사람은 매우 적고 일생 동안 병에 걸리지 않는 사람도 거의 없다. 그 이유를 미루어 살펴보니 대개 몸을 돌보는 이치에 밝지 못하기 때문이었다. 더러운 공기를 마시든지 사람에게 해로운 음식을 먹든지 항상

원문(한자 병기)

신학신설(身學新說)

틱원(太原) 지석영(池錫永) 찬(撰)

총논(總論)

천하(天下) 사람이 막불호수이오요(莫不好壽而惡夭)라. 사람이 명(命)을 하날게 품부(稟賦)험이 비록이로더 길고 져름이 졍(定)헌 비 잇다 허나 만일(萬一) 법망(法網)에 걸니거나 수화(受禍)에 쌔지는 등(等) 시(事ㅣ) 업고 다시 능(能)히 섭양(攝養)허기 잘허면 사람마다 ゝ 가(可)히 수(壽)허리라. 옛사람이 일으되 인쉬(人壽)가 ゝ 디칠십(可至七十)이요 품부소셩자(稟賦素性者)는 가디팔십(可至八十)이라 허나 그러나 인쉬(人壽ㅣ) 팔십(八十)에 일으는 이 심(甚)히 적고 일싱(一生)에 무병지인(無病之人)은 졀무이근유(絶無而僅有)라. 미루혀 그 연고(緣故)을 살핀이 디기(大槪) 양신지니(養身之理)에 발지 못험이라. 혹(或) 덜어운 긔운(氣運)을[2] 마시던디 혹(或) 사람의게 희(害)로운 물건(物件)을 먹던디 혹(或) 상/혜[3]

주석

1 '태원'은 산서성의 성도로 고대부터 중국사에서 중요한 도시로 여겨졌으며 당나라가 일어난 곳이기도 하다. 그리고 중국 진(晉)나라의 연호로 조선 후기 고소설 『태원지(太原誌)』에서는 별세계의 이름으로도 사용되었다. 축자적으로 '시원(始原), 거대한 근원' 정도로 새길 수 있는데 지석영이 위와 같은 중의적이고 역사적 함의를 담아 사용한 것으로 추정된다.

2 　‘공기’의 의미이다. 이 문헌에 지석영은 ‘긔운’과 ‘공긔’를 별다른 구별 없
　　이 사용했는데 『신학신설』과 같은 해에 출판된 스콧(1891:10)에서 ‘air
　　(atmosphere)’를 ‘긔운’으로 풀이한 것을 보면 당시 ‘공긔’라는 말은 널리 쓰
　　이지 않았던 것으로 보인다.

3 　현재는 쓰이지 않는 말로 ‘항상, 늘’의 의미이다. [리델(1880:409) 샹히:
　　Toujours; continuellement], [언더우드(1890:122) 샹히: 常, Always, continually],
　　[게일(1897:529) 샹히: 恒常 Always], [문세영(1938:757) 샹해: (一)「늘」의 사
　　투리. 常川, (二)「그때」의 옛말.]

신학신설
1b

현대어역

어두운 집 안에만 있든지 앉아만 있고 움직이지 않든지 힘을 과하게 쓰든지 항상 걱정에 빠져 있든지 주색으로 몸이 상하든지 하면 일찍 죽게 되는데 이는 비단 자기 몸에만 해로울 뿐 아니라 대를 이을 자식의 건강에도 영향을 미치니 반드시 삼가야 할 것이다.

사람이 스스로 자기 몸을 지키는 것이 의원이 병을 고치는 것보다 쉽다. 옛말에 말이 이미 멀리 달아난 뒤에 마구간 문을 닫아도 소용없다고 하였으니 병이 난 뒤에 의원을 청하여 병을 다스리는 것은 하수의 짓이다. 병이 없을 때 조심하면 의원에게 구할 것이 없을 것이다. 〔요사이 서양에서는 의학과 보신하는 이치가 옛적보다 나아져 전염병이 줄었고 폐결핵으로 죽는 자 또한 적어졌다. 시험하여 각국 사람을 살펴본 결과 그 수명이 100세에 이르고 일생 동안 병에 걸리지 않은 사람이 있으니 어찌하여 모든 사람이 다 이렇지 못할까. 뭇사람 중 예측하지 못한 화를 당해 죽는 자는 다 조심하지 못한 까닭이다.〕

보신지법에는 여섯 가지 요긴한 이치가 있으니 첫째는 빛이고 둘째는

열이고 셋째는 공기이고 넷째는 물이고 다섯째는 음식이고 여섯째는
운동이다.

원문(한자 병기)

어둔 집속에 거(居)허던디 혹(或) 좌정불힝동(坐定不行動)허던디 혹(或) 심
을 과(過)이 쓰던디 혹(或) 상혜 노신사려(勞神思慮)허던디 혹(或) 주식(酒
色)에 상(傷)헌즉 요사(夭死)을 면(免)허지 못허ᄂᆞᆫ이 비단(非但) 일신(一身)
에만 힉(害)로울 쑨 안이라 쏘한 후사(後嗣)로 하여곰 건장(健壯)치 못헌
이 가(可)히 삼가지 아를가 본야.

사람이 능(能)히 자보기신(自保己身)허기가 의원(醫員)의 치병(治病)허기보
다가는 용이(容易)헌이라. 옛말에 일너스되 마리 임의 멀리 달어ᄂᆞᆫ지라
마구(馬廐) 문(門)을 다더 쓸데업다 허여슨이 유병시(有病時)을 당(當)하야
의원(醫員)을 청(請)히서 다슬림이 하수(下手/下數)엣 즛시라. 무병지시(無
病之時)에 근신(謹愼)헌면 가(可)히 의원(醫員)의게 구(救)헐 것 업스리라.
〔근일(近日) 서국(西國)에 의학(醫學)과 다못 보신(保身)허ᄂᆞᆫ 잇치(理致)가 옛쩍보다 나은고로 온역병(瘟疫
病)이[4] 옛쩍에 비하여 적고 노졈병(癆漸病~勞漸病)으로 죽는 지(者ㅣ) 쏘한 옛적에 비(比)하야 다시 적은
지라. 시염(試驗)하야 각국(各國) 사람을 봄이 수(壽)가 빅(百) 셰(歲)에 일으고 일싱(一生)에 병(病)이 업는
이 잇슨이 엇지하야 사람마다 능(能)히 일어치 못헌요 뭇사람의 불측지/화(不測之禍)을 만나 죽는 자
는 다 근신(謹愼)허지 못헌 연관(聯關)이라.〕
보신지법(保身之法)이 여섯 가지 요간(要緊)헌 잇치(理致) 잇슨이 일(一) 왈
(曰) 광(光)이요 이(二) 왈(曰) 열(熱)이요 삼(三) 왈(曰) 공긔(空氣)요 사(四)

왈(曰) 수(水)요 오(五) 왈(曰) 음식(飮食)이요 육(六) 왈(曰) 운동(運動)인이

주석

4   따뜻한 공기를 타고 전파되는 급성 전염병을 뜻한다.

현대어역

이 여섯 가지는 어느 하나도 빼놓을 수 없으며 급한 것과 덜 급한 것으로 나눌 수 없다. 남녀노소를 불문하고 그 몸의 존망이 다 이 여섯 가지에 달려 있으므로 중도를 지키는 것을 귀중히 여겨 치우치지 말아야 할 것이다.

원문(한자 병기)

이 여섯 가지는 결일불가(缺一不可)요 난분완급(難分緩急)이라. 무론(無論) 남녀노유(男女老幼)허고 기신지혹존혹망(其身之或存或亡)이 다 이 여섯 가지을 미드나 그러나 쓰기을 귀호득중(貴乎得中)이요 가(可)히 편벽(偏僻) 되디 못헐 거시라.

'총론'에 나타난 국어학적 특징

1) 한자음

구개음화	◎ **가디칠십**(可至七十)**이요**〈1a〉 '至'는 章母에 속하는 것으로 본래의 음이 '지'이지만 구개음화에 따른 과도 교정으로 '디'로 적은 것이다. ◎ **좌졍불힝동**(坐定不行動)**허던디**〈1b〉 '定'을 '뎡>졍'과 같이 구개음화된 음으로 적은 것이다. ['반모음' 참고] ◎ **육**(六)〈1b〉 '六'이 어두에서 두음법칙과 구개음화를 겪어 '륙→뉵→육'으로 변화된 것을 반영한다. ['두음법칙' 참고]
단모음화	◎ **긔운**(氣運)**을**〈1a〉 '氣'는 '긔>기'와 같이 자음 아래에서의 /ㅢ/>/ㅣ/와 같은 단모음화를 거쳐 오늘날에 이르게 되었는데 이곳에는 아직 전통적인 한자음이 그대로 보존되어 있다. 이는 『자전석요』에서의 처리와 동일한 것이다.
두음법칙	◎ **총논**(總論)〈1a〉 '論'이 '논'으로 되어 있는 것은 '總'과의 연결에서 비음화된 것을 보여 주는 것으로 볼 수도 있지만, 이 문헌의 다른 부분에서 來母의 한자음을 '르'이 아닌 'ㄴ' 또는 'ㅇ('ㅣ' 모음 앞)'으로 표기하고 있는 것과 견주어 생각하여 보면 '論'을 단독으로 놓고 발음할 때의 음인 '논'을 적은 것으로 이해하는 것이 적절해 보인다. ['반모음' 참고] ◎ **육**(六)〈1b〉 '六'이 어두에서 두음법칙과 구개음화를 겪어 '륙→뉵→육'으로 변화된 것을 반영한다. ['구개음화' 참고]

반모음	◎ **춍논(總論)**〈1a〉
	'總'은 중세국어 한자음이 '총'이었는데 여기서는 치찰음 아래에서의 반모음 /j/의 첨가를 보여 준다. ['두음법칙' 참고]
	◎ **품부소셩쟈(禀賦素性者)는**〈1a〉
	'셩>셩', '쟈>쟈'와 같은 치찰음 아래에서의 반모음 /j/의 탈락을 반영한 표기이다.
	◎ **좌졍불힝동(坐定不行動)허던디**〈1b〉
	'졍'은 치찰음 아래에서의 반모음 /j/의 탈락을 반영하지 않았다. ['구개음화' 참고]
	◎ **주식(酒色)에**〈1b〉
	'쥬>주'와 같은 치찰음 아래에서의 반모음 /j/의 탈락을 반영한 표기이다.
	◎ **시염(試驗)하야**〈1b〉
	'試驗'이 '시염'으로 주기된 것은 '시험→시엄→시염'과 같이 /ㅎ/의 탈락에 이어서 선행하는 /ㅣ/ 모음의 영향으로 인해 후행하는 음절에 반모음 /j/가 첨가된 결과로 이해된다. 이 책에서는 '시염', '시험'으로 모두 쓰였다.
	◎ **수(水)요**〈1b〉
	'슈>수'와 같은 치찰음 아래에서의 반모음 /j/의 탈락을 반영한 표기이다.
아래아	◎ **사(四)**〈1b〉
	'ᄉᆞ>사'와 같이 /ㆍ/>/ㅏ/에 따른 한자음의 변화를 반영한다.
	◎ **논분완급(難分緩急)이라**〈2a〉
	'難'은 본래의 음이 '난'이지만 /ㆍ/>/ㅏ/에 대한 인식으로 '논'으로 적은 것이다.
원순모음화	◎ **품부(禀賦)험이**〈1a〉
	'禀'은 근대 운서와 자전의 한자음에 '픔'으로 기록되어 있고『자

전석요』에도 규범음과 현실음 모두 '폼'으로 주기되어 있으나 이곳에서는 '품'으로 적었다. 순음 아래에서는 /ㅡ/가 오지 못하게 된 것과 관련지어 이해해 볼 수 있는 한자음이다. 참고로『신증유합』(1576)에서도 '품'으로 적은 것이 확인된다.

2) 자음 관련

겹받침

◎ **업고**〈1a〉

'없-+-고'의 결합에서 어간 말음 /ㅅ/의 탈락을 반영한 표기이다. ['경음화' 참고]

◎ **발지**〈1a〉

'밝-+-지'의 결합에서 어간 말음 /ㄱ/의 탈락을 반영한 표기이다. 오늘날 /ㄹ/이 탈락되는 것과는 차이가 있다.

◎ **아를가**〈1b〉

'않-+-을까'의 결합으로, 어간 말음 /ㅎ/이 탈락한 후 연철된 /ㄴ/이 /ㄹ/로 바뀐 것으로 이해된다.

경음화

◎ **하날게**〈1a〉

이곳의 '게'는 현대국어의 조사 '께'에 해당하는 것으로 '하날+께'가 '하날게'로 나타난다. 즉 경음으로 시작되는 형태인 '께'와 평음으로 시작하는 형태인 '게'가 함께 쓰였음을 보여 주는 예이다. 이처럼 '께'가 '게'로 쓰이는 예들은 "노손이 즐아리 하날게 죄를 어들지언정<서유기(경판59장본)>" 등에서도 관찰되는 바이다.

◎ **업고**〈1a〉

'없-+-고'의 결합으로, '-고'의 경음화를 반영하지 않았다. 이 문헌에서는 '없-+-고'의 결합이 모두 14회 보이는데 모두 '업고'로만 표기되어 있다. ['겹받침' 참고]

◎ **옛쩍보다**〈1b〉

 선행 음절의 말음 /ㅅ/의 불파에 의해 후행 음절의 두음이 경음이 됨을 반영한 것이다. ['두음법칙' 참고]

구개음화	◎ **져름이**〈1a〉 '져르-+-ㅁ+이'의 결합으로, '져르-'는 '더르-'가 구개음화된 것을 반영한 표기이다. ◎ **마시던디**〈1a〉 '-던디'에서 '디'는 구개음화가 적용되지 않은 형태이다. 이에 반해 어간에 직접 결합한 '-디'는 구개음화된 '-지'로 나타나는 것이 일반적이다. ◎ **심을**〈1b〉 '심'은 '힘>심'의 ㅎ구개음화를 반영한 표기이다.
두음법칙	◎ **옛쩍보다**〈1b〉 현대어 '옛적'은 '녯적>옛적>옛적'의 변화를 거쳐 이루어진 말인데, 국어사 자료에서는 주로 '녯적'과 '녯적'이 보이며, '옛적'과 '옛적'은 상대적으로 적게 보인다. '옛쩍'은 『조야회통』에 딱 한 예가 보일 뿐이다. ['경음화' 참고]
ㄹㄹ 연쇄	◎ **일너스되**〈1b〉 '일러스되'를 '일너스되'로 적은 것으로, 전통적으로 'ㄹㄹ'의 연쇄를 'ㄹㄴ'으로 적던 표기법을 계승한 것이다.
첨가	◎ **근신헌면**〈1b〉 '근신허-+-면'의 결합으로, 어간 말에 /ㄴ/이 첨가된 형태가 쓰였다.

3) 모음 관련

모음조화	◎ **달어는지라**〈1b〉 현대어의 '달아나-'는 'ᄃ라나>다라나-'와 같이 /ㆍ/>/ㅏ/의 변화에 따라 이루어졌다. 이곳에서는 이 복합어의 구성 요소인 연결 어미를 모음조화에 맞지 않게 '-어'로 썼다. ['아래아' 참고] ◎ **다뎌**〈1b〉 모음조화를 어긴 예이다.
반모음	◎ **인쉬가**〈1a〉 '人壽+ㅣ'의 결합을 전통적인 표기법에 따라서 '인쉬'로 표기한 것이다. 이는 관습적인 표기라고 할 수도 있고, 아직 /ㅟ/가 하향 이중 모음으로 발음되고 있었음을 보여 주는 것으로도 해석할 수 있다. ◎ **격은지라**〈1b〉 '격-'은 치찰음 아래에서의 반모음 /j/의 탈락을 반영하지 않았다.
아래아	◎ **하날게**〈1a〉 '하늘'은 역사적으로 '하ᄂᆞᆶ>하ᄂᆞᆯ>하늘'의 형태 변화를 겪었는데, 이 문헌에서는 '하날' 형태가 주로 등장한다. ◎ **발지**〈1a〉 'ᄇᆞᆰ->밝-'과 같은 어두에서의 /ㆍ/>/ㅏ/의 변화를 반영한 표기이다. ◎ **못허는이**〈1b〉 'ᄒᆞᄂᆞ니'는 비어두에서의 /ㆍ/>/ㅡ/에 따라 'ᄒᆞ느니'로 나타나는 경우가 근대국어 자료에서는 관찰되는데, 이곳에서는 /ㆍ/의 어두에서의 변화는 반영하였지만 비어두에서의 변화는 반영하지 않았다. ◎ **달어는지라**〈1b〉 '달어ᄂᆞ-+-ㄴ지라'의 결합으로, /ㆍ/>/ㅏ/에 대한 인식으로 'ᄂᆞ'를 'ᄂᆞ'로 적은 것이다. ['모음조화' 참고] ◎ **당하야**〈1b〉 'ᄒᆞ->하-'와 같은 어두에서의 /ㆍ/>/ㅏ/의 변화를 반영한 표기이다.

다른 곳에서는 'ᄒ->허-'와 같은 양상을 보이는 것과 대조적이다.

◎ **다슬림이**〈1b〉

'다스리->다스리-'와 같은 비어두에서의 /·/>/—/를 반영한 표기이다.

4) 분철, 연철, 중철

분철	◎ **덜어운**〈1a〉 중세국어에서는 '더럽-+-은'의 결합을 보였던 것으로 'ᄫ'의 변화의 결과로 '더러운' 형태로 활용을 하게 되었던 것인데, 이를 과잉 분철하여 '덜어운'으로 적은 것이다. ◎ **임의**〈1b〉 현대어 '이미'는 '이믜>이미'와 같이 자음 아래에서의 /ㅢ/>/ㅣ/와 같은 단모음화에 따른 것인데, 이곳에서는 아직 변화 이전의 '이믜'를 과잉 분철하여 '임의'와 같이 표기하였다. 이와 같은 '임의'가 이 문헌에서는 15회가량 쓰였다. ◎ **일어치**〈1b〉 '이렇지'를 과잉 분철하고 'ᄒ+ㅈ → ㅊ'과 같이 격음화한 것을 복합적으로 표기한 결과이다. ◎ **운동인이**〈1b〉 '-이-+-니'가 과잉 분철되어 '인이'로 표기되었다.
연철	◎ **마리**〈1b〉 '말+이'를 연철하였다. ◎ **다더**〈1b〉 '닫-+-아'를 연철하였다.
중철	◎ **다슬림이**〈1b〉 '다슬리-'와 같이 어간에 /ㄹ/이 첨가되어 있는 쓰임이 특이하다.

오늘날 방언에 이와 같은 어형이 쓰이는 것을 찾아보기는 어렵다. 따라서 이 경우도 과잉 중철이 이루어진 것으로 보는 것이 타당할 것이다.

◎ **줏시라**⟨1b⟩

'줏+-이-+-라'의 결합으로, 중철되어 있다.

◎ **잇슨이**⟨1b⟩

'잇-+-으니'의 결합으로, 이전 시기의 문헌에서는 '이스니'로 표기되는 것이 일반적이었는데 여기서 '잇스니'로 쓰인 것은 중철일 수도 있고 어간이 '잇-'에서 '있-'으로 재구조화된 것을 반영한 것일 수도 있다.

5) 문법 형태

| 접사 | |

◎ **능히**⟨1a⟩

이곳의 '능히'는 유성음 사이에서 /ㅎ/의 탈락이 있을 수 있는 것이나, 다른 어휘와 달리 이 어휘는 100회 가까이 출현함에도 불구하고 /ㅎ/의 탈락을 전혀 보이지 않았다.

◎ **과이**⟨1b⟩

'과히'에서 /ㅎ/이 탈락하였다.

◎ **가히**⟨1b⟩

이곳에서는 /ㅎ/의 탈락이 반영되어 있지 않은데, 이를 통하여 볼 때 이 시기의 /ㅎ/의 탈락은 수의적이었던 것으로 생각된다.

3. 광光

身學新說

현대어역

빛

빛은 만물의 근원을 밝히는 것이니 [과학자들에 따르면 빛은 태양으로부터 나와 허공중에서 매우 빠르게 움직이는데 1초에 영국 단위로 19만 2,000리를 간다고 한다.] 빛이 없으면 만물을 알지 못할 것이다. 빛이 사물 위에 비쳐야 사람이 그 사물을 볼 수 있는 것은 사물에 닿은 빛이 사람의 눈동자에 반사되기 때문이다. 사람의 마음에 즐거운 일은 다 빛에 갖가지 색깔이 있음에서 나오는 것이니 만일 빛이 없으면 맹인이 어떤 사물을 손으로 만지고 코로 냄새 맡고 혀로 맛보고 귀로 듣다가 몸에서

원문(한자 병기)

광(光)

광(光)은 만물(萬物) 근원(根源)을 발키는 거신니 [격치가(格致家)에서[1] 이로되 광

(光)이 틱양(太陽)으로붓터 발(發)ᄒᆞ야 허공즁(虛空中)에 탕동(盪動)허미 극속(極速)ᄒᆞ야 일초시(一秒時)에[2] 영국(英國) 니수(里數)로[3] 십구만(十九萬) 이쳔(二千) 리(里)을 힝(行)헌다 헌이라.】 광(光)이 업스면 능(能)히 만물(萬物)을 아지 못허리라. 광(光)이 물건(物件) 우히 비취운즉 사람이 그 물건(物件)를 보는 거슨 각물지광(各物之光)을 비취여다가 사람의 눈동자(瞳子)에 돌려 쏘임을 인(因)험이라. 사람의 마음에 즐거운 일이 다 광(光)에 각식(各色)이 잇슴으로부터 ᄂᆞ는니 만일(萬一) 광(光)이 업슨즉 반다시 밍자(盲者)의 손으로써 만지고 코로써 맛고 혀로써 맛보고 귀로써 듯다가 몸에

주석

1   '격치(格致)'는 본래 『대학(大學)』에 나오는 말로 '격물치지(格物致知)'의 준 말이며 실제 사물의 이치를 연구하여 지식을 완전하게 함을 의미했다. 서구의 자연과학이 전래된 이후 물리학이나 화학 등의 자연과학을 통칭하는 말로 쓰이게 되었는데, 이 문헌이 집필될 당시 '격치'가 서양 과학에 대응되는 개념으로 널리 쓰였다고 보기는 어렵다.

2   오늘날과 달리 '一秒時'와 같이 '一秒' 다음에 '時'를 넣어 표현하고 있는데, 이는 한 시간을 60으로 나눈 一分時를 다시 60으로 나눈 時間이란 의미를 지닌다. 이와 관련한 것은 『서유견문(西遊見聞)』의 비고(備考)에 나타나 있다.

3   '마일(mile)'을 뜻한다.

신학신설
2b

현대어역

조금 멀리 떨어지면 그 사물에 대해 알지 못하는 것과 같을 것이니 빛이 없으면 어찌 만물의 이치를 알고 그 성질에 따라 쓰겠는가? 이로써 빛의 요긴함을 알 수 있다.

동물[사람과 짐승, 곤충]과 모든 식물[초목]은 반드시 햇빛을 받아야 생장한다. 동물의 피에 있는 붉은 빛이 햇빛으로 인해 생기고 동물이 사는 이치가 붉은 피에 있으므로 사람이 만일 오랫동안 어두운 집 안에만 머물러 햇빛을 보지 못하면 혈색이 점점 묽어지고 파리해져 죽게 되니 [광부들과 굴 안에 머무는 사람들이 다 이 병이 있다.] 사람의 몸이 본래 햇빛을 많이 받아야 함을 알 수 있다. 또한 식물의 녹색도 햇빛을 받아 생기는 것으로 그늘진 땅에 사는 꽃과 풀은 빛이 희고 무성하지 못하다.

원문(한자 병기)

쩌나기을 조곰 멀면 아지 못허는 것과 가틀 거신니 엇디 능(能)히 만물지니(萬物之理)을 아러 그 성정(性情)을 쓰리요. 가(可)히 광(光)의 요긴(要緊)험을 보리로다.

동물(動物)〔사람과 밋 금수(禽獸) 곤충(昆蟲)〕과 다못 식물(植物)〔초목(草木)〕이 반다시 일광(日光)을 어더서 바야으로 싱장(生長)허느니 곳 동물(動物)의 피에 불근 비슨 일광(日光)을 말미여⁴ 엇고 동물(動物)의 사는 잇치(理致)는 홍식지혈(紅色之血)이 잇슴을 밋느니 그런고로 사람이 만일(萬一) 오러 어둔 집 속에 거(居)ᄒ야 불견일광즉(不見日光卽) 혈식(血色)이 졈졈(漸漸) 물고 졈ᄼ(漸漸) 파려ᄒ야⁵ 죽느니 〔기광지인(開鑛之人)과 굴실(窟室)에 거(居)허는 사람드리 다 이 병(病)이 잇느이라.〕 가지(可知) 인신(人身)이 본니(本來) 맛당이 만이 일광(日光)을 볼 거시오 또 식물(植物)의 록식(綠色)이 일광(日光)을 밋는고로⁶ 그를진 ᄯᅡ에 꼿과 풀이 빗치 희고 능(能)히 무성(茂盛)치 못허느이라.

주석

4 '말미'는 '緣由'를 의미하는데, 본문의 '말미여'는 '말미암아' 정도로 해석된다. '말미암-'은 '말미+삼-'의 구성이 역사적으로 '말믜삼->말믜삼-/말미삼->말믜암-/말미암-'의 형태 변화를 거쳐 지금처럼 쓰이는 것이다.

5 '파려ᄒ-'는 사전에도 등재되어 있지 않고 당시 다른 문헌에서의 쓰임도 확인되지 않지만 이 문헌에서는 '파려ᄒ-', '팔여ᄒ-'의 형태로 수차례 사용되었다. 『신증유합(新增類合)』에 쓰인 "德 파려홀 븨<하44b>"처럼 '고달프-'를 뜻하는 옛말인 '바려ᄒ-'가 격음화된 것일 수도 있지만, 이 문헌에

서 주로 혈색과 관계된 문맥에서 쓰였다는 점을 고려하면 현대어의 '파리하-'의 뜻으로 보는 것이 더 합당할 것이다. 『사정한 조선어 표준말 모음』(1946:21)에서 'ㅣ'와 'ㅕ'로 통용되던 단어들 중 'ㅣ'형을 표준형으로 채택한 예로 '토릿하-/토렷하-', '이지러지-/여지러지-'가 있어 '파리하-/파려하-'도 해당 예에 속할 가능성이 있어 보인다.

6   '-ㄴ고로'가 당시 이미 연결어미로 쓰이고 있었다고 보아 '故'를 병기하지 않았다.

신학신설
3a

현대어역

부유한 집의 호화로운 방은 비록 아름다우나 빛은 오히려 부족하다. 만일 도시에 사는 부자와 시골에 사는 농부를 비교하거나 아름다운 계집과 소 먹이는 계집을 비교하면 하나는 얼굴이 희고 몸이 약하며 하나는 얼굴이 붉고 몸이 건강하니 부유한 집은 거처나 옷이나 음식이 모두 다 농가보다 낫지만 유독 농가보다 못한 것은 햇빛을 많이 보지 못하고 맑은 공기를 많이 쐬지 못하는 점이다. 〖근래 서양인들이 건강관리의 이치를 연구하여 맑은 공기를 호흡하는 것이 인생에서 제일 중요한 일임을 알게 되었다.〗 만일 도시 사람들이 시골 사람들만큼 건강해지고자 한다면 매일 반드시 약간의 시간이라도 방 밖으로 나가야 할 것이다. 하늘이 사람을 내실 때 본디 사람이 항상 방 안에 머물도록 한 것이 아니므로 밖에 나가지 못할 때가 있거든 반드시

원문(한자 병기)

부귀지가(富貴之家)에 궁실(宮室)은 비록 아름다우나 광(光)이 오히려 부족(不足)헌지라. 만일(萬一) 성닉(城內) 부자(富者)와 향간(鄕間) 농부(農夫)로 더부러 상비(相比)허거나 혹(或) 가려(佳麗)헌 계집과 소 먹기는 계집으로 더부러 상비(相比)허면 일(一) 즉(卽) 얼고리[7] 희고 몸이 약(弱)허며 일(一) 즉(卽) 얼고리 붉고 몸이 건장(健壯)헌이 부귀지가(富貴之家)에 거쳐(居處) 의복(衣服) 음식(飮食)이 사ᄉ(事事)이 농가(農家)보다 낫건마는 그 농가(農家)만 못헌 거슨 전(全)혀 능(能)히 일광(日光)을 만이 보지 못허고 말근 긔운(氣運)을 만이 엇디 못허는 데 잇슴이라. 〖글릭(近來) 서인(西人)이 양신지니(養身之理)을 궁구(窮究)ᄒᆞ야 호흡쳥긔(呼吸淸氣)가 인싱(人生)의 제일(第一) 요싴(要事ㅣ)되을[8] 안이라.〗 만일(萬一) 성시지인(城市之人)으로 ᄒᆞ여곰 건장(健壯)허기가 향인(鄕人) 갓고자 헐진딘 믜일(每日)에 반다시 약간(若干) 시(時)을 방중(房中)에 거(居)허지 아를 거시라. ᄒᆞ늘이 사람 닉실 쪅에 본(本)더[9] 사람으로 ᄒᆞ여곰 상혜 방옥지닉(房屋之內)에 거(居)허라 허옴이 안이라 곳 능(能)히 박게 나가지 못헐 쩌 잇거던 맛/당이

주석

7 현대어 '얼굴'은 15세기 문헌에서도 동일한 형태로 나타나는데, 이곳에서 보이는 '얼골'은 17세기부터 '얼굴'과 더불어 쓰이기 시작했다.

8 '됨을' 또는 '되믈'의 오기.

9 '본(本)+더'의 결합을 통해 형성된 단어로 '본더>본디'의 변화를 겪었다.

신학신설
3b

현대어역

창문을 열어 방 안에 햇빛이 비쳐 들게 해야 한다. 사람이 항상 햇빛을 보는 것이 천지가 사람을 내신 본뜻이니 일출 때부터 일몰 때에 이르도록 햇빛이 없거나 부족하지 않게 해야 한다.

사람의 이치는 본래 해가 뜨면 일을 하고 해가 지면 쉬는 것이다. 이것이 일체의 동물에 똑같이 적용되는 이치이지만 근래의 사람들은 이 이치와 상반되게 해가 돋으려 할 때 자고자 하며 날이 이미 어두워졌는데도 일하기를 쉬지 않으니 이는 생각이 매우 부족한 것이다. 〖사람이 만일 일찍 일어나고 일찍 자지 않으면 햇빛은 적게 보고 등불의 빛을 많이 보게 되는데 이는 광부나 굴에 머무는 사람의 경우와 다르지 않을 것이다.〗 이 폐단을 고친 뒤에야 사람들이 각종 병을 면하게 될 것이며 이렇게 하면 등불과 촛불에 드는 비용도 줄일 수 있을 것이다. 또 햇빛을 많이 받으면 마음이 즐거워지므로 일에 게을러지지 않게 될 것이다. 슬프다. 요새 사람들은 왜 이러한 이치를 모르고 고치지 창호(窓戶)을 기통(開通)ᄒ야 일광(日光)으로써 방중(房中)에 비취여 더리라. 사람이 상혜 일광(日光)을 보는 거시 쳔디싱인지본의(天地生人之本義)니 일츌시(日出時)로부터 일몰시(日沒時)에 이르도록 가(可)히 이즈러지고 젹지 못헐 것시라[10].

디기(大蓋) 사람 돈[11] 잇치(理致)가 볼닉(本來) 맛당이 일츌이작(日出而作)허고 일입이식(日入而息)이라[12]. 이거시 일체(一切) 동물(動物)에 공변된[13] 잇치(理致)여를 글닉(近來) 사람더리 이 잇치(理致)로 더부러 상반(相反)ᄒ야 희가 장찻(將次人) 도드려 헐 졔 바야흐로 자고자 허며 나리 임의 어둡도록 일허기 쉬지 안이헌이 심(甚)히 싱각지 못허미라.〖사람이 만일(萬一) 능(能)히 일즉 일어나고 일즉 자지 못하면 일광(日光)은 젹게 보고 등광(燈光)을 만이 보는지라 기광(開鑛)허고 굴실(窟室)에 거(居)허는 사람으로 더부러 달으지 안올리라.〗 니 폐단(弊端)을 고치[14] 연후(然後)에 바야로 사람의 각싴(各色) 병(病)을 면(免)헐 거시요 쏘 가(可)히 등촉(燈燭) 등(等) 비(費)을 덜 거시요 쏘 일광(日光)을 만이 어듬을 인(因)ᄒ야 사람의 마암이[15] 쾌락(快樂)ᄒ야 일레 게러르지[16] 아르리라. 슬푸다. 근세(近世) 사람이 엇지ᄒ야 이 잇치(理致)을 모르고 능(能)히 고/치디

주석

10 '이즈러지고 젹지 못헐 것시라'는 『유문의학(儒門醫學)』(1876)(4a:3)의 대응 부분에 '不可缺少'라고 되어 있어 이를 참고해 현대어역하였다.

11 '된'의 오기.

12 이는 『격양가(擊壤歌)』에서 따온 구절이다. 『격양가』의 전문은 "日出而作，日入而息，鑿井而飮，耕田而食，帝力何有於我哉"이다.

13 '공변된 잇치'는 『유문의학』(4a:5)의 '公理'에 대응된다. 이에 따라 '공변'을 '공변'의 변형으로 추정하였다. '공변되-'는 '公反ᄃ외->공변되->공변되-'의 변화를 거친 것으로, 초기에 한자가 관여했던 구성이 고유어화한 것이다. 게일(1897)에 '공변되-'의 형태가 표제어로 등재되어 있어 오늘날과 달리 '공변되-' 형태가 널리 쓰이고 있었음을 알 수 있다. 이후 게일(1931)에서도 '공변되-' 형태가 그대로 유지되다가 '공변되-'의 형태가 관찰되는 것은 문세영(1940)에 이르러서이다. [게일(1897:266) 공변되다 公: To be just; to be impartial. To be public], [게일(1931:131) 공변되다 公: To be just; to be impartial. To be public], [문세영(1940:160) 공변되다: 공평하고 사정이 없다. 치우침이 없다.]

14 '고친'의 오기.

15 '마음'의 의미로, 역사적으로 'ᄆᆞᄉᆞᆷ>ᄆᆞ옴>ᄆᆞ음>마음'의 형태 변화를 거쳤다. 이 문헌의 다른 부분에서는 주로 '마음'으로 쓰였기 때문에 이곳의 '마암'은 다소 독특한 표기이다.

16 '게으르-'의 의미이다. 이 문헌에는 '게으르-'에 해당하는 다양한 어형이 쓰였는데 '게'의 반모음 /j/이 후행 음절로 옮아간 예와 그렇지 않은 예로 나누어 볼 수 있다. 전자의 경우 '거려은즉<10b>, 거려으고<10b>, 거려르고<11b>, 거열러지는이라<30b>, 거여름을<47a>'이고, 후자의 경우 '게러르지<3b>, 게어르며<10b>, 게얼러지는이라<11a>'이다. 두 경우 모두 ㄹ의 탈락형과 미탈락형이 나타났다.

신학신설
4a

현대어역

못하는가? 도시 사람들이 날이 밝도록 일어나지 않고 햇빛이 비쳐 들어옴을 싫어하며 편안히 자지 못하고 있을 때에 농가에서는 노래하며 몇 이랑이나 밭을 갈고, 또 도시 사람들이 극장 등지의 분주하고 소란한 곳에서 탁한 공기를 마시고 등불의 빛을 쏘이거나 촛불의 심지를 자르며 책을 읽어 걱정과 생각이 많을 때에 농가 사람들은 이미 편히 누운 지 오래다. 이러한 이유로 도시 사람들은 튼튼한 사람이 드물고 약한 사람이 많으며 시골 사람들은 장수하는 사람이 많고 일찍 죽는 사람이 드물다. 옛말에 일찍 일어나고 일찍 자는 것이 장수의 비결이라 하였으니 몸이 튼튼하고 병이 없는 것이 그 복이다.

방의 동쪽과 서쪽에 반드시 창문을 내어 [방에 창문은 많을수록 더욱 좋다.] 오전과 오후에 다 햇빛이 들어오게 하고 방 안에서 무슨 일을 하든지 반드시

원문(한자 병기)

못허는가? 시험(試驗)ᄒ야 본이 성시지인(城市之人)은 천명(天明)토록 이러나지 안이ᄒ야 일광(日光)이 비취여 드러옴을 시려ᄒ야[17] 능(能)히 편안(便安)이 자지 못헐 쩍에 잇쩌 농가(農家)에는 노리허며 밧 갈기을 면이랑이요 쏘 성시지인(城市之人)은 희원(戱園)[18] 등디(等地) 열요쳐(熱鬧處)에[19] 잇서ᄼ 믜긔(煤氣)와 등광(燈光)을 쏘이고 혹(或) 젼촉(剪燭) 독서(讀書)ᄒ야 노신사려(勞神思慮)헐 쩍에 잇쩌 농가(農家)는 안와이귀(安臥而久ㅣ)라. 소이(所以)로 성시지인(城市之人)은 강자소이약자다(强者少而弱者多)허고 향간지인(鄉間之人)은 수자다이요자소애(壽者多而夭者少也ㅣ)라. 고언(古諺)에 일너스되 일즉 이러나고 일즉 자는 거시 복수면ᄼ(福壽綿綿)이라 헌니 능(能)히 몸으로 ᄒ여곰 장건무병(壯健無病)험이 이거시 그 복(福)인니라.

방옥지동서(房屋之東西)에 맛당이 창호(窓戶)을 니여 〔방옥(房屋)에 창호(窓戶)는 만을수록 더욱 묘(妙)헌이라.〕 상오(上午)와 ᄒ오(下午)에 다 일광(日光)이 잇서 쏘여 드러오게 허고 방닉(房內)에서 무삼 이을[20] 허던디 맛당이

주석

17 '싫어하-'의 의미이다. '시려ᄒ-'는 『명성경언해(明聖經諺解)』(1883)의 "먹는 거슬 쏘라 시려ᄒ고 닷토지 말나", 『천로역정(天路歷程)』(1894)의 "오광빗슬 시려ᄒ는 쯧시라", 『혈의누』(1906)의 "문 밧게 나가기를 시려ᄒ더니", 『초등여학독본(初等女學讀本)』(1908)의 "집이 혹 간난ᄒ여도 지검이룰 시려

흥지 아니며"와 같이 그 쓰임이 여러 문헌에서 관찰된다.

18 20세기 초까지 중국에 있던 극장의 일종으로, 연극을 보며 객석에서 다과
를 즐길 수 있었다.

19 분주하고 소란한 곳의 의미이다.

20 '일을'의 오기.

신학신설
4b

현대어역

해를 등지지 말고 마주해야 할 것이며 창밖에 담이나 나무의 그늘이 창문으로 들어오는 햇빛을 가린다면 반드시 다 없애야 한다. 만일 몹시 더운 날 오전에 햇빛이 너무 강하면 흰 죽렴을 거는 것이 좋다. 〔빛이 통하지 않는 것도 빛이 지나치게 많은 것도 다 사람을 허약하게 한다.〕

침실〔눅눅한 기운이 없이 깨끗하게 하고 절대 더럽거나 습하지 않게 한다. 사람의 거처로는 누각같이 사방이 뚫린 방이 제일 좋다.〕에도 반드시 새벽빛이 비쳐 들게 하고 어둡지 않게 해야 한다. 사람이 있는 침실에 새벽빛이 들지 않으면 무덤이나 다름없어 사람이 그 안에서 자는 모습이 빈소에 가까울 것이다. 어린아이를 기르는 집은 모름지기 빛이 가장 잘 드는 곳을 골라야 하는데 어린아이에게는 어른보다 빛이 더욱 필요하기

원문(한자 병기)

광(光)을 향(向)허고 가(可)히 광(光)을 등지ᴍ 말 거시요 창(窓)밧게 담과
다못 수목지농음(樹木之濃陰)이 창호(窓戶)로 드러오는 광(光)을 가리는
것 잇거든 다 반다시 업시ᄒ고 만일(萬一) 염천(炎天) 상오지시(上午之時)
에 일광(日光)이 틴롱(太濃)허거든 빅죽염(白竹簾)을 거는 거시 묘(妙)헌니
라. 〔혹(或) 광(光)을 통(通)치[21] 못허던지 혹(或) 광(光)이 틴롱(太濃)허면 다 능(能)히 사람으로 하여곰
허약(虛弱)허게 허는이라.〕

침실(寢室)〔심써 ᄒ여곰 조강(燥强)허고 정결(淨潔)케 홀 거시오 츄(醜)허고 습(濕)헌 거슨 절긔
(絕忌)하는니 딕져(大抵) 사람이 거처(居處)가 누방(樓房)이[22] 가장 맛당헌이라.〕에도 맛당이
시벅 광(光)으로 ᄒ여곰 비쵸여 드러오게 헐 거시요 불가암흑(不可暗黑)
인이라. 사람 잇는 침실(寢室)에 즘즛 시벅 광(光)으로 ᄒ여곰 드러오지
못ᄒ게 ᄒ면 엇지 무덤과 다르리요. 사람이 그 안에서 자는 모양이 빈
소(殯所)에 갓차운니라.

어린아히 기루는 집을 모름즉이 광(光)이 가장 만은 고슬 갈희여[23] 어들
것슨 어린아히의 광(光)을 엇쓰자 험이 어른보다가 다시 심(甚)/험을

주석

21 '통치'의 오기.

22 이 부분의 내용은 『유문의학』을 번역한 것인데 관련 부분에서 대응 문구를
    찾을 수 없어서 한문 고전에서 쓰이던 '樓房'으로 보았다.

23 '가리-'[擇]는 역사적으로 '굴히->굴희->가리-'의 변화를 거쳤다.

신학신설
5a

현대어역

때문이다. 만일 어린아이를 어두운 집 안에만 있게 하면 아이가 점점 죽음에 이르게 된다. 〖옛날에 영국에서 법률로 백성들의 집 방에 달 수 있는 유리창의 수를 정해 놓고 이를 넘기면 그에 대한 세금을 받았는데[24] 그 후로 백성의 수가 점점 늘지 못하게 되었다. 비록 가정을 이루고 아이를 낳았더라도 어린아이가 빛이 부족해 제대로 성장하지 못했던 것이다. 그러다 근래에 집정하는 사람이 이러한 이치를 깨닫고 백성의 수명을 보전하는 것이 국가에 크게 유익하다고 여겨 유리창에 따라 세금을 걷는 법을 폐지하였다.〗 비유하자면 화초를 기르는 사람이 꽃모종을 기를 때 햇빛이 적고 매우 어두운 곳에 그 모종을 두지 않는 것과 같다.

병자 역시 어두운 방에 누워 있게 해서는 안 된다. 다만 만약 의사가 햇빛이 너무 많아 병자의 뇌가 상할까 염려한다면 마땅히 빛을 피하도록 해야 할 것이다. 〖두통이 있는 사람은 방 안에 빛이 너무 많이 들지 않게 해야 한다.〗 어린아이가 병이 났을 때는 아주 위중하지 않으면 반드시 매일 방 밖에 있게 해야 한다.

인(因)험인니 만일(萬一) 어두운 집 속에 거(居)허면 졈〃(漸漸) 흐여곰 그 죽게 흐는 법(法)이라. 〖옛썩 영국(英國) 율법(律法)에 빅셩(百姓)의 집 방옥(房屋) 유리창(琉璃窓)이 약간(若干) 졍슈(定數) 잇셔〃 졍슈(定數)에 지나는 자(者)는 그 셰(稅)을 밧던니 국닉(國內)에 빅셩(百姓) 슈효(數爻)가 능(能)히 졈〃(漸漸) 늘지 못흐야 비록 가취지사(嫁娶之事)는 잇스나 기르는 바 어린아히가 광(光)이 부족(不足)험을 인(因)흐아 능(能)히 싱장(生長)허지 못허던이 근시(近時) 집졍(執情)허는 사람이〃 잇치(理致)을 씨다러 빅셩(百姓)의 명(命)을 보젼(保全)험이 국가(國家)에 크게 유익(有益)허을 아러서 유리창슈셰지율법(琉璃窓收稅之律法)을 일즉이 임의 힝(行)흐지 아는이라.〗 비유(譬喻)허건더 화쵸(花草)장이가 쏜모을 기을 쩍에 그 두는 고슬 엇지 일광(日光)이 젹고 심(甚)히 어둔 바을 취(取)허리요.

병자(病者)을 졀불가와어암실지중(切不可臥於暗室之中)이라[25]. 만일(萬一) 의지(醫者ㅣ) 일광(日光)이 티과(太過)타 흐야 병자(病者)의 뇌(腦)을 상(傷)헐가 염여(念慮)흐거던 맛당이 광(光)을 피(避)헐 거시요. 〖두통자(頭痛者)는 방(房) 속에 맛당이 광(光)을 티롱(太濃)케 안이 헐 거시라.〗 소아(小兒) 유병(有病)에 진실(眞實)노 극즁(極重)치 안이커든 모롬즉이 날노 방옥(房屋) 밧게 이을 거신이라.

주석

24 건물의 창문 수가 일정 기준치를 초과하면 초과분에 해당하는 만큼 세금을 징수하던 창문세 제도로, 영국에서 1696년부터 1851년까지 시행되었다. 이 제도가 시행되자 원래 있던 창문을 막아 버리거나 새로 건물을 지을 때 창

문을 내지 않는 등의 방법으로 창문세를 피하는 사람들이 생겨났다.

25 '절'은 '絶'로 볼 수도 있지만 내용상 대응이 되는 『유문의학』(4b:12)에 쓰인 한자에 따라 '切'로 보았다.

현대어역

이와 같이 사람의 몸과 마음이 다 반드시 햇빛을 받아 아름다워지니 빛은 덕을 심고 악을 없애는 것이라 하겠다. 햇빛 아래서 각종 악행을 저지르는 사람은 적지만 어두운 곳에서 저지르는 사람은 많으므로 사람의 거처에서는 햇빛이 방 안에 잘 들도록 하라. 처음에는 너무 밝은 것이 좋지 않은 듯해도 차차 습관을 들이면 각종 나쁜 일도 예방할 수 있고 또한 선한 사람의 기질도 기를 수 있을 것이다.

눈동자가 빛에 약해 빛을 보기가 아주 힘든 사람이 있으면 검은색 『혹은 청록색』 안경을 쓰거나 푸른빛을 가릴 베와 종이를 쓰면 빛이 많은 곳에 가도 눈동자에 해로움이 없을 것이다.

원문(한자 병기)

통이언지즉(統以言之卽) 사람의 몸과 다못 마음이 다 반다시 일광(日光)

을 어듬이 가장 아름다운이 광(光)이란 자는 능(能)히 덕(德)을 시무고[26] 악(惡)을 멸(滅)허는 거시라. 각종(各種) 악사(惡事)을 일광(日光) 안에서 진는 지(者ㅣ) 격고 어두운 곳에서 진는 지(者ㅣ) 만는고로 사람의 거쳐(居處)에 심써 일광(日光)으로 흐여곰 방옥(房屋) 안에 쏘이여 드러오게 허라. 처음에는 비록 너머 발근 거시 좃치 아는 듯허나 차ᄎ(次次)로 습이 위상(習以爲常)허면[27] 능(能)히 각종(各種) 악사(惡事)을 업시흐야 또흔 죽(足)키 선인(善人)이 되리라.

사람의 안정(眼睛)이 심(甚)이 광(光)을 두려워흐야 거위 보고자 안이 허는 지(者ㅣ) 잇거든 가(可)히 검문빗 [혹(或) 청녹식(靑綠色)] 안경(眼鏡)을 쓰거나 혹(或) 푸른빗 광(光) 가리울 베와 조히을 쓰면 인(因)흐야 광(光)이 만는 곳에 이르러도 안정(眼睛)에 희(害)로움이 ㅊ르지 안이허리라.

주석

26 '심고'의 의미이다. 오늘날의 '심-'은 역사적으로 '시므->심-'의 변화를 거쳤다. 중세국어에 '심-'은 후행하는 어미에 따라서 '시므고, 시므디, 심거, 심굼'과 같이 '시므-'와 '심-'으로 교체되었는데, 이곳에 쓰인 '시무고' 형태는 이전 시기 국어의 특징을 보여 주는 예에 해당한다.

27 '능히 그럴 수 있는 습관을 들이면'의 의미로, 『복수전서(福壽全書)』에 실린 구절이다.

현대어역

안경의 이치를 이 책에 반드시 덧붙여 말할 것은 아니지만 한 가지 요
긴한 점이 있기로 자세히 의논하고자 한다. 젊은 사람 중 근시가 있는
사람은 부득이한 경우가 아니면 안경을 쓰지 말아야 한다. 젊었을 때의
눈병은 늙어가며 점점 없어지는데 만일 안경을 쓰면 근시의 병이 영영
없어지지 않기 때문이다.

빛의 각 색깔은 사람의 몸과 관계가 있어서 사람의 마음에 주는 감동이
서로 다르다. 흰색은 마음을 즐겁게 하므로 사람에게 유익하지만 곧게
비치는 빛은 지나치게 과도해 시력이 능히 감당하지 못하며 〚눈 온 들에
비치는 볕이 사람의 눈동자에 가장 해롭다.〛 〚만일 천하 만물이 다 흰빛이라면 사람들이 모두 눈
머는 병에 걸릴 것이다. 조물주가 초목을 푸르게 한 것은 진실로 사람의 눈을 보호한 것이다.〛 붉
은색은 사람을 화나게 하고 녹색은 사람을 기쁘게 하고 검은색은 사
람을

안경(眼鏡) 잇치(理致)을 이 칙(冊)에 반다시 덧부치여 말헐 거 안이로더 흔 가지 요긴(要緊)헌 일 잇기로 모름즉이 자서(仔細)이 의논(議論)허노라. 더져(大抵) 졀문 사람의 근시(近視)허는 자는 만부득(萬不得) 이외(以外)에는 가(可)히 안경(眼鏡)을 쓰지 안이헐 거시라. 졀머쓸 쩌 눈병(病)이 늘그면 졈ㅅ(漸漸) 업서지느니 만일(萬一) 안경(眼鏡)을 쓰면 근시(近視)허는 병(病)이 영ㅅ(永永) 업서지ㅅ 안는이라.

각식(各色) 빗치 쏘흔 사람의 몸과 더부러 상관(相關)이 잇서ㅅ 감동인심(感動人心)험이 갓지 안이헌이 곳 흰빗 가튼 거슨 사람의 마음으로 ᄒ여곰 쾌락(快樂)허거[28] 허는고로 사람의게 유익(有益)허나 그러나 곳게 빗취는 빗슨 퇴과(太過)험을 면(免)치 못ᄒ야 목역(目力)이[29] 능(能)히 당(當)치 못ᄒ고 ⟦눈 온 들에 빗취운 볏치[30] 가장 사람의 안졍(眼睛)에 히(害)로운이라.⟧ ⟦만일(萬一) 쳔하(天下) 물건(物件)으로 하여곰 다 빗치 흴진던 사람마다 맛당이 눈머는 병(病)이 잇슬 쩌시라. 됴화옹(造化翁)이 초목(草木)으로 하여곰 풀으게/ 헌 거슨 진실(眞實)노 사람의 눈을 호위(護衛)헌 비라.⟧ 홍식(紅色)은 사람으로 ᄒ여곰 노(怒)ᄒ게 허고 녹식(綠色)은 사람으로 ᄒ여곰 깃거게[31] 허고 거문 빗슨 사람으로 ᄒ/여곰

주석

28 '쾌락허게'의 오기.

29 '시력(視力)'의 의미이다.

30 오늘날 '볕'은 해가 내리쬐는 기운으로 '빛'과 의미상 구별되지만 이 문헌

에서는 '볕'을 '빛'의 의미로 사용하였다.

31   '깃겁게'의 오기.

현대어역

근심하게 하고 검누런 빛은 사람의 마음을 조금도 감동시키지 않는다. 땅 위의 꽃과 나무는 다 녹색이므로 사람의 눈에 가장 좋다. 집 안의 울타리는 흰색에 가까울수록 아름다운데 만약 다른 색깔을 써 울타리의 가장자리를 꾸미면 더욱 좋다. 흰색 이외에는 녹색이 아름답고 각종 어두운 색은 모두 쓰지 말아야 한다. 방 안의 물건과 창문 위의 발은 그 빛이 반드시 사람의 마음에 기쁘고 즐겁도록 해야 하며 사람의 마음을 화나게 하거나 근심케 하지 않도록 한다. 또 한 가지 색의 진하고 엷은 것을 나란히 놓지 않는다.

원문(한자 병기)

근심허게 허고 금항(錦香)빗슨³² 조곰도 사람의 마음을 감동(感動)치 안눈이라. 쏘 우희 화초(花草) 수목(樹木)이 다 녹식(綠色)인고로 가장 사람의 눈에 맛당헌이라. 옥너(屋內)에 원장(垣牆)이 흰비세 각가울수록 아름답고 만일(萬一) 다른 빗스로 쓰[33] 가을 헌즉 더욱 맛당헌이라. 빅식(白色) 이외에는 녹식(綠色)이 아름답고 각종(各種) 흑암지식(黑暗之色)은 다 맛당이 쓰디 안이헐 거시라. 방(房)안에 물건(物件)과 다못 창(窓) 우희 바을[34] 그 빗치 맛당이 사람의 마음으로 ᄒ여곰 깃겁고 다못 쾌락(快樂) 허게 헐 것시요 가(可)히 사람의 마음으로 ᄒ여곰 성너고 다못 근심치 안이케 헐 거시라. 쏘 혼 가지 식(色)에 깁고 담(淡)헌 거슬 불가병열(不可竝列)이니라.

주석

32   19세기 말 20세기 초 '금향(錦香)'은 '빛'이나 '색'과 결합해 '어둡고 붉은 빛이 도는 노랑'을 뜻하는 색채의 명칭으로 쓰였는데 검누런 색을 뜻하는 것으로 보인다. 『유문의학』(5a:10)에서는 '稷'으로 썼다. 사전 표제어로는 게일(1897:270)에서부터 확인되는데 '금향(錦香)'과 '금향식(錦香色)' 모두 'A dark yellow dye color'로 풀이되어 있다. 문세영(1938:231)에서는 '금향색(錦香色)'만을 표제어로 등재하였고 그 뜻은 '검정에 누렁이 섞인 빛'으로 풀이하였다.

33   이 부분은 『유문의학』의 "若用也色爲邊則尤宜"에 대응되므로 '쓰'는 '用'으로 봐야 한다.

34   '발은'의 오기. 『유문의학』(5a:12)의 대응 부분에 '簾'이라 되어 있다.

'광'에 나타난 국어학적 특징

1) 한자음

구개음화	◎ **쳔디싱인지본의**(天地生人之本義)**니**〈3b〉 '地'는 '디>지'의 변화를 겪었지만 여기서는 구개음화 이전 음으로 적었다. 『자전석요』에서도 '地'의 규범음을 '디'로 제시하였다. ◎ **빅죽염**(白竹簾)**을**〈4b〉 '簾'이 어두에서 '렴→념→염'과 같이 두음법칙과 구개음화에 의해 '염'으로 쓰이던 것을 인식해 어중에서도 '염'으로 적은 것이다. ['두음법칙' 참고] ◎ **됴화옹**(造化翁)**이**〈6a〉 '조화옹→죠화옹→됴화옹'과 같이 구개음화를 의식한 과도 교정 표기이다. 이 시기에는 '조'와 '죠'는 발음이 같았으므로 '조화옹→됴화옹'으로 바로 과도 교정이 이루어졌다고 봐도 무방할 것이다.
두음법칙	◎ **만물지니**(萬物之理)**을**〈2b〉 '理'는 어두에서 두음법칙과 구개음화를 겪어 '리→니→이'로 변화되고 이 문헌 전반에서 이러한 변화를 겪은 형태가 어두뿐 아니라 어중에서도 쓰이는 경향이 보인다. 하지만 여기서는 두음법칙만 적용된 형태인 '니'로 쓰였다. ◎ **빅죽염**(白竹簾)**을**〈4b〉 '簾'이 어두에서 '렴→념→염'과 같이 두음법칙과 구개음화에 의해 '염'으로 쓰이던 것을 인식해 어중에서도 '염'으로 적은 것이다. ['구개음화' 참고]
반모음	◎ **성졍**(性情)**을**〈2b〉 '성'의 경우 '셩>성'과 같은 치찰음 아래에서의 반모음 /j/의 탈락을 반영하였지만 '졍'의 경우 /j/의 탈락을 반영하지 않았다.

	◎ **의ㅈ·(醫者ㅣ)**〈5a〉 이곳의 '者'는 '쟈→자→ㅈ·'와 같이 치찰음 아래에서의 반모음 /j/ 의 탈락과 /·/>/ㅏ/에 따른 인식으로 'ㅏ'를 '·'로 적은 것이다. ['아 래아' 참고]
아래아	◎ **ㅅ·(事事)이**〈3a〉 'ㅅ·>사'와 같이 /·/>/ㅏ/에 따른 한자음의 변화를 반영한다. ◎ **의ㅈ·(醫者ㅣ)**〈5a〉 이곳의 '者'는 '쟈→자→ㅈ·'와 같이 치찰음 아래에서의 반모음 /j/ 의 탈락과 /·/>/ㅏ/에 따른 인식으로 'ㅏ'를 '·'로 적은 것이다. ['반 모음' 참고]
기타	◎ **자서(仔細)이**〈6a〉 '細'에 '셰'에서 구개성 운미 /ㅣ/가 탈락한 '셔'란 음이 있었음을 보여 주는 예이다.

2) 자음 관련

격음화	◎ **밝키는**〈2a〉 '밝-'과 '-히-'의 결합에서 'ㄱ+ㅎ→ㅋ'과 같이 격음화된 것을 표 기한 것이다.
겹받침	◎ **물고**〈2b〉 '묽-+-고'의 결합에서 어간 말음 /ㄱ/의 탈락을 반영한 표기이다. 리델(1880:258)을 보면 "물다 濃"에서처럼 이와 같은 어간 말음의 탈 락이 반영되어 있다. 이는 오늘날에도 '-고' 앞에서는 'ㄹㄱ' 겹받침의 /ㄱ/이 탈락하는 것과 동일한 현상이다. ['경음화' 참고] ◎ **불고**〈3a〉 '붉-+-고'의 결합에서 어간 말음 /ㄱ/의 탈락을 반영한 표기이다. 앞의 '묽고'가 '물고〈2b〉'로 표기된 것과 평행하게 이해해 볼 수 있

는 예이다.

경음화	◎ **풀고**〈2b〉

'묽-+-고'의 결합에서 어간 말음 /ㄱ/의 탈락을 반영한 표기이다. 후행하는 어미의 두음을 /ㄱ/으로 표기한 것은 실제로 경음화가 되었는데도 이를 적극적으로 표기하지 않은 것으로 생각된다. ['겹받침' 참고]

◎ **엇쏘자**〈4b〉

국어사 자료에서 '엇고자'는 관찰되는 반면에 '엇쏘자'는 관찰되지 않는다. 또한 '어쏘자'도 보이지 않는다. 이를 종합하여 볼 때 이곳에서 보이는 '엇쏘자'는 [얻꼬자]와 같이 발음이 되는 것을 나타내기 위한 것으로 보인다. 즉, 선행 음절의 말음 /ㅅ/의 불파에 의해 후행 음절의 두음이 경음이 됨을 반영한 것이다.

구개음화	◎ **엇디**〈2b〉

현대어 '어찌'는 '엇디>엇지>어찌'의 변화를 겪었는데 여기서는 구개음화 이전의 어형을 사용하였다.

◎ **니**〈3b〉

'니→이'와 같은 현상에 대한 인식으로 '이'를 '니'로 적은 것이다.

◎ **고치디**〈3b〉

'고치-+-디'의 결합으로, 어간은 구개음화가 반영된 어형을 쓰고, 어미는 구개음화가 반영되지 않은 어형을 썼다.

두음법칙	◎ **그를진**〈3a〉

'그늘'이 '그를'로 나오는 것은 "계슈나무 그를 쇽에 들낙날낙<별주부전>"과 같이 국어사 자료에서 관찰되는 바이다. 현대 방언에서는 '그릉지(강원)', '그름지(경상)'과 같이 '그를'에 정확히 대응하지는 않지만 둘째 음절의 초성이 /ㄹ/인 형태가 관찰된다. 이러한 사실들을 참고할 때 두음법칙을 의식하여 비어두 음절의 /ㄴ/을 /ㄹ/로 적은 표기로 볼 수 있다.

◎ **잇치여를**〈3b〉

'이치이거늘→이치이어늘→이치여늘'에서 '늘'의 'ㄴ'을 'ㄹ'로 적음으로써 형성된 표기로 보인다.

ㄹㄹ 연쇄	◎ **볼니**〈2b〉 '본리→볼리'와 같이 유음화된 것을 'ㄹㄹ'의 연쇄를 'ㄹㄴ'으로 적는 전통적 표기법에 따라 '볼니'로 적은 것이다. ◎ **글리**〈3a〉 '근리→글리'와 같이 유음화된 것을 반영한 표기인데, 이때 'ㄹㄹ'의 연쇄를 'ㄹㄴ'으로 적지 않은 것이 특징적이다. 이 문헌에서 '글리'는 2회, '글니'는 2회가 관찰된다. ◎ **날노**〈5a〉 '날로'에서 'ㄹㄹ'의 연쇄를 'ㄹㄴ'으로 적은 것이다.
자음동화	◎ **민는고로**〈2b〉 '믿-+-는'의 결합이 '밋느니〈2b〉'와는 달리 비음 동화가 반영된 '민는'으로 표기되어 있다. ◎ **박게**〈3a〉 중세국어 '밝'이 '밝+의→밧긔', '밝+으로→밧그로'와 같이 쓰이다가 선행 음절의 'ㅅ[ㄷ]'이 후행 음절의 /ㄱ/에 위치 동화되어 '박'으로 바뀐 것을 표기한 것이다. ◎ **쏜모올**〈5a〉 '쏯+모'의 결합으로, '쏫모'로 적을 것을 비음 동화를 반영하여 '쏜모'와 같이 적은 것이다. ◎ **진는**〈5b〉 '짓-+-는'의 결합으로, 비음 동화를 반영한 표기이다. ◎ **각가올수록**〈6b〉 '갓가우-'에서 /ㅅ[ㄷ]/이 후행하는 /ㄱ/에 위치 동화되어 /ㄱ/으로 바뀐 것을 표기한 것이다.

탈락	◎ **아지**⟨2a⟩

'알-+-지'의 결합으로 중세국어 때와 마찬가지로 [+설정성]을 지닌 자음 앞에서 어말 /ㄹ/이 탈락한 모습을 보인다.

◎ **바야으로**⟨2b⟩

어중 유성음 사이에서의 /ㅎ/의 탈락을 반영한 것이다. 이 문헌에서는 '바야흐로', '바야으로'가 모두 사용되었다.

◎ **만이**⟨2b⟩

'많-+-이'와 같이 어근 '많-'이 부사 파생 접사와 결합하면서 유성음 사이에서 /ㅎ/이 탈락한 것을 반영한 표기이다. 이 문헌에서 '많이'는 모두 이와 같이 '만이'로만 표기되었다.

3) 모음 관련

고모음화	◎ **잇거던**⟨3a⟩

'잇-+-거든'의 결합으로, /ㅡ/와 /ㅓ/의 음성적 유사성에 이끌려 '잇거던'으로 적은 것이다.

◎ **더리라**⟨3b⟩

문맥상 '들[ㅅ]-+-이-+-라'로 분석되는데, 이를 연철하고 /ㅡ/를 /ㅓ/와의 유사성에 따라 '더리라'로 적은 것이다.

◎ **사람더리**⟨3b⟩

'사람+-들+이'를 /ㅡ/와 /ㅓ/의 음성적 유사성에 따라 '사람더리'로 적은 것이다.

◎ **각가울수록**⟨6b⟩

'갓가오-'에서 /오/가 /우/로 고모음화된 것을 반영한 표기이다.

단모음화	◎ **우히**⟨2a⟩

'우ㅎ+의'의 결합으로 형성된 '우희'에서 /ㅎ/ 아래 /ㅢ/>/ㅣ/의 단모음화를 반영한 표기이다.

	◎ **조히올**〈5b〉 ‘조회’에서 /ㅎ/ 아래 /ㅚ/>/ㅣ/의 단모음화를 반영한 표기이다.
동모음화	◎ **너머**〈5b〉 ‘너무’를 ‘너머’로 표기한 것으로 동모음화 현상을 반영한 것이다.
모음조화	◎ **씨다러**〈5a〉 어간과 어미의 결합이 모음조화를 따르지 않고 있다. ◎ **아러서**〈5a〉 어간과 어미의 결합이 모음조화를 따르지 않고 있다.
반모음	◎ **비취여다가**〈2a〉 ‘비취-+-어다가’에서 ‘어’가 선행하는 어간의 끝소리 /ㅟ/의 영향으로 반모음 /j/가 첨가된 결과로 ‘여’가 되었다. ◎ **시려ㅎ야**〈4a〉 　‘싫어하-’는 ‘슳-+-어ㅎ-’가 결합하여 이루어진 형태이다. 이 형태가 유성음 사이에서 /ㅎ/이 탈락하고 치찰음 아래에서 /ㅡ/가 /ㅣ/로 전설 모음화되면 ‘시러ㅎ-’로 나타나게 되는데, 이곳의 ‘시려ㅎ-’는 첫째 음절의 /ㅣ/의 영향으로 둘째 음절에 반모음 /j/가 첨가된 것으로 이해된다. 그런데 ‘슳-’에 해당하는 형태로 19세기에 ‘슬희-’란 형태가 관찰됨(『한불자전』(1880))을 고려한다면 ‘슬희-+-어ㅎ-’와 같은 형태가 있었을 가능성도 있다. 이것이 상기의 변화를 거쳐 ‘시릐어ㅎ-’가 된 후 자음 아래에서 /ㅢ/>/ㅣ/로 변화된 ‘시리어ㅎ-’를 거쳐서 ‘시려ㅎ-’가 형성되었을 가능성도 있어 보인다. ◎ **비츄여**〈4b〉 　이 문헌에서는 ‘비취-’ 형태가 널리 쓰이나 이곳에서처럼 ‘비츄-’도 쓰이는데, ‘비취->비추-’의 변화를 고려할 때 ‘비추-’가 치찰음 아래에서 반모음 /j/가 첨가되어 ‘비츄-’ 형태로 나타난 것으로 이해된다. 실제로 근대국어 시기 및 개화기의 필사본 자료에서는 ‘비추-’와 ‘비츄-’가 공존하는 모습을 볼 수 있다.

◎ **다르리요**⟨4b⟩

'-리요'는 '-리오'의 '오'가 선행하는 /ㅣ/의 영향으로 반모음 /j/가 첨가된 것을 반영한 표기이다.

◎ **세올**⟨5a⟩

치찰음 아래 반모음 /j/의 탈락을 반영하여 '셰'를 '세'로 표기하였다.

◎ **쏘이여**⟨5b⟩

'쏘이-+-어'의 결합으로, 어미 '어'에 반모음 /j/의 첨가 현상이 반영되어 있다.

◎ **희로음이**⟨5b⟩

어근 '희롭-'은 본래 'ㅸ'을 지니고 있었으므로 명사는 '희로움'으로 만들어지는 것이 자연스러우나 이곳에서는 /w/가 통째로 탈락한 '희로음'으로 쓰였다.

아래아

◎ **반다시**⟨2a⟩

현대어의 '반드시'는 역사적으로 '반ᄃ시>반드시'의 형태 변화를 거쳤는데, 사실상 '반듯하-'의 이전 형태인 '반득ᄒ-'의 어근 '반득'과 부사 파생 접미사 '-이'가 결합한 구성으로부터 만들어진 것이다. 이에 중세국어 문헌에서는 '반ᄃ시'뿐만 아니라 '반득기'의 예도 두루 확인된다. 이 문헌에서는 '반ᄃ시'가 2회, '반드시'가 1회가 쓰인 반면 '반다시'는 66회로 압도적으로 많이 쓰였다. 한편, 1회 출현한 '반드시⟨30b⟩'는 '반듯하게, 가지런하게'의 의미로 쓰인 것으로 '반다시'[必]와 형태적으로 변별이 가능하다.

◎ **바야으로**⟨2b⟩

15세기에 보이는 '뵈야ᄒ로', '보야ᄒ로'와 달리 'ᄇ야ᄒ로'는 17세기에 보이기 시작하는데, 이곳의 '바야으로'는 비어두의 /ㆍ/>/ㅡ/와 어두의 /ㆍ/>/ㅏ/를 모두 반영하고 있다.

◎ **오릭**⟨2b⟩

'오릭'는 15세기부터 보이는 '오래'가 /ㆍ/>/ㅏ/에 따라 비어두에서도 /ㅏ/를 /ㆍ/로 적게 된 데에서 연유한 표기로 이해된다.

◎ **닉실**〈3a〉

'ᄂᆞ-+-이-+-ᄉᆞ-+-ㄹ'의 결합으로, /ㆍ/>/ㅏ/에 대한 의식으로 'ㅏ'를 'ㆍ'로 쓴 것이다.

◎ **노ᄅᆡ허며**〈4a〉

현대어의 '노래'는 '*놀개>놀애>노래'의 변화를 거친 것인데, 여기에서는 /ㆍ/>/ㅏ/의 변화를 의식해 '노ᄅᆡ'로 쓴 것이다.

| 원순
모음화 | ◎ **더부러**〈3a〉

'더블->더불-'과 같이 원순모음화된 어형을 연철한 것이다. 19세기에도 "무경으로 더브러 난을 지으니〈1832십구사략언해 1:51b〉"와 같이 원순모음화되지 않은 어형이 쓰이기도 하였다.

◎ **슬푸다**〈3b〉

'슬프-'에 원순모음화가 일어난 것을 반영한 표기이다.

◎ **기루논**〈4b〉

'기르-'의 /ㅡ/가 /ㄹ/ 아래에서 원순모음으로 바뀐 예이다. 이와 같은 음운 현상을 국어에서 설정하고 있지는 않으나 종종 관찰되는 현상이다. 방언을 보면 '기루다(전북, 충북)', '길루다(전북, 평북)', '질루다(제주)', '기룽다(경남)'와 같이 /ㄹ/ 아래의 /ㅡ/가 /ㅜ/로 나타나는 예가 꽤 관찰된다.

◎ **능히**〈5a〉

'능히'에 해당하며 /ㅡ/를 원순모음으로 표기한 것이다.

◎ **졀문**〈6a〉

'졂-+-은'의 결합으로, 어간 말음 /ㅁ/에 의해 어미의 /ㅡ/가 원순모음화되었음을 반영한 표기이다.

◎ **거문**〈6a〉

'검은→거문'과 같이 원순모음화가 반영되어 있다. |
| 전설
모음화 | ◎ **이즈러지고**〈3b〉

'이즈러지-'는 치찰음 아래에서의 전설모음화에 의해 '이지러지-' |

로 형태가 바뀐 것인데, 이곳에서는 아직 전설모음화가 되지 않은 어형을 쓰고 있다.

4) 분철, 연철, 중철

분철	◎ **안이라**〈3a〉 '알-+-니라'에서 /ㄹ/이 탈락한 것을 '아니라'로 적지 않고 과잉 분철하여 '안이라'로 적은 것이다. ◎ **달으지**〈3b〉 '다르지'를 과잉 분철하여 '달으지'로 적은 것이다.
연철	◎ **아러**〈2b〉 '알-+-어'가 연철되어 있다. 어간이 양성 모음을 지니고 있는데도 어미는 음성 모음을 지닌 형태가 결합하여 모음조화가 이루어져 있지 않다. 오늘날 많이 쓰이는 '알어'와 유사한 양상인데, 이 무렵의 여러 매체의 언어 사용 양상을 보면 '아러', '알어'와 같이 사용되는 것들이 적지 않음을 볼 수 있다. ◎ **얼고리**〈3a〉 '얼골+이'를 연철한 것이다.
중철	◎ **거신니**〈2a〉 '것이니'의 과잉 중철이다. ◎ **틔양으로붓터**〈2a〉 이 책에는 '잇슴으로부터〈2a〉'처럼 '부터'의 형태로도 쓰였는데 '붓터'는 3회, '부터'는 20여 회 나타나 중철형은 소수에 해당한다. ◎ **ᄂᆞᆫ니**〈2a〉 '나ᄂᆞ니'의 과잉 중철이다.

◎ **밋ᄂᆞ니**⟨2b⟩

‘밋ᄂᆞ니’의 과잉 중철이다.

◎ **잇치여를**⟨3b⟩

‘이치이거늘→이치이어늘→이치여늘’에서 ‘이치’를 과잉 중철한
것이다.

◎ **안올리라**⟨3b⟩

‘안ᄋᆞ리라’의 과잉 중철이다.

◎ **잇뗘**⟨4a⟩

이 시기에는 ‘이뗴~잇뗴’, ‘이뗘~잇뗘’ 등의 표기가 공존하는 양
상을 보이는데, 이는 /ㆍ/>/ㅏ/의 변화와 중철의 사용 등에 따른 차이
를 보이는 것이다. 이 중 후자는 과잉 중철로 이해할 수 있는 것이다.

◎ **빗슨**⟨6a⟩

‘빗슨’으로 보아 ‘빛>빗’과 같이 어간 재구조화가 이루어졌음을
볼 수 있다. 이 문헌에서 ‘빗츤’은 전혀 보이지 않고 ‘빗슨’만이 4회
보인다. 그러나 ‘빗치’는 8회가 보이고 ‘빗시’는 2회가 보여 조사 ‘이’
와의 결합에서는 재구조화 이전의 어형을 훨씬 많이 사용했다.

◎ **볏치**⟨6a⟩

‘볕이’를 중철한 것이다.

5) 문법 형태

| 접사 | ◎ **심이**⟨5b⟩ |

‘심히’에서 ‘ㅎ’이 탈락한 현상을 반영한 것으로 이 문헌에서는 ‘심
히’와 ‘심이’가 공존하는 양상을 보인다.

◎ **빗취운**⟨6a⟩

‘비치-’는 역사적으로 ‘비취->비치-’의 변화를 거쳤다. ‘비취오-’
(비취-+-오-+-다)는 ‘비취-’의 사동 표현이기 때문에 여기서 ‘빗취

운'의 형태가 쓰인 것은 다소 특이하다고 판단된다.

◎ **깃거게**⟨6a⟩

'거'는 '겁'의 오기로 판단된다. '깃겁-'는 형용사 파생접미사 '-업-' 이 결합한 '깄-+-업-'의 구성으로 볼 수 있다. 중세국어의 '깄-'은 오늘날 '기뻐하다'에 대응하는 동사로서 오늘날에는 형용사인 '기쁘-' 만 남아 있을 뿐 동사 '깄다'는 더 이상 쓰이지 않는다. 형용사 '기 쁘-'는 역사적으로 '깃브->기쁘-'의 형태 변화를 겪었는데, 이때 '깃 브-'는 '깄-+-브-'와 같이 동사 어간 '깄-'에 형용사 파생 접미사 '-브-' 가 결합한 것이다. 이 문헌에서는 '깃브-' 유형이 아닌 '깃겁-' 유형 의 형용사가 쓰이고 있다.

조사	◎ **사람과 밋**⟨2b⟩
	오늘날과 달리 '밋' 앞에도 조사 '과'를 사용하였다. 이는 중세국어 에서 보이던 특징을 계승한 결과로 이 시기의 문헌에서 일반적으로 보이는 양상이다.
어미	◎ **허옴이**⟨3a⟩
	'허옴'은 '허-+-오-+-ㅁ'으로 이해된다.
	◎ **졀머쏠**⟨6a⟩
	'졂-+-엇-+-을'과 같이 선어말어미 '-엇->-엇-'의 변화를 반영 한 것으로 보인다.

4. 열熱

신학신설
6b

현대어역

열

열은 이 세상에서 가장 요긴한 것이다. 만물이 다 열에 힘입어서

원문(한자 병기)

열(熱)

더운¹ 거슨 니 세상(世上)에 가장 요긴(要緊)헌 물건(物件)이라. 만물(萬物)이 다 심입버/서

주석

1   '덥–'은 '대기의 온도가 높다, 몸에서 땀이 날 만큼 체온이 높은 느낌이 있다' 등과 같이 '暑'의 의미로 쓰이지만, 중세국어에서 '덥–'은 '暑'뿐만 아니라 '熱'의 의미도 함께 표현하는 형태로 쓰였다. 중세국어와 달리 오늘날 '熱'은 '뜨겁–'으로 표현되는 것이 일반적이다.

현대어역

생겨나니 땅에 열이 없으면 갓난아이가 사람이 되지 못할 것이며 태어
난 것이 자라지 못할 것이다. 열은 형태나 질량이 없기에 어디에도 존
재하지 않는 것같이 여겨져 사람이 스스로 그 이치를 살피지 못하였다
가 서양의 과학자가 연구하여 그 종류를 여섯 가지로 나누었으니 첫째
는 태양에서 나는 열이고 둘째는 불에서 나는 열이고 셋째는 전기에서
나는 열이고 넷째는 육신에서 나는 열이고 다섯째는 만물이 변화하며
나는 열이고 여섯째는 서로 부딪혀 나는 열이다. 여섯 가지 열은 출처
는 각각 다르지만 그 효능은 같다.

천하 만물에는 각각 본열[제게 있는 열이다.]이 있으니 이를 얻으면 자라나
고 번식하지만 이를 잃으면 원질[본바탕이라는 말이다.]이 변하게 된다. 새끼
를 낳는 부류는 열을 얻어 잉태하고 알을 낳는 부류는 열을 얻어 알을
까고

원문(한자 병기)

써 싱발(生發)허는니² 쓰으로 흐여곰 더우미 업스면 인유(人幼)가 그 사람이 되들 못헐 거시요 물산(物産)이 그 물건(物件)이 되들 못허리라. 다만 그 씨음 되옴이 무형무질(無形無質)ㅎ야 무쳐불유(無處不有)허것마는 보기에 익어서 사람이 스ᄒ로 그 잇치(理致)을 살피지 못ㅎ야썬이 서국(西國) 박물지신(博物志士ㅣ)가³ 추궁기고(推窮其故)ㅎ야 분위육등(分爲六等)헌이 일왈(一曰) 일열(日熱)이요 이왈(二曰) 화열(火熱)이요 삼왈(三曰) 전긔열(電氣熱)이요 사왈(四曰) 육신열(肉身熱)이요 오왈(五曰) 화성열(化成熱)이요 육왈(六曰) 상격열(相擊熱)인니⁴ 육열(六熱)의 출쳐(出處)는 각유부동(各有不同)허나 그 공용(功用)인즉 일애(一也ㅣ)라.

쳔ᄒ(天下) 만물(萬物)이 각ᄎ(各各) 본열(本熱)〖졔게 인는 더운 거시라.〗이 잇슨니 득지즉(得之卽) 장양싱식(長養生殖)허고 실지즉(失之卽) 변화(變化) 원질(原質)〖본(本)바탕이란 마리라.〗이라. 틱싱(胎生)허는 거시 더움을 어든즉 잉틱(孕胎)허고 난싱(卵生)허는 거시 더움을 어든즉 아을 짜고

주석

2 현대어의 '발생(發生)'과는 한자의 배열순서가 다른데 이는 『박물신편(博物新編)』(1854:18b:1)의 '生發'을 그대로 쓴 것이다.

3 '박물(博物)'은 '많은 것을 널리 안다.'의 의미로 쓰이다가 후일 '학문의 대상으로서의 천연물'의 의미를 갖게 된 것으로 보인다. '박물지사'는 박물학을 연구하는 사람, 즉 자연과학자로 생각된다. 박물학은 천연물 전체에 걸

친 지식을 탐구하는 학문으로 동물학, 식물학, 광물학, 지질학 등을 포함한다.[게일(1911:429) 박물학: Natural history, 박물학쟈: A naturalist]

4   이어지는 부분에서 지석영은 여섯 가지 열의 유형 중 육신의 본열에 대해서만 서술하였는데 『박물신편』(18b-19a)에는 나머지 열의 유형에 대한 내용도 포함되어 있어 지석영이 발췌식 번역을 했음을 알 수 있다.

신학신설
7b

현대어역

[오리알은 품지 않고 불에 쪼여도 깬다.] 그 외의 습한 곳에서 번식하는 부류나 저절로 생겨나는 부류도 역시 모두 열에 의해 생겨나고 자라지 않는 것이 없다. 꽃과 열매와 풀과 나무는 모두 다 봄의 열을 기다려 싹이 나고 얼음과 눈과 비도 또한 봄의 열을 기다려 사라지고 나타난다.

사람과 모든 동물이 사는 이치는 응당 있어야 할 정도의 열을 [화씨 온도계 98도부터 100도까지를 말하는데 시험해 보고자 하면 입에 온도계를 머금으면 알 수 있다.] 얻어 사계절 내내 그 온도를 유지하는 것이다. 온몸의 작용이 열이 없이는 이루어지지 않으니 열은 들숨의[들이쉬는 숨이다.] 산소가 핏속의 소함지질[물질이라는 말이다.]과 만나 생겨난다. 핏속에 있는 물질은 음식에서 얻은 것으로 그중 일부는 오곡의 소분[녹말 같은 고운 가루]이고 일부는 동물의 기름이다. 이러한 물질이 다 탄소를[5] 머금고 있기에

〖오리알은 앙기지 안코 불에 쏘여도 씨눈이라.〗 외타(外他)에 습싱(濕生) 화싱(化生)허
눈 것들도[6] 역막불(亦莫不) 더움을 자뢰(藉賴)ᄒ야 이성기싱고(而成其生故)
로 화과초목(花果草木)은 다 봄 더움을 기다려 밍동(萌動)허고 빙설우수
(氷雪雨水)도 쏘흔 봄 더움을 기다려서 소장(消長)허눈이라.

사람과 다못 동물(動物)의 능(能)히 사눈 잇치(理致)눈 반다시 응당(應當)
잇슬 열도(熱度)[7]〖흔서표(寒暑表)[8] 구십팔(九十八) 도(度)로 일빅(一百) 도(度)까지 일르눈이 사
람이 스ᄉ로 시험(試驗)코자 허거든 입에 흔서표(寒暑表)을 머그무면 가(可)히 알이라.〗을 어더
서 무론사시(無論四時)허고 변(變)허지 안눈이라. 빅체(百體)에 공용(功用)
이 무열불성(無熱不成)하눈니 기소이(其所以) 더운 거슬 엇는 잇치(理致)
눈 흡(吸)〖드리쉬눈 숨이라.〗헌 바 양긔(養氣)가 피속에 소홈지질(所含之質)〖물
건(物件)이란 마리라.〗 만나을[9] 인(因)험이라. 피속에 소함지질(所含之質)은 식
물지닉(食物之內)에서 어든 거신니 긔허(幾許)는 오곡(五穀)의[10] 소분(小粉)
〖녹말(綠末) 가튼 고흔 가루〗이요 긔허(幾許)는 동물(動物)의 기름이라. 차물(此
物)이 다 탄긔(炭氣)을 머음기/로

주석

5 탄소는 단독 물질로서는 고체 상태로 존재하고 다른 원소와 결합해 기체
상태가 된다. 이 문헌의 '공긔' 부분에 쓰인 '탄긔'는 기체 상태의 탄소를
의미하기 때문에 수소나 산소 등과의 결합물로 생각되지만 정확히 어떤 결
합물을 말하는지 분명치 않기 때문에 '탄소'로 번역하였다. 단, 호흡과 관련

된 설명에서 날숨에 포함되어 있는 산소와 결합한 기체 상태를 '탄긔'라고
한 것은 '이산화탄소'임이 분명하므로 '이산화탄소'로 번역하였다.

6   이상의 네 부류는 불교에서 말하는 생물이 태어나는 네 가지 형태로 '사생
(四生)', 즉 '태생(胎生), 난생(卵生), 습생(濕生), 화생(化生)'을 말하는 것이다.

7   '열도'는 '온도'를 말하며 이 책에서는 화씨온도(°F)를 기준으로 하고 있다.

8   '온도계'를 뜻하며 『전체신론』이나 『박물신편』에서는 '寒暑鍼'으로 쓰였다.
19세기 말 사전에서는 '한셔표, 한셔침, 한난계' 등의 표제어로 등재되어
있다. '한셔표, 한셔침'은 게일(1897)에서부터 관찰되는 데 반해, '한난계'는
이보다 늦은 게일(1911)에 처음 등장한다. 한편, '한셔'가 독립된 표제어로
기술된 것 역시 게일(1911)에서부터이다. '한셔'와 의미가 유사한 '온도' 역
시 게일(1897)에서는 표제어로 등장하지 않다가 게일(1911)에서 처음 확인
된다. [게일(1897:119) 한셔표 寒暑表: A thermometer. 한셔침 寒暑針: A cold
and heat needle – a thermometer], [게일(1911:1036) 한난계 寒煖計: A
thermometer], [게일(1911:719) 온도 溫度: Temperature], [게일(1911:1037) 한
셔 寒暑: Cold and heat; temperature; cold and hot]

9   '만남을'의 오기.

10   다섯 가지 중요한 곡식, 즉 '쌀, 보리, 콩, 조, 기장'을 이르는 말이다.

신학신설
8a

현대어역

산소가 탄소를 만나 화합하여 열을 내는 것이다. 이는 불로 물건을 태우는 이치와 다름없되 몸속에서 화합하는 것이 더 더딜 따름이다. 〔만일 석탄과 나무를 불사를 때 태우는 속도가 매우 빠르면 빛과 함께 열이 나지만 태우는 속도가 매우 느리면 열만 나고 빛은 나지 않으니 대개 동물이 열을 얻는 방법이 다 이와 같다.〕 동물의 열이 다 이러한 이치로 생겨나는데 날숨〔내어 쉬는 숨이다.〕 기운이 이산화탄소 〔산소와 이산화탄소에 대해서는 아래서 살펴볼 것이다.〕와 수증기〔이것은 곧 날이 추울 때 보이는 입속의 기운이다.〕를 머금어 반드시 열이 나는데 이 두 기운은 어떻게 얻어지는 것인가? 이는 몸속의 각 질〔여러 물질이라는 말이다.〕로부터 얻은 것으로 이 물질들은 항상 소모되므로 모두 음식을 통해 그 결핍되는 분량을 보충해야 한다. 만일 먹지 않고 마시지 않으면 몸이 열을 내기 위해 먼저 몸속의 기름을 태우고 기름이 없어지면 살을 태우고 살이 없어지면 피와 힘줄을 태우다가 오래 지나면 굶어 죽게 되는데 이는 열을 낼 수 있는 재료를 다 써

원문(한자 병기)

양긔(養氣) 탄긔(炭氣)을 만나 화합(化合)호야 더운 거슬 넘이 불노써 물건(物件) 사르는 잇치(理致)로 더부러 다름업스되 몸속에서 화합(化合)허기 더딀 쏠음이라. 〔만일(萬一) 석탄(石炭)과 낭글[11] 취(取)하야 불살을 적에 살기을 심(甚)히 속(速)헌즉 광(光)과 다못[12] 열(熱)을 발(發)허고 살기을 심(甚)히 더딘즉 다만 열(熱)을 발(發)허고 광(光)은 발(發)허지 못허는니 무읏 동물(動物)의 소득지열(所得之熱)이 ㅎ 볍(法)으로 더부러 서로 갓튼이라.〕 동물(動物)의 더운 거시 다 잇치(理致)로 어더서 그 호(呼)〔닉여 쉬는 숨이라.〕 허는 바 긔운(氣運)이 탄긔(炭氣)〔양긔(養氣) 탄긔(炭氣)는 구견하(求見下)헌이라.〕와 다못 수긔(水氣)〔이거슨 곳 하날 치울 쩍 보이는 바 입속에 긔운(氣運)이라.〕을 머금어 반다시 더운 거시 나는이 이 두 긔운(氣運)을 종하이득(終何而得)고. 필경(畢竟) 몸속에 각(各) 질(質)〔여러 물건(物件)이란 마리라.〕로부터 어던 거신니 이 각(各) 질(質)이 상헤 모손(耗損)허는 비 잇는지라 전(全)여 음식(飮食)을 심입어서 그 결핍(缺乏)허는 거슬 충수(充數)허는니 만일(萬一) 불식불음(不食不飮)헌즉 반다시 법(法)이 잇써 몸에 더움을 닉일 쩍에 먼져 몸속에 기름을 쓰고 기름이 진(盡)헌즉 고기을 쓰고 ㅎ 기가 진(盡)헌즉 피와 다못 심주을 쓰다가 오린즉 굴머서 죽는 거슨 더운 거 닉이는 지료(材料)을 써서

주석

11 '나무'는 중세국어에서 '남기, 남굴, 남ㄱ로, 나모와'와 같이 후행하는 조사에 따라 '낡' 또는 '나모'로 교체되었다. 목적격 조사 '룰'이 결합한 중세국

어 형태는 '남굴'이 일반적인데, 여기서는 조음 위치 동화가 적용된 '낭글'로 표기되었다.

12   '더불어, 함께'의 의미로 현재는 잘 쓰이지 않는 말이다. 중세국어에서 이 말은 '다뭇'의 형태로 나타나는데, 이와 '하-'가 합성된 '다뭇ᄒ-'도 '함께 하-'의 뜻으로 사용되었다.

신학신설
8b

현대어역

버렸기 때문이다. 쉽게 말해 사람과 짐승의 몸에 있는 본열은 들숨과 날숨이 서로 감응하고 혈액과 기식이 서로 교통하여 생기는 것이다. 사람이 많이 움직이고 힘을 쓰면 호흡이 빨라지고 호흡이 빨라지면 몸이 더욱 더워지니 이것이 그 분명한 증거이다. 다만 열의 성질이 쉽게 흩어지고 쉽게 퍼지므로 [만약 끓는 물 한 병 속에 한두 가지 차가운 물건을 담가두면 잠깐 사이에 그 물건이 끓는 물과 같이 뜨거워지고, 또 동물이 죽으면 몇십 분 만에 체온이 공기의 온도와 같아지는데 이것이 다 열의 성질이 흩어져 퍼지는 증거이다.] 만일 엄동에 날씨가 추우면 사람 몸의 피부에 있는 열이 흩어지고 [몸 안의 열은 쉽게 흩어지지 않는다.] 밖으로 퍼져서 그 온도가 공기와 서로 비슷해진다. [날씨가 몹시 추우면 열을 내는 기관이 필요한 열을 충분히 만들어내지 못한다. 그러면 냉기가 열기를 이겨 뇌가 지각이 없어지고 힘줄이 움직이지 못하는데 그 상태가 오래되면 심장이 피를 운반하지 못해 몸이 죽게 된다.] 따라서 반드시 열이 퍼지기 어려운 옷을 입어서 보온하기를 [화씨 온도계를 그늘진 곳에 걸어 56도보다 내려가면 두꺼운 옷을 입어야 한다. 그러지 않으면 감기에

걸리기 쉽다.』 마치 뜨거운 차를 넣은 병을 솜 덮개로

원문(한자 병기)

다험이라. 쉽써[13] 말헐찐딘 사람과 즘싱의 몸에 본열(本熱)은 호흡(呼吸)이 상감(相感)허고 혈긔(血氣)가 상교(相交)ᄒ야 이루는 거시라. 무릇 사람이 쥬동(走動)허고 용역(用力)헌즉 호흡(呼吸)이 빈삭(頻數)허고 호흡(呼吸)이 빈삭(頻數)헌즉 몸이 더욱 더운니 이거시 그 분명(分明)헌 증게(證據) ㅣ)니라. 다만 더운 거 성품(性品)이 홋기도[14] 쉽게 ᄒ고 젼(傳)키도 쉽게 하ᄂ고로 『만일(萬一) 슳는 물 흔 병(瓶) 속에 흔두 가지 닝물(冷物)을 당거둔즉 잠간(暫間) 사이에 닝물(冷物)이 반다시 슳는 물로 더부러 가치 덥고 또 동물(動物)이 주근 후 수각(數刻)에 그 열도(熱度)가 곳 공긔지열도(空氣之熱度)로 더부러 가튼이ᄂ 거시 다 더운 성품(性品) 홋터 젼(傳)ᄒᄂ 증게(證據) ㅣ라.』 만일(萬一) 융동(隆冬)에 ᄒ나리 치운즉 사람의 몸에 피부지열(皮膚之熱)이 홋터서 『신ᄂ지열(身內之熱)은 능(能)히 홋지 안ᄂ니라.』 박그로 젼(傳)ᄒ야 공긔(空氣)로 더부러 서루 고루고자 허ᄂ지라. 『쳔긔(天氣)가 과낭(過冷)헌즉[15] 더운 것 니는 물건(物件)이 소용지열(所用之熱)을 싱(生)허기에 불급(不及)헌지라. 그러헌즉 치운 거시 더운 거슬 익의여 뇌(腦)가 지각(知覺)이 업고 심줄이 운동(運動)치 못하야 올인즉 심경(心經)이[16] 피을 운젼(運轉)치 못허미 몸이 죽ᄂ니라.』 반다시 더운 것 젼(傳)허기 어려운 의복(衣服)을 입어서 써 보호(保護)허기을 『흔서표(寒暑表)을 그를진 고세 거러 오십육(五六十)도(度)에 ᄂ리거든 두터운 오슬 입을 거시라. 불연즉(不然卽) 상풍(傷風)허기[17] 쉽ᄂ니라.』 마치 더운 차(茶)을 솜감투로 씨[18] 그 병(瓶)/을

주석

13　'쉽쎄'의 오기.

14　중세국어에서 '흩어지-'의 뜻으로 '흩-'가 쓰였는데 이곳의 '훗기도'는 이 러한 '흩-'의 활용형으로 생각된다.

15　'과냉헌즉'의 오기.

16　'심장'의 의미이다. 게일(1897)에는 '심경(心經)'만 실려 있지만, 게일(1911, 1931)에는 '심쟝(心臟)'이 추가로 등재되어 있다. 한편, '심쟝(心腸)'은 '마 음'의 뜻으로도 쓰였다. [게일(1897:580) 심경 心經: The heart with the veins and arteries], [게일(1897:581) 심쟝 心腸: Heart and feelings], [게일(1911:626) 심쟝 心臟: Heart]

17　바람을 쏘여서 생기는 병으로 발열과 발한 등의 증상을 동반한다. 오늘날 의 감기와 유사하다.

18　'써'의 오기.

현대어역

덮어서 차의 열이 밖으로 새지 못하게 하는 것같이 하라.〔무척 추운 날 밖에 나갈 때는 흡기조〔입을 가리는 물건이다.〕를 쓰는데 이것은 쇳조각이나 쇠줄로 만든 것이다. 내쉬는 숨에서는 열을 얻고 들이쉬는 숨에서는 열을 퍼뜨려 공기가 입에 들어가도 많이 차지 않다. 이 물건은 오직 연약한 사람을 위하여 만든 것이고 보통 사람은 찬 기운을 쐬면 정신이 더욱 활발해진다.〕 그렇지 않다고 생각하면 시험 삼아 몹시 추운 날에 벌거벗은 몸으로 쇠 갑옷을 입어 보라. 그렇게 하면 몸이 따뜻해져서 덥다고 느낄까 아니면 몸이 얼어서 뻣뻣해진다고 느낄까? 쇠의 성질은 열을 퍼뜨리기 쉬워 인체의 본열을 퍼뜨리게 되므로 비록 천 겹을 입어도 열이 새어 나간다. 반면 솜과 털은 열을 잘 퍼뜨리지 않아 피부의 본열이 쉽게 새어 나가지 않으므로 비록 밖은 추워도 안은 덥다.〔날씨가 몹시 추울 때 허리에 찬바람을 맞으면 몸속에 종기가 난다.〕〔몹시 추운 날 손으로 철기를 만지면 손이 뻣뻣해지고 양모를 만지면 따뜻해지는데 이는 어떤 이유일까. 땅 위의 공기가 몹시 차가워서 쇠 속의 본열이 이미 흩어져 공기 속으로 빠져나갔기 때문이다. 손이 한번 쇠에 닿으면 쇠가 곧 손의 열을 뽑아

내어 부족한 열을 보충하므로 손에서 쇠에 닿은 부분은 본열이 부족해져 저리고 찬 이상한 느낌을 받게 되는 것이다. 반면 양모는

원문(한자 병기)

덥허서 차(茶)에 더운 거스로 ᄒ여곰 박그로 식지 못허게 허는 것가치 허라. 〔극닝지시(極冷之時)에 박게 나가거든 가(可)히 흡긔조(吸氣組)〔입에 같이는 물건(物件)이라.〕을 슬[19] 거신이 ᄌ거슨 금유편(金類片)과 다못 금유사(金類絲)로 만든 거시라. 호(呼)허는 긔운(氣運)을 만난즉 더운 거슬 엇고 흡(吸)허는 긔운(氣運)을 만는즉 더운 거슬 젼(傳)하야 긔운(氣運)이 입에 들어가도 심(甚)히 차지 아는이라. 이 물건(物件)은 젼(專)여 연약(軟弱)헌 사람을 위(爲)하야 페문[20] 거시요 평인(平시)은 넝긔(冷氣)을 만나면 능(能)히 정신(精神)으로 하여곰 다시 활발(活潑)허는이라.〕 그러치 안타 허거든 시험(試驗)ᄒ야 엄훈지시(嚴寒之時)에 벌건 몸에 쇠 갑(甲)옷슬 입으면 기히[21] 몸이 ᄉᆞᆺᄉᆞ ᄒ야 더운 주을 씨다을가. 몸이 어러서 ᄲᅦᆺᄲᅦᆺ 허을[22] 씨다을가. 디기(大蓋) 쇠 성품(性品)이 더운 거슬 젼(傳)허기 쉬우미 반다시 인신본열(人身本熱)노 ᄒ여곰 젼(傳)허지 안이케 능(能)히 못헐지라. 이러으로[23] 비록 쳔(千) 겹을 입어도 더운 거시 나가는 길이 잇스리라. 오즉 솜과 털은 젼열(傳熱)허기 어려운지라. 피부(皮膚)에 본열(本熱)이 시여 흣기 쉽지 아는고로 박근 비록 치워도 안은 더운이라. 〔쳔시(天時) 폭닝(暴冷)헐 쎡에 허리에 찬바람을 밧든즉 닉신(內身)에 동긔(腫氣)가 나는이라.〕 〔무릇 엄훈지시(嚴寒之時)에 손으로써 쳘긔(鐵器)을 만진즉 ᄲᅦᆺᄲᅦᆺ허고 손으로써 양모(羊毛)을 만진즉 ᄯᆞᆺᄯᆞᆺ헌이 엇지헌 연괴(緣故ㅣ)요. 실(實)로 싼 우희 공긔(空氣)가 심닝(深冷)허을[24] 인(因)ᄒ야 쇠 속에 본열(本熱)이 인의[25] 흣터서 공긔(空氣) 속에 젼(傳)ᄒ지라. 손이 ᄒᆞᆫ번 쇠에 다으면 쇠가 곳 손에 더운 거슬 ᄲᅡᆯ바

나여 졔게 부족(不足)험을 충수(充數)허미 손이 쇠에 다은 고슨 본열(本熱)이 부족(不足)헌고로 져리고 찬 거시 이상(異常)험을 ᄉᆡ듯고 오직 양모(羊毛)/는

주석

19 '쓰-[冠]'의 의미이다. 15세기부터 17세기 문헌에서는 '스-'도 공존하였는데 이 '스-'의 형태가 이곳에서도 사용된 것으로 생각된다.

20 '베푼'의 오기.

21 '가히'의 오기.

22 '쌧ㆍ허믈'의 오기.

23 '이러므로'의 오기.

24 '심넝허믈'의 오기.

25 '임의'의 오기.

현대어역

성질이 열을 퍼뜨리기 어려우므로 비록 공기가 아주 차도 열을 밖으로 전하기 쉽지 않아 본열이 그대로 유지되고 손을 대어도 놀랍지 않은 것은 손의 열을 끌어다 부족한 열을 보충할 필요가 없기 때문이다. 또 얇은 쇠 한 쪽과 양모로 된 천 한 쪽을 함께 석쇠 위에 놓고 잠시 있다가 손으로 집어 보면 양모 천은 집을 수 있지만 쇠는 쉽게 집을 수 없는데 이는 철과 양모가 전열이 쉬운지 어려운지에 대한 증거라 할 수 있다.] 의복의 재료 중에 누에 실이 전열이 가장 쉽고 그다음은 마이고 그다음은 면이고 그다음은 이융[양모로 짠 베이다.]이고 [살에 닿는 옷은 플란넬이 가장 좋다. 겨울에는 열을 흩어지지 않게 하고 여름에는 땀을 잘 흡수하며 서늘한 기운을 낸다. 플란넬을 얻지 못할 경우 면이 마보다 나은데 이는 열을 전하는 것이 더디고 땀을 잘 흡수하기 때문이다.] 가죽옷은 열을 전하기가 가장 어려운데 그중 여우 가죽과 수달 가죽이 최상이고 토끼 가죽과 양 가죽이 그다음이며 새털이 또 그다음이다. 엄동에 눈서리가 내릴 때 이러한 옷들을 입으면 찬 기운을 막을 수 있다. 의복은 재료만 잘 고를 것이 아니라 모름지기 직물의 색깔도 잘 골라야 한다.

성품(性品)이 전열(傳熱)허기 어려운지라 비록 공기(空氣)로 ㅎ여곰 극닝(極冷)ㅎ야도 쏘흔 박그로

전(傳)ㅎ기 쉽지 아는고로 본열(本熱)이 제되로 잇스민 가(可)히 써 손을 되어도 놀납지 아늠은

되기(大蓋) 손 더운 거슬 자뢰(藉賴)ㅎ야 제게 부족(不足)험을 충수(充數)헐 거 업슴이라. 쏘 열분

쇠 흔 쪽과 양모포(羊毛布) 흔 쪽을 홈게 젹쇠²⁶ 우희 노은 지 잠시간(暫時間)에 손으로 가(可)히

써 양모포(羊毛布)은 집게스되 손으로 능(能)히 쇠는 집들 못헌이 가(可)히 쳘(鐵)과 다못 양모(羊

毛)의 전열(傳熱)허기 쉽고 어려운 증거(證據)을 알지로다.』 복용지물(服用之物)에 누에

실이 전열(傳熱)허기 가장 쉽고 기차(其次)는 마포(麻布)요 기차(其次)는

면포(綿布)요 기차(其次)는 이륭(呢絨)『양모(羊毛)로 짠 뵈라.』이요 『사레 닷는 오슨

법는융(法蘭絨)이²⁷ 가장 아름다운이 동절(冬節)에는 더운 거스로 ㅎ여곰 훗지 안이케 허고 ㅎ절

(夏節)에는 능(能)히 쏨을 거두며 서를헌 거슬 너는이라. 법는융(法蘭絨)을 읏지 못헐진딘 면포(綿

布)가 마포(麻布)보다 나은 거슨 전열(傳熱)허기 더듸고 능(能)히 쏨을 거두기을 인(因)험이라.』

갓옷슨 전열(傳熱)허기 가장 어려운이 호피(狐皮)와 초달(貂獺)이 위상(爲

上)이요 토피(兔皮) 양피(羊皮)가 그다음이요 시털이 쏘 그다음이라. 시고

(是故)로 융동상셜지시(隆冬霜雪之時)에 입으면 가(可)히 써 찬 거슬 막는

이라. 의복일사(衣服一事)가 지료(材料)만 강구(講求)헐 쑨 안이라 오히려

모름즉이 물(物) 비슬 강구(講求)헐 거/신이

주석

26 『박물신편』의 대응 한자는 '爐'로, '석쇠'의 뜻으로 생각된다. '젹쇠'라는
    말이 '석쇠'의 충청 방언으로 쓰임을 고려하면 이 어형을 지석영이 썼을 가

능성도 있다. '적쇠' 이외에도 '적사', '적새', '적세', '적쇄', '적수' 등 '적'
을 가진 어형이 방언에서는 많이 나타난다.

27 '플란넬(flannel)'의 의미이다. 면과 모의 혼방으로 촉감이 부드럽고 소재가
가벼우며 겉면에 잔털이 있다.

현대어역

검은색이 열을 거두고 흩는 정도가 흰색보다 심하므로 〖오색의 이용을 눈 위에 덮고 햇빛에 쪼이면 흰색 밑에는 눈이 아주 조금 녹아 있지만 검은색 밑에는 눈이 다 녹아 남은 것이 없다.〗 여름에 검은 옷을 입으면 흰 옷을 입은 것보다 더 덥고 겨울에 검은 옷을 입으면 흰 옷을 입은 것보다 더 춥다. 옅은 빛깔의 옷이 사람으로 하여금 더욱 정신이 나게 하는 것이다.

사람이 잠잘 때는 깨어 있을 때에 비해 호흡이 더뎌진다. 이로 인해 혈액과 맥박의 움직임도 약간 느려져서 몸속의 열이 감소하게 되므로 잠잘 때는 더욱 그 몸속 열을 보호해야 한다. 요와 이불을 반드시 얇지 않게 해야 하지만 또한 땀이 나게 해서도 안 된다. 자다가 깰 때 서늘함을 느끼면 빨리 이불을 덧덮으라. 만일

원문(한자 병기)

거문빗치 더운 거슬 거두고 홋기가 흰빗보다 심(甚)헌지라 〖오싴(五色) 이용
(呢絨)을 눈 우희 덥고 눌빗혜 쏘인즉 흰빗 미톄는 눈이 녹기을 심(甚)이 젹고 거문빗 미톄는 눈이
다 노가 나머지 업는이라.〗 여음에 거문 옷슬 입으면 흰빗보다 ᄀ시 더웁고 겨
울게 거문빗슬 입으면 흰옷보다 더욱 치운이 듸져(大抵) 담(淡)헌 빗 의
복(衣服)이 사람으로 ᄒ여곰 다시 정신(精神)이 나게 ᄒ는이라.

사람이 잠잘 쎡에는 호흡지긔(呼吸之氣)가 씨여슬 쎄에 비(比)ᄒ야 더던
지라 일노 말마야마 혈믹(血脈)이 힝(行)허기을 약간(若干) 더듸여서 몸속
에 더운 거시 감소(減少)허미 다시 맛당이 그 몸속 더움을 보호(保護)헐
거신니 요와 이불이 반다시 가(可)히 렬지²⁸ 안이헐 거시라. 그러허나 쏘
흔 맛당이 사람으로 ᄒ여곰 씀이 나게 말지여다. 무릇 자다가 씨일 쎡
에 서를험을 씨닷거든 반다시 속(速)키 이부을 덧덥푸라. 만/일(萬一)

주석

28 '얇-'의 의미로 쓰인 '엷-'의 활용형이다. 19세기 말 '엷-'은 '얇-'의 의미
로 쓰였다. [게일(1897:81) 엷다: To be thin; to lack thickness.]

신학신설
10b

현대어역

이불과 요가 두껍지 않아 창문을 꽉 닫아 찬 기운을 막고자 하면 방 속의 공기가 점점 독을 띠게 되어 사람에게 해롭다.

공기의 열이 몸속의 열과 서로 관계되는 이치가 있으니 공기가 더워질수록 몸의 피부와 근육 및 힘줄이 늘어지고 게을러지며 뇌근[29][이는 『전체신론』에[30] 나와 있다.]이 불안해지고 피가 너무 빨리 돌아 몸 전체가 연약해진다. 힘줄은 단단한 것이 좋은데 늘어지고 게을러지면 사람이 움직이기를 원하지 않게 된다. 또한 피부 속의 가는 핏줄이 붓고 커져서 피가 피부로 돌아올 때 피부에 가까운 뇌근이 이로 인해 격동하여 심장에 전해지면 맥이 더욱 빨라진다. 이러한 상태가 오래가면 그 반대의 상태가 되는 일이 있어서 몸이 게을러지고 맥이 느려진다.

원문(한자 병기)

이불과 요가 두텁지 못험을 인(因)ᄒ야서 창호(窓戶)을 긴폐(緊閉)ᄒ야 찬
긔운(氣運)을 막고자 헌즉 방(房) 속에 긔운(氣運)이 졈ᄼ(漸漸) 독(毒)ᄒ야
사람의게 히(害)로음이 잇ᄂᆞ니라.

공긔(空氣)에 더운 거시 몸속에 더운 거스로 상관(相關)되ᄂᆞ 잇치(理致)
잇스니 공긔(空氣)가 더욱 더운즉 사람의 몸에 긔부(肌膚)와 글낙(筋絡)이
더욱 ᄅᆞ러져 게어르며 뇌근(腦筋)[상견전체신논(上見全體新論)헌이라.]이 부란(不
安)허고 피가 너머 속(速)키 힝(行)ᄒ야 전체(全體)가 연약(軟弱)허ᄂᆞ니라.
심줄은 단ᄼ헌 거시 요긴(要緊)허거를 ᄅᆞ러지고 거려온즉 사람이 힝동
(行動)허기을 원(願)허지 안이코 피부(皮膚) 속에 가는 피주리31 붓고 커서
피가 피부(皮膚)로 도라오민 피부(皮膚)에 가차운 뇌근(腦筋)이 인(因)ᄒ야
격동(激動)히서 심경(心經)으로 전(傳)허면 믹(脈)이 다시 속(速)허다가 오
리즉 상반(相反)되ᄂᆞ 일이 잇스니 몸이 거려으고 믹(脈)이 더듸/ᄂᆞ니라.

주석

29   '뇌근'은 신경계, 신경세포, 뉴런, 신경망 등으로 추정된다.

30   『전체신론』은 영국인 의사 合信(Benjamin Hobson, 1816-1873)이 1851년 중
     국에서 간행한 한문본 해부학서로 1860년대 초 조선에 전래되어 지석영을
     비롯한 개화 지식인들 사이에 널리 읽혔다. '地氣論, 熱論, 水質論, 光論, 電
     氣論'의 다섯 가지 주요 내용으로 구성되어 있다. '乾'편과 '坤'편으로 나뉘
     어 있으며 몸의 각 부분에 대한 해부학적 설명과 함께 상세한 도안을 제시
     하였다.

31 이는 '피+ㅅ+줄'의 결합으로 이루어진 말로『구급간이방』(1489)에서도 보이는 바인데, 이곳에서는 'ㅅ'이 개재하지 않는 형태의 '피줄'로 쓰였다. 이 '피줄'은『마경초집언해』,『한불자전』,『국한회어』등에서 보인다. 한편 『유문의학』(7a:4)의 대응 부분에는 '小管[一名神經]'이라 하여 '신경'이라고 주석한 것이 보인다.

현대어역

때로 바깥의 열이 대단하면 땀이 많이 나는데 여기에는 두 가지 원인이 있다. 첫째는 피부의 땀구멍이 커져서 땀이 나기 쉬워지기 때문이고 둘째는 체온이 화씨 98도를 넘지 못하는데 만일 공기의 온도가 몸이 더워질 수 있는 온도를 넘어가면 스스로 열을 낮추는 방법을 쓰기 때문이다. 밖으로 볼 때 유질[흐르는 것이라는 말이다.]이 구슬같이 흩어져 나오는 것이 곧 열을 내리는 방법이니 땀이 나는 것은 그 몸속의 각 물질을 변화시키고 흩어서 열을 낮춰 98도에 이르게 하기 위함이다. 따라서 열이 심할수록 땀도 더욱 많아지고 크게 땀이 난 뒤에는 몸이 반드시 고단해진다. 또 바깥의 열이 대단하면 사람이 움직이기를 기꺼워하지 않게 되는데 이는 신체의 열이 항상 몸을 움직임으로 말미암아 쩌로 박갓 더운 거시 듸단험이 잇슨즉 나는 바 쏨이 만은 거슨 여긔 두 가지 연괴(緣故ㅣ) 잇스니 일은 피부(皮膚)에 쏨 나는 궁기³² 커서 쏨이 나기 쉬움을 인(因)험이요 이는 몸에 더운 거시 가(可)히 구십팔(九十八) 도(度)을 지나지 못ᄒᆞᆫ데 만일(萬一) 공긔(空氣)에 열도(熱度)가 몸 더운 돗수(度ㅅ數)에 지난즉 스ᄉᆞ로 감열지법(減熱之法)이 잇슴을 인(因)험이라. 박그로 보아 유질(流質)[흐르는 거시란 마리라.]이 잇서 흣터 나오기을 구슬 가튼 거시 곳 감열지법(減熱之法)인니 쏨 나는 일은 그 몸속에 각(各) 질(質)을 변화(變化)ᄒᆞ야 흣터서 더운 거슬 감(減)ᄒᆞ야 구십팔(九十八) 도(度)에 이름을 위(爲)험이라. 소이(所以)로 더운 거시 더욱 심(甚)ᄒᆞᆫ즉 쏨이 더욱 만어서 크게 쏨 ᄂᆞᆫ 뒤에는 몸이 반다시 게얼러지ᄂᆞᆫ이라. 쏘 박갓 더우미 듸단ᄒᆞ면 사람이 힝동(行動)허기을 깃거워 안이험은 인신지 열(人身之熱)이 상혜 힝동(行動)으로 말마야마

32 '구멍'의 의미이다. 현대국어의 '구멍'은 중세국어에서 후행하는 조사에 따라서 '구무~굵'의 교체를 보였는데, 주격 조사 'ㅣ'와 결합할 때에는 '굵기'와 같이 실현되었다. 여기서는 조음 위치 동화가 적용된 '궁기' 형태로 나타난다. 게일(1897)에는 '굵기, 궁기, 구멍, 구무, 구녁, 구녕'이 모두 표제어로 등재되어 있는데, 특히 '굵기, 구무'는 방언형(provincialism)으로 기술하고 있다. 한편, 문세영(1940)에는 '구멍, 굵, 구무, 구영'이 표제어로 올라와 있다. '구무'에 대해서는 '구멍'의 옛말로 뜻풀이하고 있는 점에서 게일

(1897)과 차이가 있다. [게일(1897:286) 굼기 穴: A hole. (Prov.) See 구녕], [게일(1897:289) 궁기 穴: A hole. See 굼기], [게일(1897:286) 구멍 穴: A hole. See 구녕], [게일(1897:286) 구무 穴: A hole. (Prov.) See 구녕], [게일(1897:286) 구녁 穴: A hole; a cavity. See 구녕], [게일(1897:286) 구녕 穴: A hole; a cavity. See 궁기], [문세영(1940:199) 구멍: ① 물건의 거죽이 뚫어진 곳 ② 보지 ③ 줄어지어 없어지는 것], [문세영(1940:221) 굶:「구멍」과 같음], [문세영(1940:199) 구무:「구멍」의 옛말] [문세영(1940:203) 구영:「구멍」의 사투리]

현대어역

생기기 때문이다. 〔날이 더워서 땀이 많이 나거나 먼 길을 힘들게 걸어 몸에 열이 나고 피곤할 때 냉수를 급하게 마시면 위에 종기가 나기 쉽다.〕몹시 더운 여름날에 노행〔머리에 아무것도 가리지 않는다는 말이다.〕하여 머리에 직접 비를 맞거나 햇빛을 받으면 뇌가 상하며 열사병에 걸릴 수 있고 혹 갑작스러운 죽음에 이르는 경우도 있는데 이는 몸속의 각 물질이 소모되어 거의 다 없어졌기 때문이다. 〔날이 몹시 더울 때 힘을 지나치게 쓰면 피 뱉는 병이 생긴다.〕

이로 말미암아 열이 지나치면 사람의 몸이 연약해지고 또 몸속의 요질〔중요한 물질이라는 말이다.〕이 소모됨을 알 수 있다. 사람의 거처는 온도가 적당해야 한다. 대개 방 안에 열이 지나치게 높으면 〔공기 속에서 움직이며 번식하는 물질을 열로 살라서 악한 기운을 막기는 어렵다.〕사람이 감기에 걸리기 쉬운데 그 이유는 무엇인가? 방 안이 너무 더우면 피부가 관송〔살결이 다 벌어진다는 말이다.〕하여 자꾸 땀이 나고 또 몸이 반드시 고단해지고 연약해져 바깥 공기의 엄습함을 받기 쉬워지기 때문이다.

원문(한자 병기)

어듬을 인(因)험이라. 〖하날이 더워서 쏨이 만이 나고 원힝노고(遠行勞苦)하야 신열곤권(身熱困倦)헐 씨에 급(急)히 닝수(冷水)을 마시면 능(能)히 위경(胃經)으로[33] 하여곰 동긔(腫氣)가 나눈이라.〗 염천ㅎ졀(炎天夏節)에 노힝(露行) 〖머리에 아모것도 가리지 안탄 마리라.〗 우젹일지ㅎ(雨滴日之下)허면 미양 뇌(腦)가 상(傷)허며 다못 혈열지병(血熱之病)이 잇고 혹(或) 폭사(暴死)허눈 데 이르는 자(者) 잇슴은 몸속에 갈(各)[34] 질(質)이 모산(耗散)ㅎ야 거의 다험을 인(因)험이라. 〖쳔열(天熱) 과도(過度)헐 씨에 심을 과(過)히 쓰면 미양 피 반는 병(病)이 일우눈이라.〗

일노 말마야마 더우미 과심(過深)헌즉 사람으로 ㅎ여곰 몸이 연약(軟弱)허고 쏘 몸속에 요질(要質) 〖긴요헌 물건(物件)이란 마리라.〗이 모산(耗散)험을 가(可)히 알지로다. 무릇 사람의 거쳐(居處)에 열도(熱度)가 득즁(得中)험이 가장 귀(貴)헌이라. 더긔(大蓋) 방(房) 속에 더운 거시 과더(過大)허면 〖공긔(空氣) 속 동식물질(動殖物質)을 살러서 악긔(惡氣)을 맛기 어려운이라.〗 그 사람이 상헤 상풍지병(傷風之病)이 마눈니 그 연괴(緣故ㅣ) 엇지험인고. 방늬(房內)에 더우미 큰즉 긔부(肌膚)가 관송[35] 〖살결이 다 버러지단 마리라.〗ㅎ야 쩌로 젹이 쏨이 잇고 쏘 몸이 반다시 거러르고 연약(軟弱)헌고로 외긔(外氣)에 엄습(掩襲)험을 밧기 쉬/운이라.

주석

33 [게일(1897:101) 위경: The stomach and surroundings.]
34 '각'의 오기.

35 문맥상 땀구멍이 벌어진다는 뜻인데 대응 한자를 찾기 어렵다. '건선(乾癬)' 혹은 '간선(干癬)'이 오기되었을 가능성도 있다.

현대어역

그러므로 방 안의 열을 응당 사계절 내내 대략 화씨 75도를 기준으로
삼되 침실의 온도는 낮에 머무는 방 안에 비해 반드시 약간 낮게 해야
한다. 누워 있을 때는 이불이 몸에 붙어 있어 별로 움직이지 않으므로
약간 서늘해도 무방하다. 만약 밤공기가 유독하지 않으면 지게문 하나
를 열어 바람이 통하도록 하고 지게문을 열지 않을 경우 반드시 달리
바람이 통하는 방법을 쓰라.

원문(한자 병기)

그럼으로 방니지열(房內之熱)을 응당(應當) 사시(四時)에 디략(大略) 칠십
(七十) 도(度)로 준적(準的)을 삼되 침실(寢室)에 열도(熱度)는 나졔 거(居)
하는 방니(房內)에 비(比)ᄒ야 반다시 약간(若干) 감(減)헐 거슨 누어슬 쩌
에 이부리 몸에 부드처서 심(甚)이 ᄐ동(移動)허지 안음을 인(因)험인니

적이 서를헌 게 무방(無妨)헌이라. 만일(萬一) 야긔(夜氣)가 독(毒)허지 안커든 가(可)히 지게 호나을 여러서 써 바람을 통(通)허고 만일(萬一) 지게 을 여지 안이커든 반다시 달리 바람 통(通)허는 법(法)을 쓰라.

'열'에 나타난 국어학적 특징

1) 한자음

경음화	◎ **잠간**(暫間)〈8b〉 '暫間'은 중세국어에서는 '잢간~잠싼'으로 나타나는데, 16세기부터 19세기 자료에서는 '잠간'으로 나타나는 경우도 관찰된다. 이곳에서도 어원 의식에 따라서 '暫間'의 본래 한자음에 충실하게 경음화되지 않은 음으로 적은 것으로 생각된다.
구개음화	◎ **빅체**(百體)**에**〈7b〉 '體'를 '톄>체'의 구개음화된 음으로 적은 것이다. 『자전석요』에서는 설두음 '體'의 규범음을 '톄'로, 현실음을 '체'로 제시하였다. ['반모음' 참고] ◎ **동긔**(腫氣)**가**〈9a〉 '腫'의 한자음은 '죵'인데 이를 '동'으로 적은 것은 ㄷ구개음화에 대한 과도 교정에 해당한다. ◎ **쳘긔**(鐵器)**을**〈9a〉 '鐵'을 '텰>철'의 구개음화된 음으로 적은 것이다. 『자전석요』에서는 설두음 透母인 '鐵'의 규범음을 '텰'로, 현실음을 '철'로 제시하였다. ['반모음' 참고]
두음법칙	◎ **융동**(隆冬)**에**〈8b〉 '隆'이 어두에서 두음법칙과 구개음화를 겪어 '륭→늉→융'으로 변화된 것을 반영한다.
반모음	◎ **빅체**(百體)**에**〈7b〉 '체'는 치찰음 아래에서의 반모음 /j/의 탈락을 반영하지 않았다. ['구개음화' 참고]

◎ **볍(法)으로**〈8a〉

 '법'에 반모음 /j/가 첨가되어 있는데 이는 '이 볍으로'에서 선행하는 음절 /ㅣ/의 영향을 받은 것이다. 앞의 '시험→시혐'과 마찬가지로 개재 자음이 있어도 이런 현상이 나타남을 보여 준다.

◎ **쳘긔(鐵器)을**〈9a〉

 '철'은 치찰음 아래서의 반모음 /j/의 탈락을 반영하지 않았다. ['구개음화' 참고]

| 아래아 | ◎ **소흠지질(所含之質)**〈7b〉

 '흠'은 본래의 음이 '함'이지만 /ㆍ/>/ㅏ/에 대한 인식으로 '흠'으로 적은 것이다.

◎ **엄흔지시(嚴寒之時)에**〈9a〉

 '寒'은 본래의 음이 '한'이지만 /ㆍ/>/ㅏ/에 대한 인식으로 '흔'으로 적은 것이다.

◎ **기차(其次)는**〈9b〉

 '츠>차'와 같이 /ㆍ/>/ㅏ/에 따른 한자음의 변화를 반영한다. |

2) 자음 관련

| 겹받침 | ◎ **쓸는**〈8b〉

 '쓿-+-는'의 결합에서 어간 말음 /ㅎ/의 탈락을 반영한 표기이다. ['경음화' 참고]

◎ **안는이라**〈8b〉

 '않-+-느니라'의 결합에서 어간 말음 /ㅎ/의 탈락을 반영한 표기이다.

◎ **아늠은**〈9b〉

 '않-+-음'의 결합에서 어간 말음 /ㅎ/의 탈락을 반영한 표기이다. ['연철' 참고] |

경음화	◎ **닉일 쩍에** ⟨8a⟩ 　‘때’를 가리키는 ‘적’이 관형사형 어미 ‘-ㄹ’ 다음에서 경음화된 것을 반영한 표기이다. [‘반모음’ 참고] ◎ **쓸는** ⟨8b⟩ 　현대어의 ‘끓-’은 ‘긇->싫->끓-’과 같이 어두 경음화를 거쳐 형성된 것이다.
구개음화	◎ **니** ⟨6b⟩ 　‘이’를 ‘니’로 적은 것은 ‘니→이’와 같은 구개음화에 대한 과도교정에 해당한다. ◎ **심입버서** ⟨6b⟩ 　‘심’은 ‘힘>심’의 ㅎ구개음화를 반영한 표기이다.
두음법칙	◎ **그를진** ⟨8b⟩ 　‘그늘’을 ‘그를’로 적은 것으로 두음법칙을 의식하여 비어두 음절의 /ㄴ/을 /ㄹ/로 적은 표기이다. ◎ **씨다울가** ⟨9a⟩ 　‘깨달을까’에 해당한다. ‘깨닫-’은 ‘씨돋->씨닷->쌔닷->깨닫-’의 변화를 겪은 것으로 모음으로 시작하는 어미와 결합할 때에는 ‘깨달-’이 선택된다. ‘씨다를가’에서 ‘를’을 ‘을’로 적는 경향에 따라서 이루어진 표기로 보인다. ◎ **서를헌** ⟨9b⟩ 　‘서늘헌’에 해당한다. 두음법칙을 의식하여 비어두 음절의 /ㄴ/을 /ㄹ/로 적은 표기이다. ◎ **여음에** ⟨10a⟩ 　‘여름’을 ‘름→음’과 같은 인식에 따라서 적은 결과로 보인다. ◎ **르러져** ⟨10b⟩ 　‘느러지-’가 두음법칙에 대한 인식으로 인해 과도 교정이 된 표기로 이해된다.

ㄹㄹ
연쇄
	◎ **블노쎠**⟨8a⟩
	  '블+로쎠'의 결합으로, 'ㄹㄹ'의 연쇄를 'ㄹㄴ'으로 적던 관습에 따라 '블노쎠'로 표기한 예이다.
	◎ **실로**⟨9a⟩
	  이곳의 '실로'는 'ㄹㄹ'의 연쇄를 그대로 표기하였다.
	◎ **놀납지**⟨9b⟩
	  '놀랍지'가 'ㄹㄹ'의 연쇄를 'ㄹㄴ'으로 적는 관습에 따라 '놀납지'로 표기된 것이다.

자음동화	◎ **앙기지**⟨7b⟩
	  '안기-'의 어간 속 어근 '안-'의 말음 /ㄴ/이 후행하는 접사 '-기-'의 두음 /ㄱ/에 위치 동화된 것을 반영한 표기이다.
	◎ **당거둔즉**⟨8b⟩
	  '담그-+-어'의 결합에서 /ㅁ/이 후행하는 /ㄱ/에 위치 동화된 것을 반영한 표기이다.
	◎ **박갓**⟨11a⟩
	  '바깥'의 옛말은 17세기의 '밧곁'에서부터 확인할 수 있는데, 19세기 말부터는 '밧갓'의 예가 두루 관찰된다. 이를 고려하여 생각하여 보면 이곳의 '박갓'은 '밧갓'의 첫째 음절의 /ㅅ/이 후행하는 /ㄱ/에 동화되어 /ㄱ/이 된 것을 표기한 것으로 이해할 수 있다.
	◎ **반는**⟨11b⟩
	  '안에 있는 것을 밖으로 내보냄'을 뜻하는 '뱉-'의 옛 형태인 '밭-'이 '밭는→받는→반는'과 같이 음절말 평폐쇄음화를 거쳐 비음화된 것을 반영한 표기이다.

재음소화	◎ **놀 빗헤**⟨10a⟩ '놀빛+에'의 결합으로, /ㅊ/을 /ㅈ/+/ㅎ/의 결합으로 재음소화하여 표기한 것이다.

탈락	**◎ 아올**〈7a〉
	'알+을'의 결합이 '아를'로 연음된 것에서, 비어두 음절의 초성에서도 'ㄹ'을 'ㅇ'으로 적는 경향에 따라 이루어진 표기로 보인다.
	◎ 알이라〈7b〉
	'알-+-리-+-라'의 결합으로, 어미의 두음 /ㄹ/이 탈락되어 있다. /ㄹ/ 앞에서 /ㄹ/이 덧나는 것과 /ㄹ/ 뒤에서 /ㄹ/이 탈락하는 것 사이에 상호 연관성이 있어 보인다.
	◎ 고흔〈7b〉
	'곫->곱-+-은'의 결합이 '고온'이 아닌 '고은'으로 활용하는 것이 16세기 문헌에서부터 보이기 시작하여 19세기에도 마찬가지의 양상을 보이는데, 이 활용형이 유성음 사이에서의 /ㅎ/의 탈락 현상에 이끌려 /ㅎ/이 탈락한 것으로 오인되어 '고흔'으로 표기된 것으로 보인다.
	◎ 무웃〈8a〉
	'무릇'을 나타내려 한 것으로 보인다. 이 문헌에서는 조사 '를'을 '을'로 적은 경우가 많고, 비어두 음절에서도 'ㄹ'을 'ㅇ'으로 적은 경우가 많았는데 '무웃'의 표기 역시 이러한 경향에 따른 것으로 이해된다.
	◎ 노은〈9b〉
	'놓-+-은'의 결합으로, 어간 말음 /ㅎ/의 탈락을 반영한 표기이다.
첨가	**◎ 일르ᄂ이**〈7b〉
	현대어로 '이르느니'에 해당하는데 어간이 '이르-'가 아닌 '일르-'로 쓰여 /ㄹ/이 첨가되어 있다.

3) 모음 관련

고모음화	◎ **어던**〈8a〉 　'얻-+-은'의 결합으로, 고모음화를 의식해 /ㅓ/와 /ㅡ/의 음성적 유사성에 따라 /ㅡ/를 /ㅓ/로 표기한 것이다. ◎ **서루**〈8b〉 　현대어의 '서로'에 해당하는 형태가 15세기에서는 '서르, 서로, 서로'로 나타나는데, 이들은 18세기까지도 공존하였다. 이곳의 '서루'는 『영장사 유합』(1700)에서도 '相 서루 샹'과 같이 나타난다. 이 '서루'는 '서로'가 고모음화되어 나타난 것이거나 '서르'에서 /ㄹ/ 아래 /ㅡ/가 원순모음화된 결과로 생긴 것일 가능성이 모두 있다. 『영장사 유합』의 '서루'를 중요한 판단의 근거로 생각한다면 19세기에서야 본격적으로 나타나는 고모음화로 이해하기보다는 17세기에 널리 나타났던 원순모음화의 결과로 이해하는 것이 설명력이 높을 것으로 생각된다. ◎ **웃지**〈9b〉 　'얻-+-지'의 결합으로, /ㅡ/와 /ㅓ/의 음성적 유사성으로 인해 '웃지'로 표기된 것이다.
단모음화	◎ **더딀**〈8a〉 　중세국어에서도 '더듸-'로 나타나는 이 말은 아직 자음 아래에서의 /ㅢ/>/ㅣ/를 반영하고 있지 않다.
모음조화	◎ **당거둔즉**〈8b〉 　어간 '담그-'는 양성 모음을 지닌 '둠ㄱ->둠그-'에서 온 것이므로 연결어미로는 '-아'가 결합하는 것이 자연스러운데, 이와는 반대로 '-어'가 결합하여 모음조화를 따르지 않고 있다. ◎ **살러서**〈11b〉 　'사르-'는 '스르-'에서 온 것이므로 '사르-+-아서'와 같이 결합하는 것이 모음조화에 부합하나 이곳에서는 '사르-+-어서'와 같이 그렇지 않은 활용형을 보인다.

반모음	◎ **닉일 쩍에**〈8a〉
	
	  '때'를 가리키는 '적'을 '쩍'으로 적은 것으로, 치찰음 아래 반모음 /j/의 첨가를 보여 준다. ['경음화' 참고]
	
	◎ **말마야마**〈10a〉
	
	  '말미암-'은 '말믜삼->말믜암->말미암-'의 변화를 거친 것인데, '말미암-'이 /・/>/ㅡ/에 따라 '말믜암-'으로 표기된 것이 /・/>/ㅏ/의 변화에 따라 '말매암-'로 이해되고, 하향성 반모음 /j/가 후행 음절의 상향성 반모음으로 옮겨 가면서 형성된 것을 연철한 것이 이곳의 '말마야마'로 보인다. 이런 점에서 볼 때 '말마야마'는 아직 /ㅐ/가 하향 이중 모음으로 발음되던 때에 형성된 형태가 선택되어 쓰인 것으로 이해된다.
	
	◎ **나졔**〈12a〉
	
	  '낮+에'의 결합으로, 치찰음 아래 반모음 /j/가 첨가되어 있다.

아래아	◎ **씌는이라**〈7b〉
	
	  중세국어 '쀄-'가 '쀄->쌔->깨-'의 변화를 겪어 현대어에 이르게 된 것인데, /・/>/ㅏ/의 변화에 대한 인식으로 'ㅏ'를 '・'로 표기한 것이다.
	
	◎ **하날**〈8a〉
	
	  '하늘'이 비어두의 '・'를 그대로 보전하고 쓰이던 것이 /・/>/ㅏ/의 변화에 이끌려 '하늘 → 하날'과 같이 발음된 것을 반영한 것이다.
	
	◎ **쯧ㅅ헌이**〈9a〉
	
	  현대어의 '따뜻하-'는 18세기 국어에서 보이는 '쏫쏫ᄒ-'가 비어두에서는 /・/>/ㅡ/, 어두에서는 /・/>/ㅏ/를 겪어 형성된 것으로, 방언에서는 어두와 비어두에서 모두 /・/>/ㅏ/를 겪은 '땃땃하-'도 보인다. 이곳의 '쯧쯧ᄒ-'는 /・/>/ㅡ/를 겪어서 형성된 것으로 이해된다.

원순 모음화	◎ **다뭇**〈8a〉 중세국어에서 이 말은 '다못'의 형태로 나타나는데 16세기 말부터

는 '다뭇'으로 쓰이기 시작했다. 이는 /ㆍ/가 선행하는 /ㅁ/의 영향으로 원순모음화된 결과로 보인다. 이 문헌의 '다뭇'은 이 형태를 계승한 것이다. 한편 '다믓'은 비어두에서의 /ㆍ/>/ㅡ/에 따라 '다믓>다믓'이 된 후에, /ㅡ/가 선행하는 /ㅁ/의 영향으로 원순모음화하여 '다뭇'으로도 나타났는데, 이런 어형은 『십구사략언해』 이후의 19세기 문헌에서 일부 관찰된다.

◎ **고루고자**〈8b〉

'고르-'에 해당하는 이 말은 '고ᄅᆞ-'에서 온 것인데, '고루-'는 비어두에서의 /ㆍ/>/ㅡ/에 따라 '고ᄅᆞ->고르-'가 형성된 후 /ㄹ/ 아래에서 /ㅡ/가 원순모음화되어 형성된 것이다.

◎ **거문빗치**〈10a〉

'검은빛'에서 /ㅁ/의 영향으로 /ㅡ/가 /ㅜ/로 원순모음화되었다.

◎ **덧덥푸라**〈10a〉

'덧덮으라'에서 /ㅍ/의 영향으로 /ㅡ/가 /ㅜ/로 원순모음화되었다.

전설 모음화	◎ **씨음**〈7a〉

'쓰임'에서 선행 음절은 '쓰→씨'로 전설모음화되어 있고 후행 음절은 '임→음'으로 후설모음화되어 있다.

◎ **치울**〈8a〉

현대어의 '춥-'는 '칩-'을 어간으로 하는 것으로 /ㅸ/의 변화에 따라 '칩-~치우-'로 바뀌었다가 19세기에는 치찰음 아래에서의 /ㅡ/>/ㅣ/를 의식한 결과 '츱-~츠우-'로 바뀐 것이다. 이후 후행하는 자음 /ㅂ/과 모음 /ㅜ/의 영향으로 /ㅡ/가 원순모음인 /ㅜ/로 바뀌어 '춥-~추우-'가 출현하게 되었다. 여기서는 아직 /ㅸ/의 변화만을 반영한 어형을 그대로 쓰고 있다.

◎ **오즉**〈9a〉

'오즉'은 '오직'이 치찰음 아래에서의 전설모음화에 대한 인식으로 인해 과도 교정된 것이다.

4) 분철, 연철, 중철

분철	◎ **쏠음이라**〈8a〉 　의존명사 '따름'은 중세국어 문헌에서 'ᄯᄛᆞᆷ'으로 나타나는데, 이것이 'ᄯᄛᆞᆷ>ᄯᆞᆯᆷ>ᄯᆞ름>따름'의 변화 과정을 거쳐서 현대어에 이르게 된 것이다. 이곳의 '쏠음'은 이 중 두 번째 단계의 'ᄯᆞᆯᆷ'을 과잉 분철한 것으로 이해된다. ◎ **익의여**〈8b〉 　'이기-'는 중세국어에서는 '이기-'와 '이긔-' 두 형태로 나타나는데, 이곳에서는 후자를 취한 것이다. 이것이 '이긔-+-어'와 결합하면서 어간 말의 /ㅢ/에 의해 후행하는 '어'에 반모음 /j/가 첨가된 결과 '이긔여'와 같이 된 것을 과잉 분철한 것이다.
연철	◎ **아늠은**〈9b〉 　'앓-+-음'의 결합에서 어간 말음 /ㅎ/의 탈락한 '안'이 연철된 것이다. ['겹받침' 참고] ◎ **비슬**〈9b〉 　'빛+을'의 결합으로, '빛>빗'으로 체언이 말음이 /ㅅ/으로 재구조화된 것이 연철된 것이다. ◎ **피주리**〈10b〉 　'피줄+이'의 연철이다.
중철	◎ **잇써**〈8a〉 　현대어의 '있어'는 이 문헌에서는 '잇서'로 표기되는 것이 일반적인데, 이곳에서만 '잇써'로 중철되었다. 국어사 문헌에서도 '잇서'의 표기가 일반적이며, '잇써'는 19세기의 『여소학』이나 『독립신문』 등에서 일부 보이는 정도에 그친다.

5. 공기空氣

신학신설
12a

현대어역

공기

큰 땅 위에 기운이 있어서 그 기운이 땅을 두른 것이 마치 계란 흰자위가 그 노른자위를 싼 것과 같음이 〔지면으로부터 올라갈수록 점점 얇어지며 150리에 이르면 모두 없어진다.〕 바로 공기이다. 비록 형상도 없고 맛도 없으나 실재하는 땅 위의 한 물질이다.

원문(한자 병기)

공긔(空氣)

큰 ᄯᅡ 우희 긔운(氣運)이 잇서ᵎ 두르기을 계란(鷄卵) 흰자위가 그 루른 자위을 싼 거 갓틈미 〔디면(地面)으로붓터 졈ᵎ(漸漸) 오을수록 졈ᵎ(漸漸) 열버서 일빅오십(一百五十) 니(里)에 이르러 진(盡)흔이라.〕 명(名) 왈(曰) 공긔(空氣)니 비록 형상(形狀)도 업고 맛도 업스나 기실(其實)은 ᄯᅡ 우희 흔 물건(物件)/이라.

현대어역

공기 속 물질은 두어 가지로 나누어지는데 각각을 산소, 질소, 탄소, 수소라고 한다. 〖다 일정한 방법으로 구별된다. 이는 『박물신편』에[1] 나와 있다.〗 비유컨대 공기가 100분이면 그 속에 산소가 21분이고 질소가 79분이 있다. 산소는 속에 양물〖만물을 기르는 물질이라는 말이다.〗이 있어서 그 성질이 짙고 강하므로 반드시 질소가 있어야 엷어져서 중화된 기운이 되어 만물을 기를 수 있다. 탄소는 그 유독한 성질이 숯과 같은데 동물의 호흡으로도 생기고 불타는 데서도 생기며 대략 공기의 1,000분의 1에 해당한다. 수소는 산소와 함께 화합하여 수기〖물 기운이다.〗를 이루는데 공기 100분 속에 대략 1분 반이 있으나 그 많고 적음은 공기의 습도에 따라 정해진다. 생명체가 숨을 쉬는 데에는 공기가 가장 중요하니

원문(한자 병기)

더기(大蓋) 이 공긔(空氣) 속에 두어 가지 눈누엿스니 왈(曰) 양긔(養氣) 담긔(淡氣) 탄긔(炭氣) 경긔(輕氣)라. 〖다 가(可)히 법(法)으로 분변(分辨)허느니 상견박물신편(上見博物新編)헌이라.〗 비유(譬喩)건딘 공긔(空氣) 빅(百) 분(分)이면 그 속에 양긔(養氣)가 이십일(二十一) 분(分)이요 담긔(淡氣)가 칠십구(七十九) 분(分)이 잇스니 양긔(養氣)란 거슨 속에 양물(養物)〖만물(萬物)을 기루는 물건(物件)이란 마리라.〗이 잇서ㅊ 그 성품(性品)이 롱열(濃烈)헌고로 반다시 담긔(淡氣)가 잇서 써 담(淡)허게 흐미 바야으로 중화지긔(中和之氣)가 도야 만물(萬物)을 장양(長養)허고 탄긔(炭氣)란 거슨 그 성품(性品)이 유독(有毒)흐야 숫트로 더부러 갓튼이 동물(動物)의 호흡(呼吸)에도 싱기고 불타는 데서도 싱긴니 디략(大略) 공긔(空氣) 천분지일(千分之一)이요 경긔(輕氣)란 거슨 양긔(養氣)로 더부러 화합(化合)흐야 수긔(水氣)〖물 긔운(氣運)이라.〗을 리워서 공긔(空氣) 빅(百) 분(分) 속에 디략(大略) 일(一) 분(分) 반(半)이 잇스나 그 다과(多寡)는 공긔(空氣)에 조습(燥濕)을 짜러 졍(定)허느이라.

무릇 싱명(生命) 잇는 거싀 소식지물(所息之物)이 공긔(空氣)로써 가장 요긴(要緊)험을 삼/운이

주석

1   『박물신편(博物新編)』은 영국인 의사 홉슨(Benjamin Hobson, 合信, 1816-1873)이 1854년 중국에서 간행한 한문본 서양 과학서로 1860년대 초 조선에 전래되어 지석영을 비롯한 개화 지식인들 사이에 널리 읽혔다. '地氣論, 熱論, 水質論, 光論, 電氣論'의 다섯 가지 주요 내용으로 구성되어 있다.

현대어역

동물과 식물이 모두 공기가 없으면 살지 못한다. 동물은 산소를 마시고 이산화탄소를 뱉어내며 식물은 이산화탄소를 거두고 산소를 내어 〖나뭇 잎 위에 작은 구멍이 있어 공기를 흡수하는데 그 진액이 이산화탄소를 거둔다. 이 이산화탄소는 나무 속에 머무르고 산소는 방출되니 초목의 잎은 사람의 폐와 같다. 이산화탄소가 식물 속에 있으면서 변하여 정질[2]〖단단한 물질이라는 말이다.〗이 되므로 나무를 태우면 숯이 된다.〗 서로 번갈아 줄고 늘 때에 바람으로 인해 흩어지는데 〖공중에서는 때때로 약한 바람 이 불어 각처의 기운이 뒤섞인다. 이곳에서 일질〖한 물질이라는 말이다.〗이 남으면 빨리 이동하 여 저곳의 부족함을 보충하는 것이다.〗 공기와 바람의 관계는 물과 조수의 관계 와 같다. 물은 밀물과 썰물이 없으면 죽고 공기는 바람이 없으면 섞이 지 못하는 것이다. 서양의 과학자가 땅 위 공기 속 산소의 양을 계산하 고 또 동물에 소용되는 산소의 양과 소물〖불사르는 물건이라는 말이다.〗에 소 용되는 산소의 양〖불이 산소에 의해 밝혀지므로 모든 등불 및 촛불, 화기가 다 산소를 사 르는 것이다.〗과 각종 일에 소용되는 산소의 양을 계산해 보니 산소를

원문(한자 병기)

동식졔물(動植諸物)이 긔운(氣運)이 업스면 사디 못허나 다만 동물(動物)
은 양긔(養氣)을 흡(吸)하고 탄긔(炭氣)을 토(吐)허며 식물(植物)은 탄긔(炭
氣)을 거두고 양긔(養氣)을 닉에³ 〖나문입 우희 젹근 궁기 잇서 공긔(空氣)을 흡(吸)하야
그 진익(津液)이 그 탄긔(炭氣)을 거두는니 이 탄긔(炭氣)는 나무 속에 머무르고 양긔(養氣)는 방출
(放出)헌이 초목(草木)의 입히 사람의 폐경(肺經)과 갓튼이라. 탄긔(炭氣)가 식물(植物) 속에 잇서ㄹ
변(變)ㅎ야 졍질(定質)〖단ㄹ 헌 물건(物件)이란 마리라.〗이 되는고로 나무을 틱이면 숫틀 이루는이
라.〗 서로 갈마드러⁴ 줄고 를 쩍에 바람으로써 홋트는니 〖공즁(空中)에 셕로
격은 바람이 잇서 각쳐(各處) 긔운(氣運)을 조화(調和)허는이 츠쳐(此處)에 일질(一質)〖흔 물건(物件)
이란 마리라.〗이 유여(有餘)허면 반다시 속(速)키 이동(移動)ㅎ야 써 피쳐(彼處)에 부족(不足)험을
츙수(充數)허는이라.〗 긔운(氣運) 지어(之於)⁵ 바람이 물에 조수(潮水) 갓튼지라.
물은 조수(潮水)가 업스면 죽고 긔우는(氣運는) 바람이 업스면 화(和)허지
못허는이라. 격치가(格致家)에서 쯘 우희 공긔(空氣) 속 양긔(養氣) 수(數)
을 수(數) 녹코 쏘 동물(動物) 소용(所用) 양긔(養氣) 수(數)와 효물(燒物) 〖불
사르는 물건(物件)이란 마리라.〗 소용(所用) 양긔(養氣) 수(數)〖불이 양긔(養氣)을 자뢰(藉
賴)ㅎ야 박는고로 무릇 등촉(燈燭)과 취화(炊火)가 다 양긔(養氣)을 살느는이라.〗와 밋 가사(各
事)⁶ 닉(內) 소용(所用) 양긔(養氣) 수(數)을 수(數) 노은니 양/긔(養氣)

주석

2   '졍질(定質)'은 고체에 해당하는 개념으로 추정된다.
3   '내어'의 오기.

4   '갈마들이–'는 '갈마들–'의 사동사로서 '서로 번갈아들게 하다'를 뜻한다. '갈마들–'보다는 '갈마들이–'가 문헌에서 주로 관찰된다. 역사적으로는 '··· 무드리–/··· 모드리–/··· 모들이–>갈마들이–'의 변화를 거친 것이다.

5   '之於'는 한문에서 비유적으로 무엇인가를 설명할 때에 사용하는 표현이다.

6   '각사'의 오기. 『유문의학』(11b:2)의 대응 부분이 '各事內所用'인 점을 참고하였다.

신학신설
13b

현대어역

쓰기만 할 뿐 만들어내지는 않는데 100만 년이 지나도록 산소가 닳아 없어지지 않는 것은 식물이 항상 이산화탄소를 거두고 산소를 내놓기 때문으로 산소가 영영 고갈에 이르지 않을 것을 알게 되었다. 만일 땅 위의 식물을 다 없애면 공기 중의 산소가 수천 년 안에 사라진다고 하는데 이는 식물을 다 없앤 후에는 이산화탄소가 돌아갈 곳이 없어서 산소 중에 이산화탄소가 점점 섞이게 되기 때문이다.

사람이 한 번 내쉬고 한 번 들이마시는 것이 합해서 한 호흡이 되는데 내쉴 때는 이산화탄소를 내뱉고 [몸에 쓸데없는 물질이 섞여 기체가 되고 그것이 산소와 결합하게 되면 그 성질이 유독해지는 것이 숯과 같은데 이를 이산화탄소라고 한다. 만일 이산화탄소의 존재를 증명할 수 없다고 의심한다면 석회 약간을 가져다 사발 물에 타 놓고 대나무 통으로 불어 보면 물이 곧 변하여 하얗게 되는데 이는 폐에서 나오는 이산화탄소가 석회와 서로 합쳐지기 때문이다. 이산화탄소가 석회와 합쳐지는 것은 자석이 바늘을 끌어들이는 것과 같다.] 들이쉴 때는 생기[산소와 질소를 합해 이름 붙인 것이다.]를 마신다. 생기가

피에 들어가면

원문(한자 병기)

다만 쓰고 싱(生)허지 아는나 일빅만연(一百萬年) 중(中)에 오히려 용지부진(用之不盡)험은 상혜 식물(植物)이 잇서ː 탄긔(炭氣)을 거두고 양긔(養氣)을 논는고로 기리 이즈러지는 데 일으지 안을 줄 안이라. 만일(萬一) 디면지식물(地面之植物)을 다 업시헌즉 공긔(空氣) 중(中) 양긔(養氣)을 근용수쳔연(近用數千年)이라 헌이 식물(植物)을 다 업시헌 훈즉 탄긔(炭氣)가 도라갈 바 업서ː 졈ː(漸漸) 양긔(養氣) 중(中)에 섹김을 인(因)험이라.

사람의 일(一) 호(呼) 일(一) 흡(吸)이 합위일식(合爲一息)인니 호(呼)헐 쩌는 탄긔(炭氣)을 토(吐)허고 〔몸에 쓸데업는 물건(物件)이 잡(雜)쏘이 화(和)ᄒᆞ야 긔운(氣運)이 도아서 양긔(養氣)로 더부러 상합(相合)허면 긔셩(其性)이 유독(有毒)ᄒᆞ야 숫트로 더부러 갓튼고로 왈(曰) 탄긔(炭氣)라. 만일(萬一) 탄긔(炭氣)가 빙거(憑據) 업싸 의심(疑心)허거든 가(可)히 석회(石灰) 소허(少許)을 취(取)ᄒᆞ야 사발(沙鉢) 물에 타 노코 죽통(竹筒)으로써 불면 물이 곳 변(變)ᄒᆞ야 희여짐은 폐경(肺經)에서 나오는 탄긔(炭氣)가 회(灰)로 더부러 상합(相合)험을 인(因)험인니 탄긔(炭氣)가 회(灰)로 합(合)험이 자석지인침(磁石之引鍼)허는 것 갓튼이라.〕 흡(吸)헐 쩌는 싱긔(生氣)〔양긔(養氣) 담긔(淡氣)을 합(合)히 일음험이라.〕을 졉(接)ᄒᆞ는니 싱긔(生氣)가 피에 드러/간즉

현대어역

피가 붉어지는데 붉은 피는 정혈이고, 이산화탄소가 피에 들어가면 피가 검붉어지는데 검붉은 피는 악혈이다. 〖사발에 피를 담아 두고 약 네 시간이 지나면 위는 붉어지고 아래는 검붉어지는데 사발의 표면에 있는 피는 공기와 가까워 생기를 얻을 수 있는 반면 사발 밑에 있는 피는 그렇지 않아 이산화탄소가 진하게 모인 까닭이다. 만약 어떤 방법을 써서 생기를 속으로 들어가게 하면 사발의 피가 속속들이 붉어지는데 산소만 집어넣으면 그 빛이 더욱 붉어진다.〗 생기는 사람을 기르고 이산화탄소는 사람을 죽인다. 검붉은 피가 폐에 들어가 이동하다가 폐포 위에 이르러 이산화탄소를 폐포 속으로 침투시키면 기관이 〖폐포와 기관 및 혈맥이 운행하는 이치는 『전체신론』에 나와 있다.〗 곧 이를 받아서 내보내니 이것이 한 번 내쉬는 것이다. 이산화탄소가 나가면 기관이 다시 생기를 받아들여서 생기가 바로 폐포 속에 다다르고 피가 이를 곧 거두어들이니 이것이 한 번 들이쉬는 것이다. 호흡은 멈추지 않아서 〖1분에 18번 호흡을 하므로 하루에 2만 5,920번 호흡을 하는 것이다. 3분 동안에 온몸의

원문(한자 병기)

불근이 불근 거슨 정혈(正血)이요 탄긔(炭氣)가 피에 드러간즉 검불근이

검불근 거슨 악혈(惡血)이라. 〖사발(沙鉢)에 피을 담어서 두어 시(時)⁷ 진나면 피가 반다

시 우희는 불고 아레는 검불근 거슨 사발(沙鉢) 면(面)에 피는 싱긔(生氣)을 어더 갓차옵고 사발(沙

鉢) 밋테 피는 탄긔(炭氣)가 농(濃)허게 모뒤을⁸ 인(因)험이라. 만일(萬一) 법(法)을 써서 싱긔(生氣)

을 속에 들인즉 사발(沙鉢)에 피가 속ㆍ드리 불고 양긔(養氣)만 홀노 쓰즉⁹ 그 빗치 더욱 불근이

라.〗 싱긔(生氣)눈 능(能)히 사람을 기루고 탄긔(炭氣)눈 능(能)히 사람을

주기눈고로 검불근 피가 반다시 폐경(肺經)에 드러가서 운전(運轉)ᄒ야

긔포(氣胞) 우희 일으러 탄긔(炭氣)을 긔포(氣胞) 속으로 설(洩)허면 긔관

(氣管)〖긔포(氣胞) 긔관(氣管)과 밋 혈뮉(血脈) 운힝(運行)허는 잇치(理致)는 상견전체신논(上見全體

身論) 헌이라.〗이 곳 바더서 닉인니 이거시니 한 번(番) 너여 쉬는 거시요 탄

긔(炭氣)가 임의 나가민 긔관(氣管)이 다시 싱긔(生氣)을 바더드려서 발우

긔포(氣胞) 속에 다ㆍ르면 피가 곳 거두어들인니 이거시니 흔 번(番) 듸

리쉬는 거시라. 호흡(呼吸)허기 멈우지 안어서 〖일(一) 민이에¹⁰ 십팔(十八) 식(息)

인니 일주야(一晝夜)에 이만(二萬) 오천구빅이십(五千九百二十) 식(息)이라. 삼(三) 민이지간(之間)에

왼/몸

주석

7   이 문헌에 나타난 시간은 전통적인 12시간 체계에 근간하고 있으므로 한

시(時)는 오늘날 24시간 체계로 볼 때 2시간에 해당한다. 따라서 이 부분에

서 '두어 시'라고 한 것은 오늘날로 볼 때 약 4시간에 해당한다.

8   '모뒤믈'을 적은 것으로 생각된다. '모뒤믈'은 '모뒤-+-ㅁ'에 '을'이 결합한 것으로 보이는데, '모뒤-'는 '몯-+-우이'가 결합해서 만들어진 어형으로 판단된다. 즉 '모이다'의 의미를 지닌 옛말 '몯-'에서 파생한 말로 보이는 형태이다. 이 '몯-'에서 유래한 형태로 보이는 것으로 '모두-'(경상, 제주, 함경), '모데-'(경북), '모뒤-'(황해), '모드이-'(경북) 등이 방언형으로 쓰인다.

9   '쓴즉'의 오기.

10   '민이'는 '분'을 나타내는 외래어 '미니(minute)'를 과잉 분철한 것이다. 사람의 호흡량이 1분에 12~18회라는 점, 그리고 하루가 1,440분인데 18회*1,440분=25,920회가 되므로 1민이를 1분으로 보면 계산이 맞다. 아래에서도 3민이에 피가 온몸을 돌게 되므로 하루에 480번이라고 했는데 이 역시 계산해 보면 '민이'가 '분'에 해당함을 알 수 있다.

신학신설
14b

현대어역

피가 한 바퀴를 운행하므로 하루에 도합 480번이다. 120분이 2시간이 된다.』바퀴 돌듯이 개

환[고치고 바꾼다는 말이다.]하므로 숨을 잠깐 막아도 곧 답답하고 불안하며

숨을 길게 내쉰 이후에야 편안해진다. 붉은 피가 돌다 보면 검붉은 피

가 되고 『사람의 몸 온갖 곳에 사라지고 자라남이 있다. 그 뼈와 살을 이루는 것은 모두 피에

힘입어 생겨나며 뼈와 살을 이루는 데 적합하지 않은 것은 모두 피에 힘입어 배출된다. 이런 이

유로 피가 온몸을 다니다 점차 변화되어 검붉은 피가 되는데 그 속에는 이산화탄소가 있다.』검

붉은 피는 반드시 폐에 들어가서 이산화탄소를 토해내는데 이산화탄소

를 내보내지 못하면 모든 피가 오염이 된다. 피가 오염되면 몸이 죽는

것은 당연한 이치이다. 사람이 목매어 죽고 물에 빠져 죽을 때 생기를

접하지 못하여 이산화탄소가 섞인 독한 피가 온몸을 공격하게 되는데

그 결과 팔다리가 철동[꿈쩍인다는 말이다.]하고 입술과 혀가 어흑[검은 점이

박힌다는 말이다.]하니 『물에 빠져 기절한 사람은 젖은 옷을 벗기고 부드러운 수건으로 온몸을

씻겨 말리며 입을 서로 대고 크게 숨을 불어 넣는다. 이때 한 사람은 그 코를 막아 숨이 나오지

못하게 하고 한 손으로 그 목을 넌지시 누르며 숨을 한 번 불어넣을 때 가슴을 반드시 한 번 눌러서 폐가 열려 생기를 받게 하라. 이러하기를 반 시각 하면 회생하는 사람이 많다. 목맨 사람도 목뼈가 상하지 않고 몸이 오히려 따뜻하거든 이와 같이 처치한다.』

원문(한자 병기)

피가 흔 박퀴을 운힝(運行)헌이 일주야(一晝夜)에 합(合) 사빅팔십(四百八十) 번(番)이라. 일빅이십(一百二十) 민이가 흔 시(時)가¹¹ 되는이라.』 박퀴 돌드시 기환(改換)[고치고 박구단 마리라.]허는고로 숨을 잠깐 막은즉 곳 답ᄒ허고 부란(不安)허다가 길게 숨을 니여쉰 연후(然後) 이에 편(便)헌이라. 디긔(大蓋) 불근 피가 운힝(運行)허면 반다시 검불근 피 되고 [사람의 몸 빅쳬(百體)가 늘노 소장(消長)험이 잇스민 그 고륙(骨肉)에 쓰기 합(合)헌 거슨 진실(眞實)노 뭇 피을 심입어서 써 싱(生)허고 ᄒ륙(骨肉)에 쓰기 불합(不合)헌 거슨 더욱 뭇 피을 기다려서 써 니여보닉는니 소이(所以)로 졈힝졈긔(漸行漸改)ᄒ야 검불근 피가 된이 그 속에 탄긔(炭氣) 잇슴이라.] 검불근 피는 반다시 폐경(肺經)에 드러가서 써 탄긔(炭氣)을 토(吐)허는이 탄긔(炭氣)을 니여보닉지 못허면 뭇 피가 문어짐을 밧는이라. 피가 문어지면 몸이 죽는 거슨 셰소필연(勢所必然)이라. 무릇 사람이 목 마여 죽고 물에 빠져 죽는 거슨 문듯 싱긔(生氣)을 졉(接)허지 못허고 탄긔(炭氣)가 혼힝(混行)ᄒ야 독(毒)헌 거시 빅쳬(百體)을 공벌(攻伐)헌고로 수죡(手足)이 쳘동(掣動)[꼼젹이단 마리라.]허고 순셜(脣舌)이 어흑(瘀黑)[검은 졈(點) 빅기단 마리라.]허/는이 [물에 빠져 긔졀(氣絶)헌 자(者)을 져즌 옷 벅기고 연(軟)헌 수건(手巾)으로 왼몸을 씩겨 말이고 입을 서로 디고 크게 긔운(氣運)을 불어 더흘¹² 쎅에 한 사/람은 그 코을 막어 긔운(氣運)이 통(通)치 못허게 허고 한 손으로 그 목을 넌즈시

눌우고 긔운(氣運) 한 번(番) 불어 더흘 제 가슴을 반다시 한 번(番) 눌너서 폐경(肺經)으로 하여곰 열여

싱그(生氣)을 밧게 허라. 이러허기 반(半) 시각(時刻)에 회싱(回生)허는 이 만은이라. 목민 자도 목쎠가

상(傷)치 안코 몸이 오히려 덥거든 다시리기 이와 갓튼이라.]

주석

11 1896년 태양력을 시행하기 전까지 하루를 12시간으로 나누었으므로, 120분
    이 1시간이 된다고 한 것이다.
12 '너흘'의 오기.

현대어역

시체를 가르고 직접 확인한 결과 폐 속과 심장의 좌심방[심장에는 상하좌우

네 방이 있으며 그 기능이 각각 다르다. 이는 『전체신론』에 나와 있다.]의 피가 다 검붉었

다. 그 증거를 직접 확인하고자 한다면 새 한 마리를 가져다 유리병 속

에 넣고 그 뚜껑을 단단히 봉한다. 처음에는 호흡이 평소와 다름없어

보이지만 다음에 보면 입을 매우 자주 벌리다가 공기 중 생기를 모두

마셔 생기가 다 없어지면 갑자기 우화[죽는다는 말이다. 유리병을 열고 직접 확인

해 보면 공기는 전과 같지만 생기가 변하여 이산화탄소가 되어 있다.]한다. 이로써 만물

의 이치 중에 공기가 음식보다 더욱 중요함을 알 수 있다.

사람이 매일 쓰는 산소가 매우 많은데 공기의 양은 산소의 다섯 배이지

만 공기 중에 있는 질소가 산소를 변화시켜 엷어지게 하므로 사람이 많

이 쓰지 못한다. 시험해 본 결과 한 사람을 밀실[바람이 통하지 못하는 방이다.]

안에 두면 산소는 아무리 써도

원문(한자 병기)

시체(屍體)을 가르고 증험(證驗)ᄒ야 본즉 폐경(肺經) 속과 및 심경(心經)

좌방(左房)〖심경(心經)이 상ᄒ좌우(上下左右) 네 방(房)이 잇서ᵒ 그 공용(功用)이 각ᵒ (옴옴) 달

으니 상견전체신논(上見全體身論)헌이라.〗에 피가 다 검불근이 그 증거(證據)을 증험

(證驗)코자 허거든 가(可)히 ᄒᆫ 시을 가져다가 유리항(琉璃缸) 속에 넉코

그 쑤에[13]을 단ᵒ이 봉(封)허면 쳐음 볼 씨에는 호흡(呼吸)이 여상(如常)허

나 다음 보면 입을 빈삭(頻數)키 버리다가 싱긔(生氣)을 흡(吸)ᄒ야 다헌

즉 엄연(醃然)[14] 우화(羽化)〖죽단 마리라. 항(缸)을 열고 증험(證驗)허면 긔운(氣運)은 인

(因)하야 여구(如舊)하나 다만 싱긔(生氣)가 변(變)ᄒ야 탄긔(炭氣) 된이라.〗헌이 화육지즁(化

育之中)에 긔운(氣運)이 식물(食物)보다 더욱 즁(重)험을 가(可)히 알지라.

무릇 사람의 ᄆᆡ일(每日) 수용(需用)허ᄂᆞᆫ 양긔(養氣) 심(甚)히 만은니 공긔

(空氣)의 수효(數爻)는 양긔(養氣)의 오(五) 비(倍) 되나 공긔(空氣) 즁(中) 담

긔(淡氣)는 다만 양긔(養氣)로 ᄒ여곰 변(變)ᄒ야 담(淡)허게 헐 ᄲᅮᆫ이라 사

람이 능(能)히 만이 스지 못허ᄂᆞᆫ이 시험(試驗)ᄒ야 ᄒᆫ 사람을 밀실(密室)

〖바람 통(通)치 못허ᄂᆞᆫ 방(房)이라.〗 즁(中)에 두면 비록 양긔(養氣)을 오히려 써서

주석

13 '뚜껑'의 의미이다. 오늘날 '뚜에'는 '뚜껑'의 비표준어로 쓰이는데, 이 말
   과 유사한 형태인 '똥에(강원)', '뛰에(강원)', '떼(경기)'가 방언에서 쓰인다.
   표준어인 '뚜껑'은 19세기 문헌에서부터 등장하기 시작한 '두겅, 둣게, 둣
   겅, 둑겅'류의 형태와 직접적으로 관련된 단어이다. 반면, 19세기 이전부터

관찰되는 '뚜껑' 관련 형태로는 '두베(15세기), 두에(16세기~19세기), 두베(16세기), 쑤에(18세기~19세기)' 등이 있다. 이 문헌에서 관찰된 '쑤에'는 표준어가 된 '뚜껑' 계열보다 더 오래된 형식이 표기에 반영된 것으로 볼 수 있다.

14 매우 급작스러운 모양을 뜻하는 '엄연(奄然)'이라는 단어가 있지만 내용상 대응이 되는 『전체신론』 곤편(21a:7)에 '豏然羽化'로 나와 있기 때문에 이를 따랐다.

현대어역

없어지지 않았으나 공기 중에 점점 이산화탄소가 섞이면서 사람이 이를 견디지 못하였다. 공기 100분이 이산화탄소 1분을 머금으면 사람이 머리가 아프다고 느끼고, 2분을 머금으면 사람이 어지러워 취한 것 같다고 느끼고, 5분을 머금으면 크게 독하여 오래되면 사람이 죽고, 10분을 머금으면 그 독을 받아 즉사하는 경우가 있다. 또한 발효[술 고인다는 말이다.]하는 과정에서도 이산화탄소가 생기니 술 담근 나무통 속에는 항상 이산화탄소가 모여 있다. 또 석탄 나는 굴과 마른 우물 속에도 이산화탄소가 있다. 옛날 서양에 어떤 낡은 집 가운데 마른 우물이 있었는데 그 깊이가 무척 깊었다. 우물을 치우는 사람이 안에 들어가면 모두 죽어서 처음에는 독한 요귀인가 의심을 했었다. 그런데 과학자가 그 속에 이산화탄소가 있음을 알고 노끈에 불을

원문(한자 병기)

다허지 안어슨나 공긔(空氣) 중(中)에 졈ᄎ(漸漸) 탄긔(炭氣) 석기면 사람이 견드여 흡입(吸入)허지 못ᄒᄂᆫ이 공긔(空氣) 빅(百) 분(分)에 탄긔(炭氣) 일(一) 분(分)을 먹음운즉 사람이 머리 압품을 ᄭᅵ닷고 이(二) 분(分)을 먹음운즉 사람이 어질어워 취(醉)헌 것 갓틈을 ᄭᅵ닷고 오(五) 분(分)을 먹음운즉 크게 독(毒)하야 오리면 사람이 죽고 십(十) 분(分)을 먹음운즉 그 독(毒)을 바더 즉사(卽死)허ᄂᆫ 지(者ㅣ) 잇ᄂᆫ이라. 무릇 발효(醱酵)【술 고인단 마리라.】허ᄂᆫ 일에 ᄯᅩᄒᆫ 탄긔(炭氣)을 이루ᄂᆫ고로 술 당근 목통(木桶) 속에 상해 탄긔(炭氣)가 잇서ᄎ 취합(聚合)허고 ᄯᅩ 석탄(石炭) 나ᄂᆫ 굴(窟)과 밋 마른 우물 속에 ᄯᅩᄒᆫ 이 긔운(氣運)이 잇ᄂᆫ이라. 옛젹 서국(西國)에 ᄒᆫ 노옥(老屋) 가운데 마른 우물이 잇서ᄎ 심(甚)이 깁던이 우물 치는 사람이 들어가는 자는 문듯 죽ᄂᆫ지라. 쳐음은 독(毒)헌 요귀(妖鬼ㄴ)가 의심(疑心)하야던이 박물(博物)허ᄂᆫ 지(者ㅣ) 잇서 그 속에 탄긔(炭氣) 잇ᄉᆫ을[15] 알고 노에 불을

주석

15 '잇슴을'의 오기.

현대어역

달아 시험하였는데 불이 당장 꺼지는 것을 보고 드디어 방법을 마련해 생기를 이끌어 넣으니 들어가는 사람들이 비로소 무사할 수 있었다. 오랫동안 거한 사람이 없어서 무거운 이산화탄소가 〖생기보다 수삼 배가 무겁다.〗 아래로 처져 흩어지지 않은 까닭이다.

방에서 숯을 피우고 바람을 잘 통하지 않게 하면 사람이 점점 죽음에 이르는데 죽을 때에 심히 괴롭지 않아 프랑스에서는 자살하려는 사람들이 항상 이 방법을 쓴다. 옛날에 인도 왕이 죄인 146명을 밤에 작은 옥방 〖옥방은 사방 18척이고 벽 한 면에 작은 창문 둘이 있었다.〗 속에 가두었더니 그 새벽에 23명만 남고 나머지는 스스로 내쉰 이산화탄소를 들이마셔서 다 죽었다. 〖사람이 마시는 공기는 맑아야 한다. 공기를 한 번 호흡하면 변하여 탁한 공기가 되고 방 안에 불이 있으면 공기를 변화시켜 탁하게 하므로 방 안에 바람이 통하도록 방법을 써서 항상 공기를 갈아 주어야 한다.〗 방 안에 화로를 두고 창문을 닫아 냉풍을 막는 것은 죽기를 자처하는 방법이고 달어 써 시험(試驗)헌이 불이 당장(當場) 쩌지거를 드ː여 법(法)을 베풀어서 싱긔(生氣)을 익글어 너흔이 들어가는 지(者ㅣ) 비로소 무양(無恙)헌이라. 디기(大蓋) 오리 거(居)흔 사람이 업스민 그 탄긔(炭氣) 질즁(質重)흐야 〖싱긔(生氣)보다가 수삼(數三) 빅(倍)가 무거운이라.〗 아레로 쳐져 흣터지ː 아는 연괴(緣故ㅣ)라.

방옥(房屋) 즁(中)에 목탄(木炭)을 피고 바람 긔운(氣運)을 만이 통(通)치 안으면 사람이 졈ː(漸漸) 죽고 죽을 쩌에 심(甚)히 괴롭지 아는고로 벅국(法國) 사람 자진(自盡)허는 지(者ㅣ) 상혜 이 법(法)을 쓰는이라. 옛쩍에 인도국(印度國) 왕(王)이 죠인(罪人) 일빅사십육(一百四十六) 인(人)을 밤에 젹은 옥방(獄房)〖옥방(獄房)이 사방(四方) 십팔(十八) 쳑(尺)이요 방벽(房壁) 일(一) 면(面)에 젹은 창(窓) 두리 잇더라.〗 속에 가두엇던이 그 시벽에 다만 이십삼(二十三) 인(人)이 남고 기여(其餘)는 자싱지탄긔(自生之炭氣)을 흡(吸)험을 인(因)흐야 다 죽어슨이 〖사람의 흡(吸)허는 바 긔운(氣運)이 말근 걸노써 요긴(要緊)험을 삼는지라. 무엇 긔운(氣運)을 한 번(番) 호흡(呼吸)허/면 변(變)하야 탁긔(濁氣)가 되는이 방(房) 속에 불이 잇스면 긔운(氣運)으로 하여곰 변(變)하야 탁(濁)허게 허는고로 방옥(房屋)에 반다시 법(法)을 써서 바람을 통(通)하야 상혜 공긔(空氣)을 박구라.〗 무릇 방(房) 속에 화로(火爐)을 두고 창호(窓戶)을 긴폐(緊閉)흐야 써 닝풍(冷風)을 막는 거슨 니[16] 죽기을 구(救)허는 법(法)이/요

주석

16   언해문에서 나타나던 '是'의 전이어로 보인다. 'A는 B이다'에 해당하는 한
      문의 'A是B'를 언해할 때 '是'를 '이'로 직역하던 관습의 영향을 반영한 것
      이다.

현대어역

여러 사람이 좁은 방 안에 있으면서 통풍을 하지 않는 것은 인도 왕이 죄인을 가두던 것과 다름이 없는 일이다. 여러 사람이 한 방 안에서 일할 때 바람과 공기를 통하지 않게 하면 몸이 약한 사람이나 여인들은 어지러운 병이 생긴다. 그러다 다른 곳으로 옮기면 그런 증상이 없어지니 밖에 나가지 못하는 사람들이 부러워하는 것은 맑은 공기를 마시는 것이다.

건강한 사람이 하루 동안 호흡하는 공기는 3,000입방척[17][사방이 1척이라는[18] 말이다.]이다. 이 공기를 한 번 호흡하면 다시 쓰지 못하므로 방이 길이가 15척, 넓이가 15척, 높이가 12척은 되어야 그 안에 있는 공기가 한 사람이 하루에 쓸 만큼이 된다. 사람이 밤에 8소시[여덟 시간이라는 말이다.]를 자므로 호흡하는 공기가

여러 사람이 적은 방(房) 속에 잇서ː 바람 긔운(氣運)을 통(通)치 안는 거슨 인도(印度) 왕(王)의 조인(罪人) 가둔 거스로 더부러 다름업슨이라. 무릇 여러 사람이 방(房) 안에 잇서 일헐 쪅에 풍긔(風氣)을 통(通)치 안으면 신약지인(身弱之人)과 다못 여인(女人)이 어질어운 병(病)이 잇다가 옴겨 타쳐(他處)에 일은즉 씨치는이 나가지 못허는 지(者 |) 불어워험은 그 일즉이 말근 긔운(氣運) 어듬을 인(因)험이라.

건장(健壯)헌 사람이 일주야(一晝夜) 닌(內)에 호흡(呼吸)허는 공긔(空氣)가 삼쳔(三千) 입방쳑(立方尺)〚사방(四方) 일(一) 쳑(尺)이란 마리라.〛이라. 이 긔운(氣運)을 혼 번(番) 호흡(呼吸)허면 가(可)히 다시 쓰지 못허는이 방옥(房屋)이 장(長)이 십오(十五) 쳑(尺)이요 광(廣)이 십오(十五) 쳑(尺)이요 고(高)가 십이(十二) 쳑(尺)이라야 용납(容納)헌 바 공긔(空氣)가 족(足)키 혼 사람의 일주야(一晝夜)에 쓸 거시 되는이라. 사람이 밤에 팔(八) 소시(小時)[19]〚네 시(時)란 마리라[20].〛을 잔이 호흡(呼吸)허는 공긔(空氣)가

주석

17 부피의 단위로 1척 길이의 변을 가진 정육면체의 부피, 즉 약 27.876리터에 해당한다.

18 '척'은 '자'와 동일한 길이의 단위로 약 30.3센티미터에 해당한다.

19 시간의 단위로 오늘날의 1시간을 뜻한다. 전통적으로 십이지(十二支)에 따라 하루의 시간을 12등분하여 1시(時)를 설정하였는데 '소시(小時)'는 '시'

의 절반을 말한다. 즉, 오늘날 24시간 체계를 기준으로 볼 때 '時'는 2시간
에, '小時'는 1시간에 해당한다.

20　　'소시'는 오늘날 1시간에 해당하므로 사람이 밤에 8소시를 잔다고 한 것은
오늘날 24시간 체계에서 볼 때 8시간을 잔다는 것이다. 협주에서 '네 시'라
고 한 것은 12시간 체계를 가정한 것이므로 오늘날의 8시간에 해당한다.

현대어역

대략 1,000입방척이므로 방의 길이, 넓이, 높이가 각 10척이라야 그 안
에 있는 공기가 쓸 만큼이 된다. [서양에서는 법률을 정하여 여관의 침실에 대해 사
람당 이 척수를 지키도록 하고 이보다 작으면 유죄를 선고한다. 병원 등의 장소는 이 척수보다
두 배로 정하여 놓았다.] 만일 두어 사람이 한 방에서 자면서 창문을 닫아 두
면 각자가 반드시 이 척수만큼을 쓸 것인데 가난한 집의 경우 침실의
크기가 사람당 1,000입방척이 되지 못한다면 대신 바람이 잘 통하도록
해야 한다.

이처럼 방 안에 통풍이 잘 되도록 하는 것이 가장 중요한 일임을 알 수
있다. 방 안에 간간이 높은 곳에 두 개의 큰 구멍을 뚫어 두면 한 구멍
으로는 공기가 들어오고 [움직이는 문짝을 안으로 단다.] 한 구멍으로는 공기
가 나가므로 [움직이는 문짝을 밖으로 단다.] 이러한 방법이

디략(大略) 일쳔(一千) 입방쳑(立方尺)인고로 방옥(房屋) 장광고(長廣高)가 각(各) 십(十) 쳑(尺)이라야 용납(容納)헌 바 공긔(空氣)가 죡(足)키 쓸 만헌 이라. 〖서국(西國)에서 법율(法律)을 정(定)ᄒ야 무릇 긱졈(客店) 침방(寢房)을 미인(每人)에 반다시 이 쳑수(尺數)을 써서 이 쳑수(尺數)에 적은즉 유죄(有罪)ᄒ고 병원(病院) 등(等) 쳐(處)는 이 쳑수(尺數)에 갑절 허ᄂᆞᆫ이라.〗 만일(萬一) 두어 사람이 ᄒᆞᆫ 방(房) 속에 자고 창호(窓戶)을 다드려 허거든 미인(每人)에 반다시 이 쳑수(尺數)을 쓸 것시되 가난헌 집에 침방(寢房)을 모다 능(能)히 미인(每人)에 일쳔(一千) 입방쳑(立方尺)을 준수(遵守)이 못허거든 심써서 바람 긔운(氣運) 만이 통(通)허ᄂᆞᆫ 것스로 종요(宗要)루을 삼우라.

일노 말마야마 방옥(房屋) 중(中)에 만이 풍긔(風氣)을 통(通)허ᄂᆞᆫ 거시 가장 긴요(緊要)헌 일 됨을 가(可)히 아리로다. 무릇 방옥(房屋)에 간ᄀᆞᆫ(間間)이 놉흔 고데 반다시 두 큰 궁글 두면 ᄒᆞᆫ 궁그로는 긔운(氣運)을 드리고 〖동(動)허ᄂᆞᆫ 문(門)짝을 안으로 다ᄂᆞᆫ이라.〗 ᄒᆞᆫ 궁그로는 긔운(氣運)을 방출(放出)〖동(動)허ᄂᆞᆫ 문(門)짝을 박그로 다ᄂᆞᆫ이라.〗허ᄂᆞᆫ이 ᄀᆞᆺ ᄀᆞᆺ 법(法)이

현대어역

비록 좋기는 하지만 창문 하나를 열든지 문 하나를 열어 공기를 통하게
하는 데에는 미치지 못한다. 사람 중에 통풍의 이치를 아는 이도 있지
만 통풍하는 창문이 너무 작으면 들어오는 바람이 매우 첨초[쌀쌀하고 차
다는 말이다. 외풍이 들어올 때 틈이 좁을수록 더욱 쌀쌀하다.]하여 사람의 몸에 좋지
않으므로〔문틈으로 찬바람이 들어오면 병이 생기기 쉽다.〕이를 고쳐서 더 작은 창
문으로 만들기도 하고 완전히 막기도 하는데 창문을 크게 내면 응당 이
러한 폐단이 없어지는 줄을 알지 못하는 것이다. 보통 사람들은 창문을
닫고 지내는 것에 익숙해서 평소 즐겨 열지 않고, 창문을 열고 지내면
병이 날까 두려워하지만 작은 병을 참고 견디며 창문을 열고 지내보면
수일 후에는 크게 유익한 점이 있음을 깨달을 것이고 그 후로는 영영
창문 닫기를 좋아하지 않게 될 것이다.〔오랫동안 병이 들어 허약한 사람일수록 바
람이 잘 통하는 집에 살아야 한다.〕

밤에는 더더욱 방의 창문을 닫지 말아야 한다. 낮에는 공기가

원문(한자 병기)

비록 조흐나 오히려 혼 창(窓)을 여든지 혹(或) 혼 문(門)을 여러서 통창
(通暢)헌 데 밋지 못허느이라. 사람이 통풍(通風)허는 잇치(理致)을 아는
이 잇스나 그러나 통풍(通風)허는 창호(窓戶)가 심(甚)히 격으미 들어오는
바 람이 자못 쳡초(尖梢)[쌀 허고 차단 마리라. 외풍(外風)이 드러올 셕 틈이 조불수
록 더욱 쌀 헌이라.]하야 사람의 몸에 심(甚)히 맛당치 못헌고로 [문틈 찬바람의
엄습(掩襲)헌 비 되면 능(能)히 병(病)이 일우는이라.] 고치여 다시 젹은 창호(窓戶)도 허
고 혹(或) 젼연(全然)이 봉(封)허기도 헌이 창호(窓戶)을 크게 니면 응당(應
當) 이 폐단(弊端) 업쓸 줄을 아지 못험이라. 심상(尋常)헌 사람은 창(窓)
닷기에 익어서 상헤 질게[21] 열지 안코 병(病) 날까 두러워허는이 진실(眞
實)로 능(能)히 젹은 병(病)을 참고 강잉(强仍)하야 창(窓)을 열면 수일(數
日) 후(後)에는 크게 유익(有益)헌 곳 잇슨을[22] 씨달을인니 자차이후(自此
以後)로는 영 (永永) 닷기을 조하 안이허리라. [올이 병(病)들어 허약(虛弱)헌 사람
일수록 맛당이 바람 통(通)허는 집에 거(居)헐 써시라.]

밤에 방옥(房屋) 창호(窓戶)을 다시 맛당이 닷지 안이헐 거시라. 나졔는
공/긔(空氣)가

주석

21   『유문의학』(13a:11-12)의 대응 부분에 '尙不肯開'라 되어 있어 '질게'는 '즐
      겨(肯)'의 의미로 생각된다.
22   '잇슴을'의 오기.

현대어역

맑지 못함을 깨달았을 때 방법을 써서 맑은 기운을 얻을 수 있고 또한 움직여 다닐 수 있으므로 이곳의 기운이 맑지 못하면 다른 곳으로 갈 수 있지만, 밤에 누워 있을 때는 그러지 못하므로 가장 좋은 방법은 두꺼운 이불로 몸을 보호하고 〖결코 이불로 얼굴을 덮지 않는다. 그렇게 하면 화로 가까이에서 자는 것만큼 해롭다.〗 창문을 열어 바람을 통하게 하는 것이다. 단, 밤에 창문을 열어서는 안 되는 곳이 두어 곳 있으니 지면에서 독기가 나오면 말라리아에[23] 걸리기 쉬우므로 〖말라리아의 근원은 헤진 풀과 어질러진 짚이 볕에 쩌지고 비에 젖어 썩으면서 습한 독기가 바람을 타고 사람에게 전염되는 데 있다. 그러므로 가을 추수 때에 이 병이 가장 많고 밤에 더욱 걸리기 쉽다.〗 날이 어두워진 뒤부터 날 밝기까지는 바깥 공기를 많이 마시지 말아야 한다. 각국에 있는 더럽고 습한 곳에서 항상 이런 일이 있어서 밤에 창문을 여는 폐가 열지 않는 것보다 크므로 두

원문(한자 병기)

말지 못험을 씨달으면 가(可)히 법(法)을 써서 말근 긔운(氣運)을 어들 것시요 쏘 가(可)히 힝동(行動)허는지라 차쳐(此處)에 긔운(氣運)이 말지 못허면 가(可)히 타쳐(他處)에 일을연이와 누엇슬 씨 즉 그럿치 못헌고로 가장 묘(妙)헌 법(法)은 듯터운 이불요로써 몸을 호위(護衛)허고 【결단(決斷)코 가(可)히 이불로써 얼고을 덥지 안을 거시라. 히(害)롭기가 화로(火爐)에 갓차이 자는 것 갓튼이라.】 창(窓)을 열어 바람을 통(通)허라. 두어 곳 가(可)히 밤에 창(窓)을 여지 못헐 데 잇슨이 디면(地面)에 혹(或) 독긔(毒氣)을 발(發)허면 사람으로 흐여곰 학질(瘧疾)이 나기 쉬운즉 【학질(瘧疾) 근원(根源)은 미양 헤진 풀과 어질언 집히 벗혜 씨고 비에 써서 썩고 습(濕)한 독긔(毒氣)가 바람에 붓쳐 사람의게 전염(傳染)허는이 ㄹ럼으로 가을거둘²⁴ 씨에 이 병(病)이 가장 만코 밤에 더욱 밧기가 쉬운이라.】 날 어둔 후(後)로붓터 날 발기에 일으도록 가(可)히 박갓 공긔(空氣)을 만이 흡(吸)헐 것 안이라. 각국(各國)에 인는 바 비습(卑濕)헌 곳에 상혜 이 일이 잇서ㄹ 밤에 창(窓)을 여는 폐(弊)가 창(窓) 안이 여는 것보다 큰이 두

주석

23 원문의 '학질'은 '말라리아'를 뜻하는데 오늘날 말라리아는 말라리아 원충을 가진 모기에게 물려서 감염되는 전염병으로 알려져 있지만 이 글에서는 쌓여 있는 풀이나 짚이 물에 젖어 내뿜는 독기에 의해 발병되는 것으로 보고 있다.

24 '추수하-'의 의미로 쓰이는 '가을하-, 가을걷이하-'의 합성동사를 참고할 때, 여기서의 '가을거두-' 역시 '추수하-'의 의미로 사용된 것으로 보인다.

현대어역

경우의 해로움을 서로 비교하여 더 적은 쪽을 취해야 한다.

가난한 집에서는 창 닫기를 좋아하여 바람이 통하지 못하므로 그 방 안에 들어가면 맡기 어려울 만큼 더러운 냄새가 난다. 그 방이 지낼 만하냐고 물으면 다행히 냉풍이 없어서 괜찮다고 답하지만 그 사람을 보면 옷이 매우 얇고 먹는 음식이 마땅치 못하여 얼굴이 희고 파리하며 항상 질병이 있다. 좋은 일 하는 사람이[25] 따뜻한 옷과 두꺼운 이불을 보내주면 방 안에 바람을 통하게 해도 그 사람이 추운 줄을 모를 것이다. 이치에 밝은 사람은 항상 사람들에게 방 안에 바람을 통하게 하는 것이 중요함을 일깨워 주어야 할 것이다. 가난한 사람이 피곤하고 괴로운 까닭은 태반이 몸을 기르는 이치에 밝지 못하기 때문이다.

원문(한자 병기)

힉(害)로음을 상비(相比)햐야[26] 그 적은 거슬 취(取)허는 것시 가(可)헌이라.

가는헌 집에서 창(窓) 닷기을 됴하ᄒ야 바람이 통(通)치 못허미 그 방(房) 속에 일은즉 덜러운 닙싀 맛기 어렵고 그 방옥(房屋)이 가(可)히 거(居)헐 만헌야 물은즉 왈(曰) 다힝(多幸)이 닝풍(冷風)이 업써서 자못 편(便)타 허나 봄이 그 의복(衣服)이 심(甚)히 열고 식믈(食物)이 맛당틀 못하야 그 사람이 얼고리 희고 파려하야 상헤 딜병(疾病)이 잇슨이 됴혼 일 허는 사람은 더운 의복(衣服)과 두터운 이불요을 보니여 주면 방(房) 속에 바람을 통(通)하야도 사람이 치운 줄을 몰을 거시요 잇치(理致)에 발근 사람은 상헤 응당(應當) 사람의 방(房) 속에 바람 통(通)허는 거시 요긴(要緊)험을 권(勸)헐 거시라. 궁(窮)헌 사람의 곤(困)허고 괴로은 거시 틱반(太半)이 몸 길으는 잇치(理致)에 발지 못험을 인(因)험이라.

주석

25 '됴혼 일 허는 사람'은 남을 위해 자선을 베푸는 독지가의 의미이다.
26 '상비하야'의 오기.

현대어역

공기가 맑지 못한 까닭은 비단 동물만 이산화탄소를 내뱉는 게 아니라 동식물이 썩고 물크러질 때도 독기가 나오기 때문이다. 이미 죽은 동식물 같은 것이나 동물의 똥이 공기를 만나면 썩고 물크러져서 두어 가지 독기가 발생하는데 다행히 그 냄새가 감당하기 어려워서 사람이 가장 꺼려하므로 이러한 기운의 독은 피할 수 있다. 이런 기운을 발하는 물질이 있거든 반드시 쓸고 치워 다 없애야 한다. 이 기운이 이산화탄소보다도 더욱 독하다. 그 밖에 코로 맡아서는 알 수 없는 독기가 두어 가지 있는데 곧 은구나 측간이나 초빈 같은 곳에서 발생하는 독기이다. 만일 염화칼슘[석회를 물에 되게 탄 것이다.] 등을 쓰면 잠깐 그 해를 면할 수 있지만 근본을 제거하지는 못한다. 〖집 안의 독기를 없애고자 하거든 황산 8전과 박초 4전을 한 그릇에 같이 담으면 그 연기가 돌며 독기를 죽일 수 있다. 다만 이때 옷이 상하기 쉬우므로 먼저 거두어 감춰 두어야 한다. 유향, 감송향, 유황, 창출 등을 사르면 병자의 방 속 독기를 없앨 수 있다.〗 이런 이유로 집 안에 반드시 은구를 공기(空氣)에 말지 못헌 거시 비단 동물(動物)만 탄긔(炭氣) 토(吐)헐 쑨 안이라 쏘 동식물(動植物)이 썩고 물커짐을 인(因)하야 독긔(毒氣)가 나는이 곳 임의 주근 동식물(動植物) 갓튼 것과 혹(或) 동물(動物)의 똥이 공긔(空氣)을 만나면 썩고 물커져서 두어 가지 독긔(毒氣)을 발(發)허는이 다힝(多幸)이 그 닝시가 당(當)허기 어려워서 사람이 가장 뮈워허는고로 이 긔운(氣運)에 독(毒)헌 거슬 밧지 안는이라. 무릇 이런 긔운(氣運) 발(發)허는 물건(物件)이 잇거든 사람이 반다시 쓸고 물니쳐서 다 업시헐 거시라. 이 긔운(氣運)이 탄긔(炭氣)보다가 다시 독(毒)헌이라. 달니 두어 가지 독긔(毒氣)가 코으로 맛터서 알 수 업는 것시 잇슨이 곳 은구(隱溝)와[27] 측간(廁間)과 초빈(草殯)[28] 갓튼 곳에 다 독긔(毒氣)을 발(發)허는이 만일(萬一) 면녹(鈣綠)[29] 『석회(石灰)을 물에 되게 탄 거시라』 등물(等物)을 쓰면 능(能)히 잠간(暫間) 그 히(害)을 면(免)허나 근본(根本)인즉 제(制)허지 못허는이 『집 속에 독긔(毒氣)을 물고자 허거든 황강수(磺强水) 팔(八) 젼(錢)과 박초(朴硝)[30] 사(四) 젼(錢)을 갓치 한 그릇세 담우면 / 그 연긔(煙氣)가 훈동(燻動)하야 능(能)히 독긔(毒氣)을 죽이는이라. 다만 의복(衣服)이 상(傷)허기 쉬운이 맛당이 먼져 거두어 감추라. 유향(乳香)[31] 감송향(甘松香)[32] 유황(硫黃) 창출(蒼朮)[33] 등물(等物)을 살으면 능(能)히 병인(病人)의 방(房) 속에 독긔(毒氣)을 제(制)허는이라.』 소이(所以)로 집 안에 반다시 은구(隱溝)을

주석

27 『유문의학』(13b:13)의 대응 부분에는 '陰溝'라고 되어 있는데 지석영은 이

책에서 줄곧 '은구'라고 썼다. 지금의 하수구와 가까운 의미로 읽히는 곳도 있다.

28 장사를 치르기 전에 시신을 가매장하고 짚 등을 엮어 덮어둔 곳을 뜻한다.

29 '개록(鈣綠)'의 '丐'를 지석영이 '丏(면)'으로 잘못 읽어 '면록'으로 쓴 것으로 생각된다. 『유문의학』(13b:13)의 대응 부분에는 '鈣綠[一名鹽酸加兒叟母]'이라고 되어 있는데 이때 '鈣(개)'는 '칼슘'을 의미하는 글자로 근대에 들어 새로 만들어진 한자이다. 『유문의학』 협주의 '加兒叟母'는 '칼슘'의 음역어로 '염산칼슘'은 '염화칼슘'에 해당한다.

30 초석(硝石)을 구워 만든 약재로 주로 이뇨제로 쓰였다.

31 약재의 일종으로 유향나무의 수액을 건조하여 만든다.

32 약재의 일종으로 감송 또는 동속식물의 뿌리줄기 및 뿌리를 건조하여 만든다.

33 약재의 일종으로 삽주, 남창출, 북창출의 뿌리줄기를 건조하여 만든다.

신학신설
19b

현대어역

내어 물로 뚫어 씻어 그 독기를 흘려보내고 또 각종 더러운 것은 집으로부터 먼 곳에 내다 버려야 한다. 방을 매일 부지런히 청소하여 깨끗하게 하고 아울러 늘 사용하는 물건들을 다 씻어서 깨끗하게 하면 각종 열병과 전염병을 면할 수 있다. 네덜란드는 서양 여러 나라 중 대기가 가장 낮지만 네덜란드 사람들이 항상 방과 각종 물건을 씻어서 깨끗하게 하므로 질병에 걸리지 않는다. 집의 내외 판벽을 다 석회수로 씻으면 일체의 독기를 흩어버릴 수 있다.

대기(부록)

대기는 아무 곳에서든지 예사롭게 얻은 공기를 이르는 말로 땅 위에 있는 차고 덥고 건조하고 습한 일체의 공기에

원문(한자 병기)

닉여 물노써 뿔어 씨서 그 독긔(毒氣)을 흘니고 또 각종(各種) 덜어운 물건(物件)은 운젼(運轉)ᄒᆞ야[34] 먼 곳데 버리라. 방옥(房屋)을 소쇄(掃灑)ᄒᆞ야 날노 부즐언이 정결(淨潔)케 허고 아울러 일용(日用)허는 물건(物件)을 다 씨서 졍(淨)케 허면 능(能)히 각종(各種) 발열(發熱)허는 병(病)과 밋 별종(別種) 온역병(瘟疫病)을 면(免)허는이라. 하란국(荷蘭國) 갓튼 데는 디긔(地氣)가 틔서(泰西) 각국(各國) 중(中)에 가장 나즌나 그러나 하란(荷蘭) 사람이 상헤 방옥(房屋)과 다못 각종(各種) 물건(物件)을 씨서〻 졍(淨)케 험으로 질병(疾病)을 면(免)허는이라. 무릇 집 속에 닉외(內外) 판벽(板壁)을 다 석회(石灰) 물노써 씨스면 능(能)히 일체(一切) 독긔(毒氣)을 흣트는이라.

디긔(地氣) 부(附)

디긔(地氣)라[35] 허는 말은 아무 곳시던디 심상(尋常)이 어든 바 공긔(空氣)을 일음인니 무릇 짜 우히 잇는 바 닝열(冷熱) 조습(燥濕)과 아울러 일쳬(一切) 공긔(空氣)로 더/부러

주석

34 '운젼하-'는 '옮기-'의 의미로 해석된다. 오늘날 '운전(運轉)하-'는 '기계나 자동차 따위를 움직여 부리다'와 같이 영어의 'drive'의 의미로 많이 쓰이고 있으나, 게일(1987)에 '운젼(運轉)ᄒᆞ-'가 'transport'로 기술되어 있다는 점에 주목한다면 이때의 '운젼하-'는 '옮기다'로 번역하는 것이 적절하다.

35 게일(1897)에서는 '디긔'를 'climate'로 번역하고 있어, 당시에는 '디긔'가

'기후'의 의미로 쓰였음을 짐작할 수 있다. 사전의 이러한 기술은 게일
(1911), 게일(1931)까지 이어진다. [게일(1897:663) 디긔 地氣: The climate]
하지만 이 책에서는 '기후'보다는 '대기'에 가까운 의미로 쓰여 현대어역에
서는 '대기'로 풀이하였다.

현대어역

관계되는 것을 다 대기라고 한다.

낮고 습한 땅은 사람이 살기에 적합하지 않고 높고 건조한 땅은 사람이 살기에 적합하다. 높고 건조한 곳에는 부란질[썩고 문드러진 물질이라는 말이다.]을 머금은 물이 없고 각종 독기가 다 지면에 있어서 위로 올라가지 못하며 항상 바람이 있어서 공기가 잘 섞인다. 또한 나무 등 햇빛을 가리는 것이 없고 공기의 누르는 힘이 더 약해서 『땅 위의 사방 한 치에 공기의 누르는 힘이 15방[36]『112.6돈은 1방이다.[37]』이나 사람이 공기 속에 있으면서도 공기의 누르는 힘을 느끼지 못하는 것은 상하좌우의 누르는 힘이 골고루 같기 때문으로 물에 들어갔을 때처럼 사람이 스스로 그 힘을 깨닫지 못하는 것이다.』 이로 인해 몸이 더 편안하고 마음이 즐거우며 소화 등 몸속의 작용에 힘이 덜 든다. 하지만 너무 높은 곳은 좋지 않으니 공기가 적고 기온이 더욱 차기

원문(한자 병기)

상관(相關)되ᄂᆞᆫ 일을 다 일으되 디긔(地氣)라.

비습(卑濕)헌 ᄯᅡ에 사람이 맛당이 거(居)헐 것 안이요 놉고 조(燥)헌 곳세 거(居)험이 합당(合當)헌이 놉고 조(燥)헌 곳세는 부란질(腐爛質)〚썩고 물커진 물건(物件)이란 마리라.〛을 머금운 물이 업고 각종(各種) 독긔(毒氣)가 다 디면(地面)에 잇서〻 능(能)히 우희로 올으지 못허고 상헤 바람이 잇서〻 공긔(空氣)로 ᄒᆞ여곰 조화(調和)허고 수목(樹木) 등물(等物) 일광(日光) 가리ᄂᆞᆫ 것시 업고 공긔(空氣)의 눌른ᄂᆞᆫ 심이 다시 적음미 〚ᄯᅡ 우희 사방(四方) ᄒᆞᆫ치에 공긔(空氣) 눌른ᄂᆞᆫ 심이 십오(十五) 방(磅)〚십일양육전이위일방(十一兩六錢以爲一磅)라.〛이나 사람이 긔운(氣運) 속에 잇서〻 긔운(氣運)에 눌른ᄂᆞᆫ 심이 잇슴을 ᄭᆡ닷지 못험은 문듯 상화좌우(上下左右)가 고루〻[38] 갓틈을 인(因)험인니 물이 몸에 혼침(混沈)헌 것 갓터서 사람이 스〻로 그 세(勢)을 ᄭᆡ닷디 못허ᄂᆞᆫ이라.〛 일을 인(因)하야 사람의 몸이 다시 편(便)험을 ᄭᆡ달어 심중(心中)이 쾌락(快樂)허고 몸속에 소화(消化) 등(等) ᄉᆡ(事ㅣ)가 다시 능(能)히 심을 더나 그러나 과(過)히 놉흔 곳슨 ᄯᅩᄒᆞᆫ 맛당치 못헌이 공긔(空氣)가 담박(淡泊)허고 다시 닝(冷)험을

주석

36 여기서 ‘방’은 ‘파운드(pound)’에 해당한다.

37 112.6돈은 422.25g으로 1파운드의 무게와 유사하다. 1기압의 압력을 무게로 환산한 것으로 추정된다.

38 ‘골고루’의 의미이다. ‘골고루’는 반복합성어인 ‘고루고루’의 준말로서 선

행 구성성분의 일부가 생략된 채로 단어를 형성한 것이다. 이와 비교할 때 문헌에서 관찰된 '고루루'는 후행 구성성분의 일부가 생략된 점에서 오늘날과 차이가 있다. 함경도 방언형인 '고루루'도 참고가 된다.

현대어역

때문이다. 만일 산의 높이가 수천 척이면 동물은 산소가 부족하여 살 수 없다.

공기의 습도도 사람의 몸과 상관이 있다. 시골에는 나무와 화초가 많아서 공기가 습하고 〖이러한 이유로 서양에서는 나무를 심어 비를 이끌어 냄으로써 가뭄을 면한다.〗 도시에는 나무가 매우 적고 방에 화로가 많아서 공기가 뜨겁고 건조하므로 시골의 공기가 도시보다 습하고 해변의 공기가 내륙보다 습하다. 〖해변의 공기는 물에 가까우므로 물이 그 독기를 거두어 주고 해변에 부는 바람이 물기를 거둬서 공기를 습해지게 한다. 또 해변의 공기는 전기를 띤 브롬을 많이 머금고 있는데 이를 브롬 산화물이라고 하며 사람의 정신을 자극하는 성질이 있다. 또한 해변에서 부는 바람은 아주 가는 소금을 머금고 있으므로 사람의 몸에 유익하다.〗 섬사람의 체질을 내륙 사람과 비교해 보면 서로 같지 않은데 사람의

인(因)험이라. 만일(萬一) 산(山)이 놉기 수쳔(數千) 쳑(尺)이면 동물(動物)이 양긔(養氣)을 어듬이 부족(不足)헌고로 능(能)히 사지 못허는이라.

공긔(空氣)에 조습(燥濕)이 사람의 몸으로 더부러 상관(相關)이 잇스니 무릇 향간(鄉間)은 수목(樹木)과 화초(花草)가 만어서 공긔(空氣)로 ᄒᆞ여곰 능(能)히 습(濕)허게 허고 〖소이(所以)로 서국(西國)은 나물을 심어 비을 익그러서 능(能)히 한진(旱災)을 면(免)허는이라.〗 셩즁(城中)은 수목(樹木)이 심(甚)히 젹고 방옥(房屋)에 화로(火爐)가 만음민 능(能)히 공긔(空氣)로 하여곰 조열(燥熱)하게 하는고로 향간(鄉間)에 공긔(空氣)가 셩즁(城中)보다 습(濕)허고 ᄒᆡ변(海邊)에 공긔(空氣)가 ᄂᆡ디(內地)보다 습(濕)헌지라. 〖ᄒᆡ변(海邊)에 공긔(空氣)가 상혜 물에 갓차우민 물이 능(能)히 그 독긔(毒氣)을 거두고 ᄒᆡ변(海邊)에 부는 바 ᄇᆞ람이 인(因)하야 수긔(水氣)을 거둬서 공긔(空氣)로 ᄒᆞ여곰 변(變)ᄒᆞ야 습(濕)ᄒᆞ게 하고 또 ᄒᆡ변(海邊) 공긔(空氣)가 만이 젼취긔(電臭氣)을[39] 먹음어슨니 이 기운(氣運)이 일명(一名)은 취양긔(臭養氣)라[40] 능(能)히 사람의 졍신(精神)을 감동(感動)허고 또 ᄒᆡ변(海邊)에 부는 바 ᄇᆞ람 속에 극(極)키 간은 소금을 먹음운고로 또흔 사람의 몸에 유익(有益)헌이라.〗 ᄒᆡ도(海島) 사람의 그 쳬질(體質)을 ᄂᆡ디(內地) 사람의게 비교(比較)허면 갓지 안는이 사람/의

주석

39 '젼취긔'는 '젼-취긔'로 분석되며, 전기를 띤 브롬의 뜻이다. '브로민(Bromine)'으로도 불리는 브롬은 자극적인 냄새를 발생시키는데 그 이름은 '악취'를 뜻하는 그리스어 '브로모스(Bromos)'에서 유래된 것이다. 여기서

쓰인 '臭氣'도 악취가 나는 기체라는 뜻이다. 브롬은 바다, 호수, 강에 많이
녹아 있다.

40 '취양기(臭養氣)'는 '취기(브롬)'와 '양기(산소)'의 화합물로, 브롬은 쉽게 산
화되는 성질이 있다.

신학신설
21a

현대어역

몸이 건강하고 모습이 아름답기 위해서는 공기가 약간 습한 곳에서 살아야 하고 그렇게 하면 장수에도 도움이 된다. 프랑스와 독일은 대체로 대기가 건조하다. 이런 이유로 사람이 늙기 전에 쇠한 형상이 있고 수명도 더 짧다.

대기가 너무 습하면 사람의 정신이 활발치 못한데 이는 토지가 습하면 속에 항상 썩고 문드러진 물질이 있어서 냄새가 나기 때문이다. 냄새가 나는 곳에는 열병과 말라리아가 많다.

산이 있어서 바람이 막힌 곳은 공기가 잘 흐르지 못해 다른 곳의 대기와 섞이지 못하므로 이러한 땅은 물이 깨끗하지 않으며 이런 곳에서 오래 살면 각종 병이 생긴다. 『그러나 몸이 강(强)허고 모양(模樣)이 아름답쇼자 허거든 반다시 젹이 습(濕)헌 공긔(空氣) 가온더 거(居)허면 쏘흔 능(能)히 장수(長壽)허는이라. 곳 법국(法國)과 다못 일이만국(日耳曼國) 티반(太半)이 그 디긔(地氣)가 간조(乾燥)흔지라. 소이(所以)로 사람이 릉기 젼(前)에 쇠(衰)헌 형상(形狀)이 잇고 연수(年數)가 더욱 단쵹(短促)헌이라.

디긔(地氣)가 넘우 습(濕)허면 사람으로 흐여곰 졍신(精神)이 썰치지 못허는 거슨 토디(土地)가 습(濕)헌즉 상혜 썩고 물커진 물건(物件)이 속에 잇셯 님시을 발(發)험을 인(因)험인니 님시 발(發)허는 고슨 열병(熱病)과 밋 학질(瘧疾)이 만은이라.

무릇 산(山)이 잇셯 바람을 가리운 고슨 공긔(空氣)가 심(甚)히 유동(流動)치 못하야 타쳐지긔(他處之氣)로 더부러 조균(調均)허지 못허는잏 러헌 쏜은 물이 쏘흔 아름답지 못흐야 오러 거(居)헌즉 상혜 각(各) 병(病)이 나는이 [그러/ᄂ

현대어역

동풍은 건조하여 병이 있거나 몸이 약한 사람은 견디기 어렵고 동북풍은 차고 건조해 더욱 견디기 어려우므로 이러한 바람이 없는 곳이어야 대기가 살기에 적합하다고 할 수 있다.〕〔사람이 동풍을 맞으면 병이 생기고 북풍이나 동북풍, 서북풍이 제때가 아닐 때 일어난 날 거리나 시장에 다니면 눈병이 난다.〕 스위스 융프라우 같은 데는 산골짜기가 많아 공기가 잘 흐르지 못하는 폐가 있기에 병자가 매우 많으며 간질, 정신병, 혹이 돋는 병, 임파선염 같은 것이 유전되는 경우가 있다.

이처럼 산으로 둘러싸인 곳은 대기가 깨끗하지 않고 낮고 습한 곳의 대기는 더욱 좋지 못하다. 영국에는 곳곳에 말라리아가 많고 이탈리아에는 열병이 많고 아프리카 서편에는 항상 전염병이 심한데 이는 공기 중에 독기가 있고 그 독기가 지면에 가까이 있기 때문이다. 어떤 사람이 이르기를 밤에는 독기가 이슬과 함께 내리므로

원문(한자 병기)

동풍(東風)은 조(燥)하야 유병인(有病人)과 밋 잔약인(孱弱人)이 밧기 얼엽고 동북풍(東北風)은 닝(冷)허고 조(燥)허미 다시 당(當)허기 얼여운이ᆞ 바람 업는 고시 가위(可謂) 디긔(地氣)가 합당(合當)헌이라.〕〔동풍(東風)을 촉모(觸冒)허면 사람으로 하여곰 병(病)이 일우고 혹(或) 북풍(北風)과 다못 동북서북풍(東北西北風)이 비시(非時)에 이러눌 씨에 걸리와 져자에 단이면 다 하여곰 눈병(病)이 나는이라.〕 곳 서사국(瑞士國)과 다못 살부[41] 갓튼 데는 산곡(山谷)이 젹지 안어서 공긔(空氣)가 심(甚)히 유동(流動)치 못허는 폐(弊) 잇기로 병지(病者ㅣ)가 심(甚)히 만은이 지알병(病) 밋친병(病)[42] 혹 돈는 병(病)[43] 나럭병(瘰癧病)[44] 갓튼 거시 디(代)을 젼(傳)허는 지(者ㅣ) 잇는이라.

일노 말마야마 모든 산(山) 옹위(擁衛)헌 곳에 디긔(地氣)가 아름답지 못허고 비습(卑濕)헌 곳에 디긔(地氣)가 다시 됴치 못험을 가(可)히 알리로다. 곳 영국(英國) 갓튼 데 수쳐(數處)에 학질(瘧疾)이 심(甚)히 만은 데 잇고 의디리국(意大利國) 수쳐(數處)에 열증(熱症)이 마는 데 잇고 아비리가(阿非利哥) 서편(西便)에 상혜 큰 온역병(瘟疫病)이 잇슨이 공긔(空氣) 중(中)에 독긔(毒氣)가 잇서ᆞ 독긔(毒氣)가 디면(地面)에 갓차움을 인(因)험이라. 사람이 일으는 이 잇스되 밤에 독긔(毒氣)가 이슬로 더부러 갓치 나/리는고로

주석

41　19세기 말 20세기 초 한국 문헌에서 '살부'의 용례를 찾지 못해 대응 한자를 확정할 수 없었다. 『유문의학』의 대응 부분에서 '薩浮'로 적고 있으며

이는 '융프라우'를 뜻하기 때문에 현대어역에 이를 반영하였다.

42 『유문의학』(15b:4)의 대응 부분을 보면 '顚狂, 瘰瘤, 瘰癧'이라고 하였는데
지석영이 '顚狂'의 '顚'을 '지알병'으로, '狂'을 '밋친병'으로 나누어 번역하
였다.

43 『유문의학』(15b:4)에 '瘰瘤'라고 되어 있는데 '영류'는 멍울이나 혹이 자라
는 증세를 의미한다.

44 여기서는 반모음이 탈락한 형태로 쓰였지만 뒤에서는 '나력병'으로 나온다.
나력병은 임파선염에 해당하는 한방의 병명이다.

현대어역

낮에 비해 독기가 더욱 많다고 한다. 이 독기의 근원은 지면이 항상 습하고 마르지 않기 때문에 식물붙이가 썩고 문드러져서 냄새를 발생시키는 데 있다. 이를 방지할 한 가지 방법이 있으니 개골창을 뚫고 물을 끌어서 강이나 바다로 방출시키고 지면에 화초를 많이 심는 것이다. 한편 땅이 별로 낮고 습하지 않는데도 독기가 매우 많은 기이한 경우가 있는데, 이는 땅속 매우 깊은 곳에 있는 오래된 노위[갈대 같은 종류이다.]나 청태[이끼 같은 것이다.]나 초목 등이 점점 썩어서 공기가 더워질수록 독기를 점점 많이 내보내기 때문으로 의심된다. 공기가 별로 덥지 않은 곳은 땅 밑에 묻힌 물질에서 비록 독기가 나오더라도 그 양이 많지 않다. 영국 대진[대도회라는 말이다.] 리버풀이라 불리는 곳에서는 은구를 내지 않아 악취가 심해서 이로 인해 매년 죽는 사람이 만여

원문(한자 병기)

낫제 비(比)ᄒᆞ야 다시 만타 헌이 이 독긔(毒氣) 근원(根源)은 디면(地面)이 상헤 습(濕)ᄒᆞ고 말으지 안음을 인(因)ᄒᆞ야 식물(植物)붓치가 썩고 물커져서 넘식을 발(發)험이라. 다만 한 법(法)이 잇슨이 긔쳔(川)을 열고 물을 썁아서[45] 강희지중(江海之中)에 방출(放出)허고 디면(地面)에 만이 화초(花草)을 심우라. 가장 긔(奇)헌 거슨 수쳐(數處)에 ᄯᅳ히 심(甚)이 비습(卑濕)허지 아는나 독긔(毒氣) 심다(甚多)헌 데 잇슨이 의심(疑心)컨던 토디(土地) 극(極)히 깁흔 밋테 적구(積久)헌 노위(蘆葦)『갈디 갓튼 유(類)라.』와 청틔(青苔)『뎃장[46] 갓튼 게라.』와 초목(草木) 등물(等物)이 잇서ᄭ 날노 졈ᄭ(漸漸) 썩어서 공긔(空氣)가 더울수록 독긔(毒氣)가 졈ᄭ(漸漸) 마는 것시라. 공긔(空氣) 심(甚)히 덥지 아는 고슨 짱 밋테 뭇친 물건(物件)이 독긔(毒氣)가 비록 발(發)하야도 만치 안이헌이라. 영국(英國) 딕진(大鎭)『딕도회(大都會)란 마리라.』 입발부(立八府)라 일음허는 데 은구(隱溝)을 통(通)치 못ᄒᆞ야 취악지긔(臭惡之氣)가 심(甚)히 만어서 이을 인(因)ᄒᆞ야 믹연(每年)에 죽는 징(者ㅣ) 만여(萬餘)

주석

45 '썁아서' 오기. 『유문의학』(15b:10)의 대응 표현은 '引'으로 '썁-'은 물을 끌어온다는 의미로 해석된다.

46 '뎃장'의 뜻은 알 수 없지만 '청태(青苔)'를 통해 추정해 볼 때 이끼를 말하는 것으로 생각된다.

현대어역

명이었다가 개구〔개천을 내어 물을 뽑는다는 말이다.〕 등의 방법을 쓴 뒤 2년 만에 사망자 수가 3,750명이 줄었으니 어찌 인명을 구하는 좋은 방법이 아니겠는가?

대도시의 대기는 시골에 미치지 못하니 곧 영국 시골 같은 데는 매년 1,000명 중 죽는 자가 17명이지만 런던〔영국의 서울〕 도시에서는 비록 여러 가지 병 안 날 방법을 써도 매년 1,000명 중 죽는 자가 20명이고 때에 따라 21명도 되고 22명도 된다. 프랑스의 수도 파리가 영국 수도보다 더하고 오스트리아의 수도 비엔나가 프랑스 수도보다 더하니 다만 런던 한 곳만 가지고 의논을 해도 매년 1,000명 중에 시골보다 서너 명이 더 죽는다. 런던의 인구가 총 350여 만 명인데 1년 내에 그릇 죽는 자가 만여 명이 됨을

원문(한자 병기)

인(人)일언이 긔구(開溝)〖긔쳔(川)을 닉여 물을 쏩단 마리라.〗 등(等) 법(法)을 쓰[47]
후(後) 이(二) 연(年) 만에 사망지수(死亡之數)가 삼쳔칠빅오십(三千七百五
十) 인(人)이 젹근이 엇지 인명(人命)을 구(救)허는 양법(良法)이 안일야.
디셩지닉(大城之內) 디긔(地氣)가 향간(鄕間)에 밋디 못허는이 곳 영국(英
國) 시골 갓튼 데는 민연(每年) 일쳔(一千) 인(人) 중(中)에 죽는 지(者ㅣ)
십칠(十七) 인(人)이요 윤돈(倫敦)〖영국(英國) 서울〗 셩닉(城內)에는 비록 열어
가지 병(病) 안이 날 법(法)을 쓰나 민연(每年) 일쳔(一千) 인(人) 중(中)에
죽는 지(者ㅣ) 이십(二十) 인(人)이요 혹시(或時)[48] 이십일(二十一) 인(人)도
되고 이십이(二十二) 인(人)도 되며 법국(法國) 서울 파륵(巴勒)이[49] 영국(英
國) 서울에 진나고 오국(奧國) 서울 유야납(維也納)이 쏘 법국(法國) 서울
에서 진나니 만일(萬一) 다만 윤돈(倫敦) 한 곳만 의논하야도 민연(每年)
일쳔(一千) 인 중(中)에 시골보다 삼사(三四) 인(人)이 더 죽은이 윤돈(倫敦)
인수(人數)가 통계(統計)하야[50] 삼빅오십여(三百五十餘) 만(萬)이라. 일연지
닉(一年之內)에 그릇 죽는 지(者ㅣ) 만여(萬餘) 인(人)이 됨을

주석

47 '쓴'의 오기.

48 『유문의학』(16a:10)의 대응 표현은 '有時'이다.

49 '파리(Paris)'는 19세기 말 20세기 초 문헌에서 '파려, 파려셔, 파리, 파리스,
퍼리스', '巴黎, 波黎, 巴黎西, 巴里' 등으로 쓰였는데(이한섭 외 2017) 이 책

에 나타난 '파륵'은 다른 문헌에서는 거의 보이지 않는 형태이다.

50   『유문의학』(16a:14)의 대응 표현은 '共計'로 여기서 '통계'는 '합계'의 의미
      에 가깝다.

신학신설
23a

현대어역

알 수 있으니 이렇게 목숨을 잃는 것은 태반 공기가 맑지 못한 까닭이다. 또 도시에 사람이 많이 사는 곳에서는 시골에 비해 죽는 어린아이가 갑절이 되니 인구가 밀집된 지역에서 어린아이가 병에 많이 걸린다는 것을 알 수 있다. 이에는 반드시 그 이유가 있을 것인데 반드시 자세히 연구하여 예방해야 할 것이다.

〖집이 낮고 밀집하여 바람이 통하지 못하든지 개천과 은구가 고이고 막혀서 자는 곳이 축축하든지 똥과 두엄이 쌓여 더러운 냄새가 올라오든지 하여 항상 독기를 맡고 지내면 사람의 몸이 약해지고 독기가 다 피로 들어가 병이 되므로 황달, 이질, 폐결핵, 회충, 눈병, 골습[51], 임파선염, 단독[52], 말라리아, 건나[53], 콜레라[54], 괴창[55], 장티푸스[56] 같은 병에 걸리는 폐단이 있다.〗

사람이 많이 사는 지역의 경우 큰 골목 사이의 작은 골목들은 바람이 잘 통하지 않아 질병을 면하기 힘들고, 큰 성의 변두리에서는 맑은 물을 얻기 어려우며 있더라도 넉넉히 쓰지 못하므로 더러운 물건을 씻기 어렵다. 도시에서 개구와 충구〖물로 은구를 씻는다는 말이다.〗는 다 중요한 기

능을 한다. 만일 대도시에 깊은 은구를 만들고 거리와 골목을 넓히며
집을

원문(한자 병기)

가(可)히 알진니 일어헌 낭명(落命)은 틱변(太半)[57] 공긔(空氣)가 말지 못헌
연괴(緣故 ㅣ)요 쏘 성즁(城中) 사람 만이 사는 곳에 죽는 바 얼인아히가
시골에 비(比)하야 갑절이 된이 거민(居民) 조밀(稠密)헌 쏜에 능(能)히 얼
인아히로 하여곰 다병(多病)케 험을 가(可)히 알지라. 반다시 그 연괴(緣
故 ㅣ) 잇슬인이 불가불(不可不) 자서(仔細)이 궁구(窮究)하야 예방(豫防)헐
것시라.

〔혹(或) 방옥(房屋)이 낫고 협착(狹窄)하야 풍긔(風氣)을 통(通)치 못허던지 혹(或) 긔쳔(川)과 은구(隱溝)가
고이고 믹켜서 자는 곳시 누습(漏濕)허던지 혹(或) 쏭과 두엄이 씨여 더러운 님시 쎠올던지 상혜
독긔(毒氣)을 맛트면 사람으로 하여곰 몸이 약(弱)하야 독긔(毒氣)가 다 능(能)히 피로 드러가 병(病)이
일우는이 / 미양 황달(黃疸) 니질(痢疾) 노졈(癆漸~勞漸) 회충(蛔蟲) 눈병(病) 골습(骨濕) 나력(瘰癧) 단독(丹毒)
학질(瘧疾) 건나 괴질(怪疾) 괴창(怪瘡) 염병(染病) 갓튼 폐단(弊端)이 인는이라.〕

무릇 사람 만이 사는 곳에 큰 골묵 사이 젹은 골묵에 능(能)히 바람 긔
운(氣運)을 만이 통(通)치 못하야 사람이 병(病)을 면(免)치 못허고 디셩지
식(大城之塞)에 말근 물을 엇기 얼엽고 곳 잇쓸리도 쏘흔 넝넉키 쓰지 못
허는고로 더러운 물건(物件)을 씻지 못훈는이 무릇 긔구(開溝)와 다못 츙
구(衝溝)〔믈로 은구(隱溝)을 씻단 마리라.〕가 다 셩닉(城內)에 요긴(要緊)헌 일이 되
는이라. 만일(萬一) 디셩(大城) 닉(內)에 능(能)히 깁흔 은구(隱溝)을 열고

거리와 골목을 너글업게 허고 방옥(房屋)/이[58]

주석

51   뼛속에 습기가 스며들어 정강이 뼈 속이 아프고 저린 병을 말한다.

52   피부 또는 점막부의 상처로 세균이 들어가 생기는 급성 전염병을 말한다.

53   병명에 해당하나 그 의미를 알 수 없다.

54   '괴상한 질병'이라는 의미의 '괴질(怪疾)'은 원인을 알 수 없는 전염병을 뜻
      하기도 하며 콜레라를 뜻하기도 한다. 여기서는 구체적 병명을 제시한 맥
      락이므로 콜레라로 보았다.

55   '괴창'의 의미는 자세히 알 수 없으나 '괴질'의 의미로부터 유추해 보면 원
      인을 알 수 없는 부스럼을 뜻하는 것으로 생각된다.

56   '염병(染病)'은 전염병을 뜻하기도 하고 장티푸스를 뜻하기도 한다. 여기서
      는 구체적 병명을 제시한 맥락이므로 '장티푸스'로 보았다.

57   '티반'의 오기.

58   이 문헌에서 '방옥(房屋)'은 대부분 '방'의 의미로 쓰였지만 여기서는 '집'
      의 의미로 쓰였다.

현대어역

밀집하지 않게 하면 맑은 기운이 많고 더럽고 흐린 기운이 적어서 시골
에 사는 것과 약간 비슷해질 것이다.

은구가 비록 나쁜 물질을 방출해 공기를 맑게 하지만 때로 공기가 흐
려도 코로 깨닫기 어려운 경우가 있으므로 사람과 가축이 사는 곳에
바람이 통하지 않으면 공기가 맑지 않아 병이 많아진다. 이것이 매우
알기 쉬운 이치이지만 사람이 늘 대수롭지 않게 여기니 참으로 탄식할
일이다.

서양에서 철기를 만드는 곳의 장인들이 모두 일찍 죽는 일이 있었다.
의원이 배를 째고 시험해 보니 모두 폐가 썩고 문드러져 있었다. 그 이
유를 알 수 없다가 어떤 과학자가 쇳가루가 날리는데 장인들이 이를 들
이마셔

협착(狹窄)허지 안으면 말근 긔운(氣運)이 만코 덜업고 흘인 것시 적거서 시골 거(居)헌 자(者)로 더부러 약간(若干) 갓틀리라.

은구(隱溝)가 비록 능(能)히 악물(惡物)을 방출(放出)하야 공긔(空氣)로 ㅎ 여곰 말쎄 허나 그러나 쩌로 공긔(空氣)가 비록 흘려도 코으로 씨닷기 어려움미 잇스니 무릇 사람과 육축(六畜)[59] 소거지쳐(所居之處)에 바람을 콩(通)치[60] 못헌즉 긔운(氣運)이 말지 못하야 사람으로 하여곰 다병(多病) 헌이 이거시 엿고 알기 쉬운 잇치(理致)연마는 사람이 미양 홀져(忽諸)이 너긴이 참 가(可)히 탄식(歎息)허겟쏘다.

서국(西國) 철긔(鐵器) 믄드는 곳에 공장(工匠)이 다 촉수(促壽)허거를 의 원(醫員)이 찌고 시험(試驗)헌이 미양 폐경(肺經)이 썩고 물커진지라. 그 연고(緣故)을 알 수 업던이 방물(博物)허는 쟈(者ㅣ) 잇쓰서 의심(疑心)허 되 쇠쌰루가 느러 공장(工匠)이 호흡(呼吸)하/야

주석

59 집에서 기르는 대표적인 여섯 가지 가축으로, '소, 말, 양, 돼지, 개, 닭'을 이른다.

60 '통(通)치'의 오기.

현대어역

쇳가루가 폐에 들어가 생긴 병인가 의심하였다. 그래서 각자 한 조각의
철면구[쇠로 만든 얼굴 가리는 탈이다.]를 쓰도록 하니 그 후 비로소 근심을 면
하게 되었다. 장인들이 물건을 만들어 먼지가 나는 곳에 질병이 많으니
이 이치를 반드시 알아야 한다. [말라리아, 폐결핵, 이질, 농창, 소아뇌염, 임질, 가벼운
천식, 두통, 임파선염, 대하증 등의 증상이 오래도록 낫지 않을 경우 반드시 물과 토질을 고치고 맑
은 공기를 많이 쐬어야 한다. 폐결핵, 임파선염, 소아뇌염 같은 종류는 해변으로 옮겨 사는 편이 더
욱 좋다.]

도시에 사는 사람은 며칠마다 한 번씩 시골에 가서 마시는 대기를 바꿔
주는 것이 좋다. 해가 지도록 일하는 때가 많은 사람은 매일 한두 시간
을 정해 놓고 공광처[비고 넓은 곳이다.]에 가서 약간 힘쓸 일을 하되 걷는
것이 가장 좋고 말 타는 것이 그다음이다. 만약 걷지도 않고 말도 타지
않고 힘도 쓰지 않으면서 병이 났을 때 대기가 맞지 않는 까닭이라고
한다면 대기를 그 허물로 삼을 수 없을 것이다. 근래 영국에서 단련[군대

의 기예 같은 것이다.]을 시행하고 있는데 도시의 많은 소년들이

폐경(肺經)에 드러가 일운 빈가 하야 각々(各各) 한 쪼각 쳘면구(鐵面具)[쇠로 만든 얼골 가리는 탈이라.]을 쓴 연후(然後) 비로소 그 근심을 면(免)헌이 딕기(大蓋) 장식(匠色)이 물건(物件) 만들러 몬지61 느는 곳에 질병(疾病)이 마느니 이 잇치(理致)을 불가불(不可不) 알 거시라. 〖학질(虐疾) 노졈(癆漸~勞漸) 니질(痢疾) 롱창(膿瘡)62 동자뇌염(童子腦炎)63 임질(淋疾~痳疾)64 쳔긔(喘氣)65 양두풍(兩頭風)66 나력(瘰癧) 딕하(帶下)67 등(等) 증(症)의 올이 낫지 안는 자(者)는 다 맛당이 수토(水土)을 곳치고 말근 긔운(氣運)을 만이 어들 거시라. 노졈(癆漸~勞漸) 나력(瘰癧) 동자뇌염(童子腦炎) 갓튼 유(類)는 히변(海邊)에 옴기여 거(居)허는 거시 더욱 묘(妙)헌이라.〗

성중(城中)에 거(居)허는 지(者ㅣ) 수일(數日)마다 시골에 한 번(番) 일으러 딕긔(地氣)을 박구는 거시 묘(妙)한이라. 만일(萬一)々허는 쩌가 자조 지만(至晚)허드록 동(動)헐 수 업는 자(者)는 믹일(每日)에 일이(一二) 각(刻)을68 졍(定)흐야 공광쳐(空廣處)[비고 널은 곳시라.]에 힝(行)하야 약간(若干) 심날 일을 허되 보힝(步行)이 위상(爲上)이요 말 타는 거시 다음인니 만일(萬一) 힝노(行路)도 안코 말 타지도 안코 심녀지도 안코 병(病) 엇기을 딕긔(地氣) 불합(不合)헌 연긔(緣故ㅣ)라 일으면 딕긔(地氣)가 그 험물을 맛지 안르리라. 글니(近來) 영국(英國)에서 자못 달연(團練)[병뒤(兵隊) 기예(技藝) 갓튼 거시라.]을 힝(行)허믹 성중(城中) 소연(少年)들/리

61 '먼지'의 의미이다. 19세기에는 '몬지'와 '먼지'가 둘 다 쓰였다. '몬지'는
    강원, 경기, 경북, 전남, 제주, 충청에서 사용되는 방언으로 전국적으로 사
    용 비중이 높은 형태이다.

62 피부 아래 궤양이 생기고 피부 표면에 고름이 생기거나 딱지가 앉는 피부
    병이다.

63 여기서 '동자'의 의미를 정확히 알 수 없으나 문맥상 후행하는 '뇌염'을 수
    식하는 '동자(童子)'로 보고 '동자뇌염'을 '소아뇌염'으로 풀이하였다.

64 임균의 감염으로 일어나는 성병이다.

65 천식(喘息)의 증세가 가볍게 나타나는 상태를 이른다.

66 '두풍(頭風)'은 두통이 계속되는 증상을 말한다. 한의학에서 오른쪽이나 왼
    쪽의 어느 한 편에 두풍이 나타나는 것을 '편두풍(偏頭風)'이라 하므로 여기
    서 '양두풍'이라 한 것은 양쪽이 모두 아픈 증상을 말하는 것으로 생각된다.
    현대어역을 할 때는 편두통이 아닌 일반 두통으로 보고 풀이하였다.

67 여성의 생식기에서 희거나 누런 액체 분비물이 나오는 병이다.

68 이는 시간의 단위로, 1각은 약 15분 동안을 가리킨다. 본래 시헌력(時憲曆)
    을 채택하기 이전에 하루의 100분의 1이 되는 14분 24초 동안을 나타내던
    단위였다.

현대어역

기쁘게 참여하고 있다. 한가할 때는 몸에 힘도 기르고 총과 대포도 쏘며 시골에도 가고 진 치는 법도 익히며 성 밖의 공기를 많이 마시므로 오늘날 도시의 소년들이 옛적 소년들보다 더욱 건강하다.

원문(한자 병기)

만이 허기을 깃거하야 한가(閑暇)헐 쩌는 혹(或) 몸에 심도 익키며 혹(或) 총(銃)과 디포(大砲)도 노으며 혹(或) 시골에도 힝(行)허며 혹(或) 진법(陳法)도 익키여 만이 성외(城外)에 공긔(空氣)을 언는고로 이러 성중(城中) 소연(少年)이 다시 예쩍보다 강(强)헌이라.

'공기'에 나타난 국어학적 특징

1) 한자음

구개음화	◎ **효물(燒物)**〈13a〉 '소(燒)'를 '효'로 적은 것으로, ㅎ구개음화에 대한 과도 교정 표기이다. ◎ **디면지식물(地面之植物)을**〈13b〉 '地'는 '디>지'의 변화를 겪었는데 여기서는 구개음화 이전 음을 사용하였다. 이는 『자전석요』의 규범음과 같은 것이다. ◎ **긱졈(客店)**〈17a〉 '店'을 '뎜>졈'과 같이 구개음화된 음으로 적은 것이다. 『자전석요』는 설두음 端母인 '店'의 규범음을 '뎜'으로, 현실음을 '졈'으로 제시하였다. ['반모음' 참고] ◎ **딜병(疾病)이**〈18b〉 '질(疾)'을 '딜'로 적은 것으로, ㄷ구개음화에 대한 과도 교정 표기이다.
두음법칙	◎ **달연(團練)을**〈24a〉 '鍛練'이 '단련 → 달련 → 달연'과 같은 과정을 거쳐 표기된 것으로, '練'이 어두에서 '련 → 년 → 연'으로 변화되는 것을 의식하여 어중에서도 '연'으로 적은 것이다.
반모음	◎ **긱졈(客店)**〈17a〉 '졈'은 치찰음 아래에서의 반모음 /j/의 탈락을 반영하지 않았다. ['구개음화' 참고] ◎ **상화좌우(上下左右)가**〈20a〉 '하'에 반모음 /w/를 첨가하여 '화'로 표기하였다. 이와 같이 /ㅎ/ 아래에서 반모음 /w/가 첨가되는 현상은 '황문(肛門)' 등에서도 볼 수

있다.

| 자음동화 | ◎ **벅국(法國)**〈16a〉 |

'법국'의 /ㅂ/이 후행하는 /ㄱ/에 위치 동화된 것을 반영한 표기이다. 이 문헌 전반에서 위치 동화가 많이 보임을 볼 때 문헌 내의 일관적인 양상과 일치하는 것이라 하겠다.

◎ **낭명(落命)은**〈23a〉

'낙명'의 /ㄱ/이 후행하는 /ㅁ/에 비음 동화된 것을 반영한 표기이다.

◎ **방물(博物)허눈**〈23b〉

'박물'의 /ㄱ/이 후행하는 /ㅁ/에 비음 동화된 것을 반영한 표기이다.

| 기타 | ◎ **간조(乾燥)흐지라**〈21a〉 |

'乾'이 '간'으로 표기된 것을 보면 의미에 걸맞게 음을 구사하였음을 알 수 있다.『자전석요』에서는 '마를 간', '하날 건'으로 복수 한자음이 제시되어 있다.

◎ **통게(統計)하야**〈22b〉

'計'의 한자음이 '게'로 되어 있어서 전통적인 한자음과는 차이를 보인다. 이런 예를 볼 때 오늘날 '계'가 '게'로 읽히고 발음되는 것과 같은 양상이 이때에도 있었음을 볼 수 있다.

2) 자음 관련

| 격음화 | ◎ **물커져서**〈19a〉 |

'믉-+어 디-+-어서'의 결합으로, /ㄱ/이 /ㅋ/으로 나타나게 된 원인은 알기 어렵다. '믈그여디다'가 원순모음화, 구개음화, 격음화 등의 변화를 거쳐 형성된 '물크러지다'의 준말로 간주되는 '물커지다'의 활용형이다. 그러나『신학신설』의 '물커지다'의 사용을 보면 '물커지다'는 '믈그여디다'가 문증되지는 않지만 '*믈그어디다>*믈그어디다>*물그어지다>*물거지다>물커지다' 정도의 단계를 거쳐서 형

성된 말이 있었던 것으로 보인다. 이렇게 볼 수 있다면 '물커지다'는 '물크러지다'의 준말로 보기에는 어려운 것일 수도 있다.

겹받침	◎ **불고**〈14a〉 '붉-+-고'의 결합에서 어간 말음 /ㄱ/의 탈락을 반영한 표기이다. ['경음화' 참고] ◎ **옴겨**〈16b〉 '옮기-'에서 겹받침 중 /ㄹ/의 탈락을 반영한 표기이다. ◎ **말지**〈18a〉 '맑-+-지'의 결합에서 어간 말음 /ㄱ/의 탈락을 반영한 표기이다. 오늘날 'ㄹ'이 탈락하는 것과는 차이가 있다. ◎ **열고**〈18b〉 '엷-+-고'의 결합에서 어간 말 /ㅂ/의 탈락을 반영한 표기이다. ◎ **발지**〈18b〉 '밝-+-지'의 결합에서 어간 말 /ㄱ/의 탈락을 반영한 표기이다. ◎ **마는**〈21b〉 '많-+-은'의 결합에서 어간 말 /ㅎ/의 탈락을 반영한 표기이다.
경음화	◎ **불고**〈14a〉 '붉-+-고'의 결합으로, 어미 '-고'의 경음화가 반영되지 않은 표기이다. ['겹받침' 참고] ◎ **스지**〈15a〉 '쓰지'가 경음화되지 않은 '스지'로 나타나는데, 이런 어형은 경남 방언에서도 관찰된다. ◎ **업써서**〈18b〉 '없-+-어서'의 결합으로, '업서서→업써서'와 같이 연음이 된 /ㅅ/이 불파된 /ㅂ/의 영향으로 경음화된 것을 반영한 표기이다. ◎ **말쎄**〈23b〉 '맑-+-게'의 결합으로, 어미의 두음이 경음화된 것이다.

자음동화	◎ **논는고로** ⟨13b⟩

'놓는→녿는→논는'과 같이 어간 말음 /ㅎ/이 음절 말 평폐쇄음화를 겪은 후 후행하는 /ㄴ/에 의해 비음 동화된 것이다.

◎ **박구단** ⟨14b⟩

현대어의 '바꾸-'는 '밧고->밧구->박구->바꾸-'를 거쳐 이루어진 말인데, 이곳의 '박구-'는 '밧구-'의 /ㅅ[ㄷ]/이 후행하는 /ㄱ/에 위치 동화된 것을 반영한다.

◎ **벅기고** ⟨14b⟩

'벗기고'의 /ㅅ[ㄷ]/이 후행하는 /ㄱ/에 위치 동화된 것을 반영한 표기이다.

◎ **씩겨** ⟨14b⟩

'씻겨'의 /ㅅ[ㄷ]/이 후행하는 /ㄱ/에 위치 동화된 것을 반영한 표기이다.

◎ **당근** ⟨15b⟩

'담근'의 /ㅁ/이 후행하는 /ㄱ/에 위치 동화된 것을 반영한 표기이다.

◎ **익글어** ⟨16a⟩

현대어의 '이끌-'는 '잇글->이쓸->이끌-'를 거쳐 이루어진 말인데, 이곳의 '익글어'는 '잇그러'의 /ㅅ[ㄷ]/이 후행하는 /ㄱ/에 위치 동화가 된 것을 반영한 것이다.

◎ **인는** ⟨18a⟩

'잇는'의 '/ㅅ[ㄷ]/이 후행하는 /ㄴ/에 비음 동화된 것을 반영한 표기이다.

재음소화	◎ **입히** ⟨13a⟩

'잎+이'의 /ㅍ/를 /ㅂ/+/ㅎ/의 결합으로 재음소화한 표기이다.

탈락	◎ **멈우지** ⟨14a⟩

'머물지'에서 /ㅈ/ 앞에서 /ㄹ/이 탈락한 '머무지'를 과잉 분철한 것

이다.

◎ **무읏**〈16a〉

'므릇>무릇→무읏'과 같이 /ㄹ/이 탈락한 형태이다.

◎ **여든지**〈17b〉

'열-+-든지'의 결합으로, [+설정성] 자질을 지닌 자음 앞에서 /ㄹ/
이 탈락한 것이다.

◎ **노으며**〈24b〉

'놓-+-으며'의 결합으로, 모음 사이에서 /ㅎ/의 탈락한 것이다.

첨가	◎ **살느는이라**〈13a〉 어간 '사르-'의 /ㄹ/ 앞에 /ㄹ/이 첨가된 형태로 이해된다. 오늘날에 도 이와 같은 '살르-'가 비표준어로 사용된다.
축약	◎ **맛당틀**〈18b〉 '맛당허들'에서 '허'의 /ㅓ/가 탈락한 이후 /ㅎ/+/ㄷ/가 /ㅌ/으로 축약 된 것을 반영한 표기이다.

3) 모음 관련

고모음화	◎ **발우**〈14a〉 '바로>바루'와 같은 고모음화를 반영한 표기이다. ['분철' 참고] ◎ **종요루을**〈17a〉 '매우 긴요함'을 뜻하는 '종요로움을'을 '종요룸을'으로 적으려 한 것으로 보인다. '롬'이 '룸'으로 고모음화된 것을 반영한다. ◎ **조불수룩**〈17b〉 '좁-+-을수록'의 결합으로 형성되고 연음된 '조불수록'이 고모음 화된 것을 반영한 것이다. ['원순모음화' 참고]

단모음화	◎ **듸리쉬눈**〈14a〉

◎ **듸리쉬눈**〈14a〉

'들이쉬눈'을 연철한 것인데, 자음 아래에서의 /ㅢ/>/ㅣ/에 대한 인식으로 인해 본래의 /ㅣ/를 'ㅢ'로 표기한 것이다.

모음조화	◎ **담어서**〈14a〉

◎ **담어서**〈14a〉

어간과 어미의 결합이 모음조화를 지키고 있지 않다.

◎ **바더서**〈14a〉

어간과 어미의 결합이 모음조화를 지키고 있지 않다.

◎ **맛터서**〈19a〉

어간과 어미의 결합이 모음조화를 지키고 있지 않다.

반모음	◎ **도야**〈12b〉

◎ **도야**〈12b〉

'되야'에 해당한다. '되-+-아'는 이 문헌에서 '도아(8회)' 또는 '되야(6회)'로 쓰였는데 '도야의 경우 '되'의 하향성 반모음 /j/가 어미의 모음의 상향성 반모음으로 바뀌어 나타난 결과를 반영한 표기로 이해된다. 이를 볼 때 /ㅚ/가 하향 이중 모음으로 발음되고 있었을 가능성이 있다.

◎ **견드여**〈15b〉

'견디-'는 '견듸->견디-'의 변화를 거쳐 형성된 것인데, 이곳의 '견드여'는 '견듸-+-어'에서 어간의 /ㅢ/의 반모음 /j/가 어미 /ㅓ/와 결합하여 생긴 것으로 이해된다.

◎ **조인**〈16a〉

'조인'을 '죄인'의 오기로 볼 수도 있지만, 아직 이중 모음인 /ㅚ/에서 하향성 반모음 /j/가 후행하는 /ㅣ/와의 연결 과정에서 떨어진 것으로 볼 수도 있다.

◎ **두려워허눈이**〈17b〉

'두려우-+-어 허-'의 결합에서 '두려우-' 어간의 반모음 /j/가 탈락하여 있다.

◎ **나졔**〈17b〉

'낮+에'의 결합으로 치찰음 아래 반모음 /j/의 첨가를 보여 준다.

아래아	◎ **바람이**〈13a〉
	'브룸>바람'과 같은 /ㆍ/>/ㅏ/의 변화를 반영한 표기이다.
	◎ **가논헌**〈18b〉
	현대어의 '가난하-'는 '간난ᄒ->가난ᄒ->가난하-'의 변화를 거쳐 형성된 것인데, 여기서는 /ㆍ/>/ㅏ/의 변화에 대한 인식으로 '가논헌'과 같이 표기되었다.
원순 모음화	◎ **기루논**〈12b〉
	'기르-+-는'의 결합으로, /ㄹ/ 아래에서 /ㅡ/가 /ㅜ/로 바뀌었다.
	◎ **삼운이**〈12b〉
	'삼-+-으니'의 결합으로, /ㅁ/ 아래에서 /ㅡ/가 /ㅜ/로 바뀌었다.
	◎ **기루고**〈14a〉
	'기르-+-고'의 결합으로, /ㄹ/ 아래에서 /ㅡ/가 /ㅜ/로 바뀌었다.
	◎ **삼우라**〈17a〉
	'삼-+-으라'의 결합으로, /ㅁ/ 아래에서 /ㅡ/가 /ㅜ/로 바뀌었다.
	◎ **조불수룩**〈17b〉
	'좁-+-을수록'의 결합으로, /ㅂ/ 아래에서 /ㅡ/가 /ㅜ/로 바뀌었다. ['고모음화' 참고]
	◎ **담우면**〈19a〉
	'담-+-으면'의 결합으로, /ㅁ/ 아래에서 /ㅡ/가 /ㅜ/로 바뀌었다.
전설 모음화	◎ **섹김을**〈13b〉
	'섯기-+-ㅁ'의 결합으로, 어간에서 'ㅣ' 모음 역행 동화가 일어나 /ㅓ/가 /ㅔ/로 변화된 것을 반영한 표기이다.
	◎ **빅기단**〈14b〉
	'박히-'가 /ㆍ/>/ㅏ/의 변화로 'ㅏ'를 'ㆍ'로 표기하고, 남부 방언 등에서 흔히 보이는 /ㅎ/의 탈락을 거친 형태가 /ㅣ/ 모음 역행 동화에 의해 나타난 형태를 표기한 것이다.

◎ **넌즈시**〈14b〉

'넌지시'는 '넌즈시>넌지시'와 같이 치찰음 아래에서의 전설모음화에 의해 이루어진 것인데, 이곳에서는 아직 변화 이전의 어형을 사용하고 있다.

◎ **다시리기**〈14b〉

'다스리기'가 치찰음 아래에서의 전설모음화에 따라 '다시리기'로 나타남을 반영한 것이다.

◎ **부즐언이**〈19b〉

'브즈러니'가 과잉 분철된 것이고 아직 치찰음 아래에서의 전설모음화를 겪지 않은 형태이다.

4) 분철, 연철, 중철

분철

◎ **발우**〈14a〉

'바로>바루'로 고모음화된 것을 과잉 분철한 것이다. ['분철' 참고]

◎ **멈우지**〈14a〉

'머물지'에서 'ㅈ' 앞에서 'ㄹ'이 탈락한 것을 과잉 분철한 것이다.

◎ **어질어워**〈15b〉

'어지럽-'는 옛말 '어즈럽-'가 치찰음 아래에서의 전설모음화를 겪어 형성된 것인데, 이곳의 '어질어워'는 '어지러워'가 과잉 분철된 것이다.

◎ **익글어**〈16a〉

'이끌-'는 '잇글->이끌->이끌-'을 거쳐 이루어진 말인데, 이곳의 '익글어'는 '잇그러'에서 /ㅅ[ㄷ]/이 후행하는 /ㄱ/에 의해 위치 동화가 된 것을 반영하고 과잉 분철을 한 결과로 나타난 것이다.

◎ **일올연이와**〈18a〉

'이르려니와'를 과잉 분철한 것이다.

	◎ **부즐언이**〈19b〉 '브즈러니'를 과잉 분철한 것이다. ◎ **나뮬을**〈20b〉 '나무를'을 과잉 분철한 것이다. ◎ **인일언이**〈22b〉 '-일언이'는 '-이러니'를 과잉 분철한 것이다
연철	◎ **우희**〈13a〉 '우희'는 '우ㅎ+의'가 연철된 것인데, 당시 'ㅎ' 말음 체언이 실재 하였다고 보기에는 어려움이 있지만 이전 문헌과 동일하게 다소 보 수적인 표기 방식을 취한 것으로 파악할 수 있다. ◎ **고데**〈17a〉 '곧+에'가 연철된 것이다. '곧'은 '곧>곳'과 같이 기저형이 재구조 화된 것인데 이 경우는 아직 '곧에'와 같이 재구조화 이전의 어형을 사용하였다.
중철	◎ **숫트로**〈12b〉 '숯+으로'의 결합으로, '숫트로'로 중철된 것을 볼 때 체언은 '숱' 이 쓰였음을 알 수 있다. '숱'은 오늘날에도 강원, 경기, 경상, 정북, 충북에서 쓰이는 말이다. ◎ **진나면**〈14a〉 '지나면'이 어간 내부에서 과잉 중철된 것이다. ◎ **박퀴율**〈14b〉 '바퀴'는 '바회>박회>박휘>바퀴'의 변화를 거쳐 형성된 것이다. 19세기에는 주로 '박휘'가 쓰였는데, '박퀴'는 중철에 해당한다. ◎ **것시**〈18b〉 이 문헌에서 '것+이'는 '거시'로 연철되는 것이 일반적이었지만 이와 같이 중철이 되어 쓰인 것도 16회에 이른다. 한편, 이 문헌에서

'것이'와 같은 분철은 전혀 보이지 않는다.

◎ **덜러운**〈18b〉

'더러운'이 어간 내부에서 과잉 중철된 것이다.

◎ **곳데**〈19b〉

'곧+에'를 중철한 것인데, 아직 재구조화되지 않은 어형을 쓰고 있다.

◎ **극키**〈20b〉

'극히[그키]'가 중철된 것이다.

◎ **험물을**〈24a〉

'허물'을 과잉 중철한 것이다.

◎ **익키며**〈24b〉

'익히며[이키며]'를 중철한 것이다.

5) 문법 형태

접사

◎ **틱이면**〈13a〉

'틱이면'은 '태우면'으로 해석된다. '트-'의 사동사로는 어간에 '-이-, -오-/-우-'의 접사가 두 번 결합한 '틱오-, 틱우-'가 주로 문헌에서 나타난다는 점에서 여기서 등장하는 '틱이면'은 다소 특이한 예라 할 만하다. 국어사 자료에서는 이곳의 '틱이-'의 근거를 찾기가 어렵다. 오늘날 방언에 '태우-'에 해당하는 '태-' 또는 '테:-'가 있는데 이 중 후자가 모음의 대응은 다르나 '테'가 장음으로 실현된다는 점에서 이곳의 '틱이-'에 대응할 만한 것이 아닌가 생각된다. 아직 /ㆍ/ 또는 /ㅐ/가 이중 모음으로 발음되었다면 '틱이-'는 [틱:]와 같이 발음되었을 수 있으며 이것이 '태' 또는 '테:'로 연결된 것일 수 있다.

◎ **젼연이**〈17b〉

'젼연히'에서 /ㅎ/이 탈락되어 있다.

조사	◎ **모뒤올**⟨14a⟩

'몯-'에서 파생된 '모두-'가 피동형으로 쓰여 '모뒤-'가 된 뒤 명사형 활용을 한 형태로 생각된다. 어간 '모뒤-'에 격조사 '을'이 결합하는 것이 문법적으로 문제가 되는데, 이 책에서는 'ㅁ'을 'ㅇ'으로 쓴 예가 많아 '모뒤-+-ㅁ+을'을 나타내려 한 것으로 추정해 볼 수 있다.

6. 斷水

신학신설
24b

현대어역

물

물은 지구 [땅덩어리라는 말이다.] 위의 4분의 3을 차지한다. 공기 속과 각종
생물질[사람, 초목 같은 목숨 있는 것이다.]과 여러 종의 사물질[흙과 돌 같은 목숨
없는 것이다.]이 다 많은 물을 머금고 있다. 사람이 물을 쓰지 않을 수 없으
나 물이 공기보다는 덜 중요한 것은 사람이 하루를 물을 안 먹어도 죽
지는 않지만 잠시라도 공기가 없으면 죽기 때문이다.

물은 수소와 산소의 두 기체가 서로 합하여 이루어진 것으로 전기를 사
용하면

원문(한자 병기)

수(水)

물이 디구(地球) [땅덩어리란 마리라.] 우희 사분지삼(四分之三)을 거(居)하야

공긔(空氣) 속과 밋 각종(各種) 싱물질(生物質)[인물(人物) 초목(草木) 갓튼 목슘 인는 거시라.]과 다못 수종(數種) 사물질(死物質)[흑과 돌 가튼 목슘 업는 거시라.]에 다 마는 물을 먹그문지라. 사람이 가(可)히 쓰지 안을 수 업슨나 그러나 공긔(空氣)보다가는 다음 되는 거슨 사람이 하루을 물 안 먹어서는 죽지 안으되 삽시간(霎時間) 공긔(空氣) 업스면 죽는이라.

물은 경긔(輕氣) 양긔(養氣) 두 긔운(氣運)이 상합(相合)하야 된 거신이 젼긔(電氣)을 쓰면 능(能)/히

현대어역

두 가지 기운을 분리할 수 있는데 〖『박물신편』에 자세히 나와 있다.〗 매분에 산
소 1적체〖그불룻이라는[1] 말이다.〗를 얻으면 반드시 수소 2적체를 얻는데 산소
가 수소보다 16배가 무겁다. 일용하는 물은 반드시 조심히 가려 써
야 하는데 이는 물이 음식과 더불어 몸을 기르는 데 관계가 있기 때
문이다.

공기의 열이 화씨 32도가[2] 되면 물이 엉기어 얼음이 되고 〖얼음이 물보다
가볍다.〗 220도가[3] 되면 끓어서 기체가 되어 스스로 공기 속에 흩어져 〖사
방 1촌[4] 되는 물이 열을 받아 기체가 된 이후에는 반드시 1,700촌 되는 공간이라야 비로소 충분히
수용될 수 있다. 만일 철기로 그 부피를 줄여 가두면 흩어져 나가려는 힘이 화약같이 맹렬하고
줄일수록 더욱 맹렬해져 가히 당할 물건이 없어진다. 서양 사람들이 물을 끓인 뒤 그 기운을 알
맞게 취하여서 인력을 대신하는데 화륜거 같은 기계들이 다 이를 힘입어 그 바퀴를 움직이는
것이다.〗 모양이 안개 같다가 냉기를 만나면 엉기어 물이

원문(한자 병기)

두 가디 긔운(氣運)을 난워 닉ᄂᆞ니 〖방물신편(博物新編)에 자세(仔細)헌이라.〗 미분(每分)에 양긔(養氣) 일(一) 젹체(積體)〖그불룻시란 마리라.〗을 어드면 반다시 경긔(輕氣) 이(二) 젹체(積體)을 엇고 양긔(養氣)ᄂᆞᆫ 경긔(輕氣)보다가 십육(十六) 비(倍)가 중(重)헌이라. 무릇 일용(日用)허ᄂᆞᆫ 물을 반다시 삼가〻일 것슨 식물(食物)로 더부러 다 양신지사(養身之事)에 상관(相關)됨이 잇슴을 인(因)험이라.

공긔지열(空氣之熱)이 삼십이(三十二) 도(度) 즉 물이 엉긔여 어름이 되고 〖어름이 물보다 경(輕)헌이라.〗 이빅이십(二百二十) 도(度) 즉 쓸어서 긔운(氣運)이 도야 스사로 공긔(空氣) 속에 훗터서 〖무릇 사방(四方) 일(一) 촌(寸) 되ᄂᆞᆫ 물이 더운 걸 바다 긔운(氣運)이 된 연후(然後)ᄂᆞᆫ 반다시 일천칠빅(一千七百) 촌(寸) 되ᄂᆞᆫ 터젼이라야 비로소 족(足)키 용납(容納)허ᄂᆞ니 만일(萬一) 쳘긔(鐵器)로 그 긔운(氣運)을 줄어 동이면 그 훗터져 나가ᄂᆞᆫ 심이 밍열(猛烈)허기 화약 갓터서 더욱 동이ᄉᆞ록 더욱 밍열(猛烈)하야 가(可)히 당(當)헐 물건(物件)이 업ᄂᆞᆫ고로 서국(西國) 사람이 물을 글어 그 긔운(氣運)을 존절(撙節)이 취(取)하야 써 인역(人力)을 디신(代身)허ᄂᆞ니 화륜주거지속(火輪走車之屬)이 다 이거슬 심입어 그 윤(輪)을 운젼(運轉)허ᄂᆞ이라.〗 형용(形容)이 안긔 갓다가 닝(冷)헌 걸 만나면 엉긔여 물/이

주석

1   외래어 단위명일 것으로 추정되나 정확한 의미는 알 수 없다.

2   화씨 32도를 말하는 것으로 섭씨 0도에 해당한다.

3   화씨 220도를 말하는 것으로 섭씨 104.4도에 해당한다. 화씨 212도가 섭씨

100도이므로 '이빅십이'를 '이빅이십'으로 잘못 적었을 가능성이 있다.

4   '촌'은 '치'와 동일한 길이의 단위로 약 3.03센티미터에 해당한다.

현대어역

있다. 음식물은 배 속에서 물의 도움으로 소화가 되어 피가 되고, 피는 물에 의해 움직여 몸의 각처에 이르니, 이렇게 물은 신체 곳곳에 부족한 물질을 보충해 준다. 또 다 쓴 물질을 쏟아내 혈관[피가 다니는 길이다.]의 문에서 배 속으로 보내면 이 물질들이 배 속에서 물에 의해 씻겨 몸 밖에 이르게 된다. 이렇게 소화를 시키고 몸을 기르고 피를 통하게 하고 대소변을 보는 등의 일이 물이 없으면 이루어지지 못함을 알 수 있다.

보통 물에는 두 가지가 있는데 머금고 있는 염류질에 따라 분별된다. 증수[소주를 만드는 방법으로 얻는 물이다.]가 가장 깨끗한 물이니 물을 끓이면 기체는 흩어지고 그 정질[단단한 것이라는 말이다.]은 솥 속에 가라앉는 원리이다. 증수는 맛이 옅으므로 화학[금속과 돌과 풀과 나무 등 천하 만물을 나누는 방법이다.]

원문(한자 병기)

잇슨이 무릇 식물(食物)이 복중(服中)에 잇서ː 피 될 쩍에 물을 자뢰(藉賴)하야서 써 소화(消化)허고 피가 능(能)히 물을 익글고 힝(行)하야 몸 각쳐에 일으는이 물이 능(能)히 빅체(百體)에 젹은 바 물건(物件)을 보(保)허고 쏘 써서 진는 물건(物件)을 쏘다 혈관(血管)[[피 당기는 길이라.]지문(之門)에 일으러 복중(腹中)으로 써서 들리면 복중(腹中)에서 물을 자뢰(藉賴)하야 써서ː 몸 박게 일은니 소화(消化) 양신(養身) 통혈(通血) 틴소변지시(太小便之事ㅣ)가 물이 업슴면 일우지 못헐 거슬 가(可)히 볼지로다.

심상(尋常)헌 물이 두어 가지 잇슨이 그 분별(分別)은 먹음운 바 염유질(鹽類質)에 잇는이라. 증수(蒸水)[5][[소주(燒酒) 닉는 법(法)으로 취(取)헌 물이라.]가 ː 장 졍(淨)헌 물이 된이 증(蒸)헌 바 물이 긔운(氣運)은 반다시 훗터지고 그 졍질(定質)[단ː 헌 거시란 마리라.]은 솟 속에 쳐짐을 인(因)험이라. 증수(蒸水) 맛시 담(淡)허기로 화학(化學)[[금석(金石) 초목(草木) 천하만물(天下萬物)을 분변(分辨)허는 법(法)/이라.]

주석

5   오늘날의 '증류수(蒸溜水)'에 해당한다.

현대어역

분야에서 많이 쓰고 의학 분야에서도 많이 쓰는데 다만 보통 먹는 약은 증수를 쓰지 않아도 무방하다. 빗물 또한 증수라 할 만하지만 진짜 증수와 비교하면 다소 탁하다. 또 빗물은 활수[미끄럽다는 말이다.]라고도 부를 만한데 비조[왜비누 같은 것이다.]와 더불어 의복을 씻기 쉽기 때문이다. 강물이 빗물 다음 됨은 강물이 땅의 물과 빗물이 서로 섞여 이루어진 것이기 때문이다. 바다에 가까운 강물은 소금이 많아서 쓰기에 적합하지 않다. 보통의 강물은 매 3냥 5전 중에 염류 등 단단한 물질 1리를 머금었고 또한 탄소와 공기를 머금었으니 그 단단한 물질 속에 20분의 16은 석회이고 그 나머지는 소금과 석고이다. 다만 석회는 물에 잘 녹지 않고 물이 머금은 탄소에 겨우 녹는다. 물이 염류질을

원문(한자 병기)

중(中)에 만이 쓰고 의학(醫學) 중(中)에 만이 쓰나 다만 심상지약(尋常之藥)은 증수(蒸水) 쓰지 안어도 쏘흔 가(可)헌이라. 빔물을 쏘한 가(可)히 일으되 증수(蒸水)라 헐 만허나 진증수(眞蒸水)에 비교(比較)허면 적기 탁(濁)허고 쏘 가(可)히 활수(滑水)[밋글업단 마리라.]라 일음헐 만험은 비조(肥皂)[왜(倭)빈누 갓튼 거시라.]로 더부러 의복(衣服) 씨기 쉬움을 인(因)험이라. 강(江)물이 빔물에 다음 됨은 강(江)물이 쏘에 물과 빔물이 상합(相合)하야 일움을 인(因)험인니 바다에 갓차운 강(江)물은 소금이 만어서 쓰기에 합(合)허지 못허는이라. 심상(尋常)헌 강(江)물은 민(每) 삼(三) 양(兩) 오(五) 젼(錢) 중(中)에 염유(鹽類) 등(等) 졍질(定質) 일(一) 이(釐)을⁶ 먹음고 다시 탄긔(炭氣)와 다못 공긔(空氣)을 먹음엇슨니 그 졍질(定質) 속에 이십분지십육(二十分之十六)은 석회(石灰)요 기여(其餘)는 소금과 다못 석고(石膏)라. 다만 석회(石灰)는 능(能)히 물에 소화(消化)허지 못허고 겨우 능(能)히 물이 먹음운 바 탄긔(炭氣)에 소화(消化)되는이라. 물이 염유질(鹽類質)/을

주석

6   1000분의 1량을 뜻한다.

현대어역

많이 머금을수록 밥 끓이고 옷 빠는 데 쓰기에 적합하지 않다. 강물은 마실 만도 하고 또 의복을 씻을 만도 한데 이는 비누가 대부분 강물에 녹기 때문이다. 대도시의 개천에 흐르는 물이 많더라도 마시지 말아야 하는 이유는 〖개천에 가까운 강물은 쓰기에 적합하지 않다.〗 그 속에 두어 가지 미생물과 여러 썩고 문드러진 물질들이 독기를 머금었기 때문이다.

우물물과 각종 샘물이 가장 삽하니 〖껄끄럽다는 말이다.〗 매 3냥 5전 중에 염류 등 단단한 물질이 2리 반에서 3리에 이르고 더욱이 탄소도 머금고 있으며 그 불순물의 성분이 강물 속 불순물의 성분과 대략 같다. 염류질을 많이 머금은 물은 일상적으로 사용하기에 적합하지 않다. 보통 삽수에 비누를 써서 의복을 씻으면 응결되어

원문(한자 병기)

먹음기 만을수룩 밥 슬리고 옷 쌘는 터 합용(合用)허지 못허는이라. 강 (江)물을 가(可)히 마실 만허고 또 가(可)히 의복(衣服)을 씨슬 만험은 비조 (肥皂)가 터반(太半) 능(能)히 강(江)물에 녹음을 인(因)험이라. 무릇 더성(大 城) 닉(內) 기쳔(川)에 흘으는 물이 만커든 가(可)히 마시지 못헐 거슨 [기쳔 (川)에 갓차운 강(江)물이 크게 합용(合用)치 못헌이라.] 그 속에 두어 가지 싱물질(生物 質)과 다못 썩고 물커진 등물(等物)의 독긔(毒氣)을 먹음움을 인(因)험이라. 우물ᄼ과 다못 시얌물이 가장 삽(澁)헌이 [썰그럽단 마리라.] 미(每) 삼(三) 양 (兩)⁸ 오(五) 젼(錢) 즁(中)에 염유(鹽類) 등(等) 졍질(定質)이 ᄼ(二) 리(釐) 반 으로 삼(三) 이(釐)까지 일으고 다시 탄긔(炭氣)을 먹음고 그 잡물지원질 (雜物之原質)은 디략(大略) 강(江)물 속 잡물지원질(雜物之原質)과 갓튼이라. 만일(萬一) 염유질(鹽類質)을 만이 먹음운 물은 심상지용(尋常之用)에도 협(合)지 못허는이라. 심상(尋常) 삽수(澁水) 즁(中)에 비조(肥皂)을 써서 의 복(衣服)을 씨스면 응결(凝結)허/고

주석

7   <25b>에서 '싱물질'을 '인물 초목 갓튼 목숨 인는 거시라.'라고 협주로 풀 이하였지만 이 부분에서는 물속에 녹아 있는 목숨 있는 것을 의미하므로 현대어역에서는 미생물로 번역하였다.

8   무게의 단위로 귀금속이나 한약재 따위의 무게를 잴 때 쓴다. 1냥은 도량형 으로 3.75그램가량인 한 돈의 열 배이다.

현대어역

녹지 않으니 다만 이런 물은 두어 시각을 끓이면 열기가 물속의 탄소를
쫓아내고 물속의 석회가 응결되므로 그 결과 물병과 솥 안에 흰 꺼풀이
한 겹 생긴다. 우물물의 맛이 강물보다 낫지만 새로 길은 우물물에서는
거품이 나는데 이는 탄소를 머금었기 때문이다. 우물물은 물빛이 가장
맑아서 사람이 즐겨 마시지만 만일 이런 물로 말을 씻으면 털에 광채가
없어진다. 또 위의 소화가 어려운 사람이나 방광에 결석이 생긴 사람은
이 물을 마시는 것이 좋지 않다. 대도시의 우물물에는 항상 더러운 물
질이 물을 따라 내려가니 마시지 말아야 하며 또한 무덤이 아주 많은
곳의 우물과 샘은 더욱 쓰지 말아야 한다. 이런 물은 빛깔이 맑고 맛이
좋아

원문(한자 병기)

소화(消化)되지 안는이 다만 일언 물은 하여곰 두어 시각(時刻)을 쓸인즉 더운 거시 능(能)히 그 탄긔(炭氣)을 축출(逐出)허고 그 석회(石灰)는 능(能)히 응결(凝結)허미 소이(所以)로 물병(瓶)과 다못 솟 속에 상혜 흔 썹플 한 겹이 싱기는이라. 우물ㅅ 맛시 강(江)물보다 나은나 시로 길은 것시 능(能)히 겁품을 발(發)험은 탄긔(炭氣) 먹음움을 인(因)험인니 물빗치 가장 말거서 사람이 마시기을 깃거워허나 만일(萬一)ㅅ언 물노 말을 씨스면 털이 광치(光彩)가 업고 쏘 비위(脾胃)가 소화(消化)허기 얼러운 자(者)와 방광(膀胱)에 석임(石淋)⁹ 싱긴 지(者ㅣ) 이 물을 마시면 서로 맛당치 못허는이라. 디성(大城) 닉(內) 우물ㅅ에 상혜 덜어운 물건(物件)이 물을 쓰러서 닉림이 잇슨니 가(可)히 마시지 못헐 거시요 쏘 무덤 심(甚)이 마는 곳에 우물과 다못 시얌을 다시 가(可)히 쓰지 안을 거시라. 일언 물이 비록 빗시 말고 맛시 알음다워

주석

9   방광 속에 돌 같은 것이 생기는 병이다.

현대어역

사람들이 즐겨 마시지만 그 안에는 동물이 썩고 문드러지며 생긴 물질들이 들어있다. 이를 마시면 사람에게 유해하다. 또 우물 속에는 항상 묻어 둔 은구의 물이 흘러든다. 옛날에 어떤 곳에서 전염병이 크게 유행했는데 그 원인을 조사해 보니 은구의 물이 일용하는 물 안으로 흘러 들어와 있었기 때문이었다.

물을 시험하는 방법은 두 가지가 있는데 하나는 크기가 같은 작은 유리병 세 개를 구해 아주 깨끗이 씻은 뒤 하나에는 증수를 담고 하나에는 강물을 담고 하나에는 시험하고자 하는 물을 담되 그 양을 서로 같게 하는 것이다. 그런 뒤 비누를 에탄올에 녹여 한 방울을 증수에 떨어뜨리면 빛이 변하지 않고 또 한 방울을 강물에 떨어뜨리면 구름같이 한 층을 이루어 빛이 희다. 또 한 방울을 시험하고자

원문(한자 병기)

사람이 마시기을 깃거워허나 다만 속에 동물(動物)이 썩고 물커져 일운 바 물건(物件)을 먹음운지라. 마시면 사람의게 유희(有害)허고 쏘 우물¹⁰ 속에 상헤 은구(隱溝) 물이 흘러드는 직(者ㅣ)라 예쎡 일쳐(一處)에 온역병(瘟疫病)이 딕힝(大行)허거를 그 연고(緣故)을 사득(查得)헌이 은구지수(隱溝之水)가 일용지수(日用之水) 닉(內)에 통입(通入)험이 잇슴을 인(因)험일러라. 물 시험(試驗)허는 법(法)이 두 가지 잇슨이 기일(其一)은 젹근¹¹ 유리병(琉璃瓶) 삼(三) 기(箇) 딕소(大小)가 상동(相同)헌 거슬 취(取)하야 극(極)히 졍(淨)히 씨서 흐나는 증수(蒸水)을 담고 흐나는 강(江)물을 담고 하나는 시험(試驗)코자 허는 물을 담되 그 다소(多少)을 서루 갓게 허고 달니 비조(肥皂)을 취(取)하야 써 이탈(以脫)에¹² 녹게서 한 방울을 증수(蒸水)에 썰릇치면 빗치 변(變)치 안코 쏘 한 방울을 강(江)물에 썰릇치면 굴움갓치 한 층(層)을 일우워 빗치 희고 쏘 한 방울을 시험(試驗)/코자

주석

10 『유문의학』(19a:4)의 대응 표현은 '泉水'로 '샘물'에 해당하는데 지석영이 이를 '우물'로 오역한 것으로 보인다.

11 오늘날 '작-'(小)과 '젹-'(少)이 형태적으로 명확하게 구분되어 쓰이지만, 이 문헌에서는 두 가지 의미가 '쟉-, 젹-' 등의 형태로 뚜렷하게 변별되지 않고 함께 사용된 것으로 보인다.

12 에탄올(ethanol)의 의미이다. 내용상 대응이 되는 『유문의학』(19a:8)에서 '以脫'에 대해 '一名依的兒'라고 협주를 단 것이 참고가 된다.

다 물 밧탕이라. 사람이 미양 하로 물 서 되을 마시면 족(足)키 써 몸을 길루는니 사람의 몸에 미일(每日) 나가는 물 수효(數爻)가 쏘 디강(大綱) 갓틔여 혹(或) 피부(皮膚)로 좃차 쌈도 되고 혹(或) 디소변(大小便)도 되야 나간이 ; 거슨 물 마시는 중품(重品) 수회(數爻 ㅣ)라. 사람이 물 마시기을 넘우 적게 허는 이 잇기로 소화지서(消化之事 ㅣ)가 적이 얼여워 상혜 각(各) 병(病)이 나는이 가장 묘(妙)헌 법(法)이 마시기을 만이 허고 유여(有餘)케 헐 거신이 물을 만이 마시면 가(可)히 무병(無病)험을 인(因)험이라. 〖만이 말근 물을 마시면 능(能)히 각(各) 병(病)을 면(免)허는이 곳 통풍(痛風) ; 습(風濕) 석임(石淋) 괴질(怪疾) 변비증(便秘症)을 가(可)히 면(免)헐 거시라.〗 쏘 상풍(傷風)과 다못 상풍(傷風) 갓튼 유(類) 병(病)에 가(可)히 상혜 물을 만이 마서; 써 다슬이는 거슨 능(能)히 하여곰 피부(皮膚)에 쏨이 나고 소변(小便)이 통창(通暢)케 하야 몸 속에 덜업고 탁(濁)헌 거슬 씨서 벌임이라. 영국(英國) 의원(醫員)이 물을 자뢰(藉賴)하야 써 각(各) 병(病)을 다슬이는 지(者 ㅣ) 잇슨이 그 법(法)이 병자(病者)로 하여곰 온화(溫和)헌 찌에 시골과 혹(或)

주석

16   습기로 인해 관절에 통증이 있는 병을 뜻한다.

신학신설
29b

현대어역

산속에 이름난 샘이 있는 곳에 가 살게 하고 매일 일찍 일어나 집 안에 있지 않고 여러 장소를 둘러보게 하며 식후에는 물을 많이 마셔서 각종 병을 모두 물에 의해 다스리게 한다. 그 외의 다른 방법을 보아도 물 마시는 것보다 더 나은 것은 알지 못할 것이다. 그러나 염류질이 포함된 샘물을 마시면 설사가 나므로 많이 마시지 말아야 한다. 또 샘물 속에 철을 머금은 것이 있는데 이런 물은 몸을 보호하는 약재를 대신할 만하다. 〖철분이 피의 생성을 돕기 때문으로 『서약약석』에[17] 자세히 나와 있다.〗 다만 물의 유익함이 대개 깨끗한 물에서 오는 것이니 집 안에서도 깨끗한 물을 마셔야 몸에 좋은 변화가 있다. 큰 병 없는 사람이 매일 아침 공복에 깨끗한 냉수 한 잔을 마시면 매우 유익하다.

산중(山中) 명천(名泉) 인는 곳세 일으러 거주(居住)하야 미일(每日)에 일
직 일어나 집 속에 거(居)허지 안코 각쳐(各處)을 유람(遊覽)허다가 식후
(食後)에는 물을 만이 마서ᄸ 써 각(各) 병(病)을 젼(全)여 물을 자뢰(藉賴)
하야 다슬리고 그 소용(所用) 타법(他法)이 다시 물 마시는 것보다 나은
것슨 아지 못허로라. 그러나 시얌물에 염유질(鹽類質)을 먹음운 거슨 능
(能)히 사람으로 하여곰 설사(泄瀉) 나게 헌이 가(可)히 만이 마시지 못헐
거시요 쪼 시얌물 속에 쳘(鐵)을 먹음운 거시 잇슨이 일언 물은 가(可)히
보졔(補劑)을[18] 딕신(代身)헐 만헌이라. 『쇠가 능(能)히 보혈(補血)험을 인(因)험인니
서약약석(西藥略釋)에 자세(仔細)이 뵌이라.』 다만 물 쓰는 유익(有益)헌 곳시 틱반(太
半) 졍(淨)헌 물에 인는지라. 그럼으로 집 안에서 만이 졍(淨)헌 물을 마
시는 거시 쪼한 심(甚)히 변(變)허고 맛당헌이 큰 병(病) 업는 사람이 미
죠(每朝) 공복(空腹)에 졍(淨)헌 닝수(冷水) 한 잔(盞)을 마시면 가(可)히 써
크게 유익(有益)헌 곳슬 어들리라.

주석

17 『서약약석(西藥略釋)』은 1876년 중국인 孔繼良이 역찬(譯撰)하고 미국인 선
교사 嘉約翰(John Glasgow Kerr)가 교정한 서양 약학서이다.

18 '제(劑)'는 몇 가지 약재(藥材)를 섞어 조제한 약을 말하는데 현대어역에서
는 보다 일반적인 용어로 '약재'로 풀이하였다.

신학신설
30a

현대어역

사람의 몸은 물로 씻어 깨끗이 하는 것이 가장 중요하다. 피부 속에 무수한 작은 구멍이 있는데 만일 흙먼지나 더러운 것에 막혀 땀이 배출되지 못하면 각종 병이 나기 쉽다. 〔위의 소화 기능도 떨어진다.〕 비누를 쓰면 땀속의 유류질〔기름 같은 것이다.〕을 녹일 수 있지만 항상 비누를 써서 얼굴을 씻으면 피부가 반드시 거칠어진다. 큰 병이 없는 사람이 매일 냉수로 목욕하면 〔냉수로 얼굴을 씻는 것이 정신을 맑게 하는 데 가장 좋다.〕 추위와 더위를 잘 견디게 되지만, 연약한 사람은 날이 추울 때 냉수로 몸을 씻으면 안 되므로 온수로 일주일에 두 번 목욕하라. 만약 목욕을 늘 안 하고 지내면 반드시 병이 생기고 마음과 생각이 활발히 돌지 못한다. 〔대소변이 잘 안 나오거나 여성들이 생리를 할 때 두통, 요통, 불안함을 느끼거나 임신부의 아래 몸이 붓고 가렵거나 황달 또는 인후병 등이 있으면 뜨거운 물에 몸을 담그고 앉는다. 여성들의 경우 백대하증이 있거나 생리가 너무 많으면 냉수로 목욕하고 하반신을 담그고 앉는다. 입술 안에 쏘인 데는 냉수로 씻고 토혈증에는[19] 반드시 누워서 냉수로 얼굴을 씻고 얼음덩어리를 삼키면 더욱 좋다.〕

온수로 목욕할 때는 물의 온도가 화씨 90도에서 100도가 되게

원문(한자 병기)

사람의 몸을 물노써 씨서ː 졍(淨)케 허는 거시 가장 요긴(要緊)헌이라.
피부(皮膚) 속에 무수(無數)헌 젹은 궁기 잇슨이 만일(萬一) 진토(塵土)와
덜어운 거싀 막음이 되야 쏨이 나지 못허면 각(各) 병(病)이 나기 쉬운이
〖능(能)히 비위(脾胃)로 하여곰 소화(消化)허지 못허게 허는이라.〗 비조(肥皂)을 쓰면 쏘한 능
(能)히 쏨 속에 유류질(油類質)〖길음 갓튼 거시라.〗을 소화(消化)허나 그러나
상헤 비조(肥皂)을 써서 얼골을 씨슨즉 피부(皮膚)가 반다시 썰쓸어진는
이라. 큰 병(病) 업는 사람이 민일(每日) 닝수(冷水)에 목욕(沐浴)헌즉 〖닝수
(冷水)로써 낫 씻는 거시 가장 졍신(精神)을 보(保)허는이라.〗 한셜(寒暑)을²⁰ 둘러워허지
안은나 연약(軟弱)헌 사람은 쳔시(天時) 한닝(寒冷)헐 쩍에 닝수(冷水)로
가(可)히 몸을 씨지 못헐 거신이 칠(七) 일(日) 니(內)에 온수(溫水)로써 두
변(番) 목욕(沐浴)허라. 만일(萬一) 상헤 목욕(沐浴) 안이 헌즉 반다시 유병
(有病)헌 데 일으고 마음과 싱각이 능(能)히 도지 못허는이라. 〖디소변(大小便)
불니(不利)와 부인(婦人) 경도(經度)헐 씨에 두통(頭痛) 요통(腰痛) 신불안(身不安)과 잉부(孕婦) 알에 몸이
붓고 갈여운 것과 황달(黃疸)과 인후병(咽喉病)에 다 열수(熱水)에 당거 안즈라. 부인(婦人) 빅딕하증(百帶
下症)과 경도(經度)가 넘머²¹ 만은 증(症)에 닝수(冷水)로 목욕(沐浴)허고 쏘 알에 몸을 당거 안즐 거시요
순니(脣內) 쏘인 데는 닝수(冷水)로 세수(洗手)허고 토혈증(吐血症)에는 반드시 누어 닝수(冷水)로 나슬 씻
고 혹(或) 어름덩이을 싱키는 거시 더욱 묘(妙)헌이라.〗
온수(溫水)로써 목욕(沐浴)허기을 구십(九十) 도(度)로붓터 일빅(一百) 도

(度) 더운 데 일으는

주석

19   입으로 피를 토하는 증상을 뜻한다.

20   『유문의학』(20a:6)의 대응 부분이 '寒暑'인 것을 볼 때 '한설을'은 '한서(寒暑)를'을 적은 것으로 보인다. 이것은 '한서를'을 과잉 분철하여 나타난 것이거나, '한설를'과 같이 과잉 중철한 것에 목적격 조사를 '을'로 적은 것이 복합되어 나타난 표기로 이해된다.

21   '너머'는 강원 방언, '너마'는 경기 방언에서 쓰이는 말이다.

현대어역

하는 것이 좋은데 이는 사람 몸의 온도가 100도에 가깝기 때문이다. 만
일 물의 온도가 너무 높으면 좋지 않다. 또 뜨거운 물로 목욕하는 것이
냉수로 목욕하는 것에 비해 못한 것은 뜨거운 물이 사람의 심장을 매우
빨리 뛰게 하고 피부를 덥게 해 땀이 많이 나기 때문으로 당시에는 매
우 시원하지만 이후로 점점 힘이 없어지는 느낌이 든다. 물이 뜨거울수
록, 사람이 물속에 오래 있을수록 힘이 더 빠지니 항상 뜨거운 물로 목
욕하면 몸과 마음이 다 게을러진다. 그러나 뜨거운 물에 목욕하는 것이
좋은 두어 가지 병이 있다. 〔어린아이의 경기 증세, 중풍이나 두통 증세가 있으면 뜨거운
물에 아래 몸을 담그고 냉수를 얼굴과 머리에 끼얹는다.〕 감기에 걸린 경우 몸이 감당
할 만한 온도의 뜨거운 물로 목욕을 한 뒤 두꺼운 옷을 입고 빠르게

원문(한자 병기)

거시 다 가(可)히 쓸 만험은 사람의 몸에 열도(熱度)가 일빅(一百) 도(度)에 갓차움을 인(因)험이라. 만일(萬一) 물에 열도(熱度)가 과디(過大)헌즉 서로 맛당치 못허고 또 열수(熱水)로써 목욕(沐浴)허는 거시 닝수(冷水)로 더부러 크게 갓지 못험은 열수(熱水)가 사람으로 하여곰 심경(心經)이 동(動)허기을 심(甚)히 속(速)허고 피부(皮膚)가 더워서 씀이 크게 남을 인(因)험이라. 당시에는 자못 시연허나[22] 이후로 점ㅅ(漸漸) 심이 업슴을 씨달을리라. 물이 더욱 덥고 사람이 물속에 익기을 더욱 올린즉 몸이 더욱 심이 업는이 상혜 열수(熱水)로써 목욕(沐浴)헌즉 몸과 마음이 다 거열러지는이라. 그러나 열수(熱水)에 목욕(沐浴)허는 법(法)이 우연(偶然)이 두어 가지 병(病)으로 더부러 서루 맛당헌이 〖소아(小兒) 경긔증(驚氣症)과 중풍(中風)과 두통증(頭痛症)에 다 열수(熱水)에 알에 몸을 당그고 닝수(冷水)로 얼골과 머리에 씨언즈라.〗 만일(萬一) 상풍병(傷風病)을 어덕거든 열수(熱水)로써 목욕(沐浴)허되 사람의 몸이 능(能)히 당(當)헐 만헌 열도(熱度)에 일으고 다시 둣터운 의복(衣服)을 입고 급(急)/히

주석

22 '시원하-'에 해당하는 말로 보이다. 이 말은 경기, 전라, 충청에서 쓰인다.

신학신설
32a

현대어역

아주 무성해지기는 어려운데 이는 물기가 부족한 까닭이다. 〖방 안에 꽃병
과 화분이 너무 많으면 두통이 난다.〗 요즘 사람들이 집에서 방 안에 유리 항아리
를 놓고 금붕어와 여러 수초 등을 기르는데 이는 의미도 있고 취향에도
맞을 뿐 아니라 방 안의 공기를 약간 습하게 해 준다. 그러나 반드시
유의하여 항아리 안의 물에서 냄새가 나지 않도록 하라. 또 모름지기
알아야 할 것이 두어 가지 있는데 첫째는 창문으로 햇빛이 많이 드는
곳에 둘 것이고, 둘째는 물속에 고기와 풀을 많지 않게 하는 것이고, 셋
째는 물 밑에 반드시 흙을 두되 두께를 한 치쯤 되게 하는 것이고, 넷째
는 물에 있는 오물을 빨리 버리는 것이다.

이상에서 말한 물의 쓰임새는 모든 사람들이 알고 있지만 내가 이렇게
말하지 않을 수 없는 것은 사람들이 항상 알고 있으면서도 항상 소홀히
여기기 때문이다.

수
水

원문(한자 병기)

심(甚)히 무성(茂盛)허기 얼여움은 수긔(水氣)가 부족(不足)헌 연괴(緣故ㅣ)라. 〔방(房) 속에 쏘병(甁)과 쏘분(盆)이 넘어 만으면 능(能)히 하여곰 두통(頭痛) 나는이라.〕 글러(近來) 사람의 집 방옥(房屋) 중(中)에 유리(琉璃) 항(缸)아리을 써 금어(金魚)와 다못 수초(水草) 등물(等物)을 길으는 거시 비단(非但) 의취(意趣)만 잇슬 쓴 안이라 오히러 능(能)히 방(房) 속 공긔(空氣)로 하여곰 젹이 습(濕)허게 허는이라. 그러나 반다시 유의(留意)하야 항(缸)아리 속에 물로 하여곰 넘식 나기에 일으지 안케 허라. 쏘 모름즉이 알 거시 두어 가지 잇슨이 일(一)은 창호(窓戶) 일광(日光) 롱(濃)헌 곳세 둘 거시요 이(二)는 물속에 고기와 풀을 가(可)히 만케 안이 헐 거시요 삼(三)은 물 밋테 반다시 흘글 두되 둣텁기 한 치쭘 되게 헐 거시요 사(四)는 인는 바 악물(惡物)을 반다시 속(速)키 벌일 거시라.

이상(以上) 물 쓰는 말은 사람마다 아나 그러나 니가 능(能)히 말허지 안를 수 업는 거슨 사람이 상혜 알되 상혜 홀져(忽諸)이 넉임을 인(因)험이/라.

신학신설
32b

현대어역

지금까지 이야기한 빛과 공기와 물의 이치는 간략하고 밝히기 쉬운 것이지만, 세상 사람들이 매우 깊은 이치는 탐구할 줄 알면서도 이런 일은 소홀히 여겨 빛과 공기와 물이 천하에 지극한 보배임을 알지 못하기 때문이다. 취하지만 다함이 없고 쓰지만 고갈되지 않으므로 사람이 마땅히 많이 얻을 수 있는 것이지만 오히려 남기는 어렵고 부족하기가 쉬운 것이다.

원문(한자 병기)

의논(議論)헌 바 광(光)과 다못 공기(空氣)와 물은 갈약(簡略)허고 발키기 쉬운 거시연마는 세상(世上) 사람들이 다만 극(極)히 깁흔 잇치(理致)을 궁구(窮究)헐 줄 알고 이 일에는 소홀(疏忽)헌이 광(光)과 다못 공기(空氣)와 물이 천하(天下)에 지극(至極)헌 보비 됨을 아지 못험이라. 취지무진

(取之無盡) 용지불갈(用之不竭)헌이 사람이 맛당이 만이 어들 거시연마는 유여(有餘)허기는 얼엽고 부족(不足)허기 쉬운이라.

'수'에 나타난 국어학적 특징

1) 한자음

두음법칙	◎ **석임**(石淋)⟨27b⟩ 　'淋'이 어두에서 두음법칙과 구개음화를 겪어 '림→님→임'으로 변화되는 것을 의식하여 어중에서도 '임'으로 적은 것이다.
반모음	◎ **변**(番)⟨30a⟩ 　'番'의 한자음은 '번'인데 여기서는 반모음 /j/가 첨가된 '변'으로 나타났다. 이곳에서 이렇게 반모음 /j/가 첨가될 음운론적인 이유는 없다.
기타	◎ **석검**(石鹼)⟨25b⟩ 　'鹼'은 오늘날 '감'으로 쓰이는데 이처럼 '검'이란 음도 실제로 유통되고 있었음을 보여 준다. 이는 '檢', '劍' 등과 같이 동일한 성부를 지니는 한자음의 음인 '검'에 영향을 받은 것일 수 있다. ◎ **협**(合)**지**⟨27a⟩ 　'合'의 음으로 '협'을 썼는데 이 문헌의 다른 부분에서는 모두 '합'으로 썼다.

2) 자음 관련

경음화	◎ **글여**⟨25a⟩ 　현대어의 '끓이-'는 '글히->쓸히->끓이-'의 과정을 거쳐서 형성되었다. 어두 경음화를 겪지 않은 '글히-'는 17세기까지 쓰인 것으로 알려져 있는데 여기서의 표기를 통해 19세기 말에도 이 형태가 쓰이고 있었음을 알 수 있다. ['겹받침' 참고]

겹받침	◎ **글여**〈25a〉 '긇-+-이-+-어'의 결합에서 어근 말음 /ㅎ/의 탈락을 반영한 표기이다. ['경음화' 참고]
구개음화	◎ **가디**〈25a〉 '-지'를 '-디'로 적은 것으로, ㄷ구개음화에 대한 과도 교정 표기이다.
두음법칙	◎ **가일**〈25a〉 '가릴'의 '릴'이 '일'로 표기되었는데, 이 문헌 전반에서 비어두에서도 초성에 /ㄹ/, /ㄴ/을 피하고자 하는 경향이 보인다.
자음동화	◎ **빔물**〈26b〉 '빗물'이 '빋물→빈물→빔물'과 같이 비음 동화와 위치 동화를 겪은 것을 반영한 표기이다. ◎ **씨기**〈26b〉 '씻-+-기'가 '씯기→씩기'와 같이 위치 동화된 것을 중철에 대한 인식으로 이와 같이 적은 것이다. ◎ **어덕거든**〈30b〉 '얼-+-었-+-거든'의 결합이 연철된 '어덨거든'에서 '덨'이 음절 말 평폐쇄음화를 겪어 /덛/이 된 뒤 /ㄷ/이 후행하는 /ㄱ/에 의해 위치 동화되어 '덕'이 된 것이다. ◎ **당그지**〈31a〉 '담그-'의 /ㅁ/이 후행하는 /ㄱ/에 의해 위치 동화되어 '당'이 된 것이다.
탈락	◎ **도지**〈30a〉 '돌-+-지'의 결합으로, [+설정성]을 지닌 어미 초성의 자음 /ㅈ/ 앞에서 어간 말음 /ㄹ/이 탈락한 것이다. ◎ **쇠병과 쇠분이**〈32a〉 '쏯+병'과 '쏯+분'에서 선행하는 '쏯'의 말음이 탈락하였다.

3) 모음 관련

고모음화	◎ **왜빈누**〈26b〉 '비누'는 '비노>비누'와 같이 고모음화를 거쳐 이루어진 형태이다. ['중철' 참고]
단모음화	◎ **엉긔여**〈25a〉 '엉긔-+-어'로 아직 자음 아래에서의 /ㅢ/>/ㅣ/의 변화를 반영하지 않고 있다. ['반모음' 참고] ◎ **엉긔에**〈25b〉 '엉긔여'에서 '여'를 '에'로 쓴 것으로 이해된다.
반모음	◎ **엉긔여**〈25a〉 /ㅢ/의 하향성 반모음 /j/의 영향으로 어미 /ㅓ/가 /ㅕ/와 같이 반모음 첨가가 되었음을 보여 준다. ['단모음화' 참고] ◎ **마서서**〈29a〉 '마셔서'에서 '셔→서'와 같은 치찰음 아래에서의 반모음 /j/의 탈 락을 반영한 것이다.
원순 모음화	◎ **먹그문지라**〈24b〉 '머금-+-은지라'의 결합에서 어간 말의 /ㅁ/의 영향으로 어미의 /ㅡ/가 원순모음이 된 것을 반영한 것이다. ◎ **길우는**〈25b〉 '기르-+-는'의 결합으로 /ㄹ/ 아래에서 /ㅡ/가 원순모음이 된 것을 반영한다. ['분철' 참고] ◎ **쩝플**〈27b〉 '꺼풀'은 '거플>거풀>써풀>꺼풀'을 거쳐서 이루어진 것인데, 여 기서는 원순모음화를 반영하지 않았다. ['중철' 참고]
전설 모음화	◎ **씨음**〈28b〉 '쓰임'이 치찰음 아래에서의 전설모음화에 따라 '씨음'이 된 것이다.

◎ **승거운**〈31a〉

　현대어의 '싱겁-'은 '습겁->승겁->싱겁-'의 변화를 거쳤는데 여기서는 아직 치찰음 아래에서의 전설모음화가 반영되어 있지 않다.

4) 분철, 연철, 중철

분철	◎ **남우입**〈25b〉 　'나무+잎'을 과잉 분철한 것이다. 오늘날과 달리 사이시옷은 들어가 있지 않은데, 이런 '나무입'은 19세기 말 20세기 초의 자료에서는 상당히 많이 보인다. ◎ **길우는**〈25b〉 　'기루-+-는'을 과잉 분철하였다. ['원순모음화' 참고] ◎ **굴움갓치**〈28a〉 　'구룸'을 과잉 분철한 것이다. ◎ **널은**〈28b〉 　'너르-+-ㄴ'의 결합을 과잉 분철한 것이다.
연철	◎ **나슬**〈30a〉 　'낫+을'의 연철로 '낯>낫'과 같이 재구조화된 것임을 알 수 있다.
중철	◎ **진는**〈26a〉 　'지-+-는'을 과잉 중철한 것이다. ◎ **젹기**〈26b〉 　'져기>저기>적이'를 거쳐 형성된 '적이'를 중철한 것이다. ◎ **왜빈누**〈26b〉 　'왜비누'를 과잉 중철한 것이다. ['고모음화' 참고] ◎ **쌴는**〈27a〉 　현대어의 '빨-'은 '셜->쌜->빨-'을 통해 이루어진 것인데, '쌜-

+-는'에서 어간의 /ㄹ/이 탈락하여 '째는'이 된 것을 과잉 중철한 것이
다.

◎ **쩝플**⟨27b⟩

　'써풀'을 과잉 중철하였다. ['원순모음화' 참고]

◎ **넘머**⟨30a⟩

　'너무'에 해당하는 '너머'를 과잉 중철한 것이다.

7. 음식飮食

현대어역

음식

땅 위의 생명체 중 풀과 나무 이외의 모든 혈기 있는 존재는 음식으로써 그 삶을 이어간다. 누군가 내게 묻기를 벽곡련기[밥을 먹지 않고 기운을 단련한다는 말이다.]하여 먹지 않고 사는 자가 있다고 들었는데 이것이 믿을 수 있는 일인가 하였다. 이에 대해 답하자면 사람은 먹지 않고 목숨을 스스로 유지하지 못하고 반드시

원문(한자 병기)

음식(飮食)

짠 우희 중싱(衆生)이 초목(草木) 외에 무릇 혈긔(血氣) 인는 쟈(者)는 음식(飮食)으로써 그 사는 거슬 길으지 안는 지(者ㅣ) 업는이라. 혹(惑)이 문(問) 왈(曰) 닉 들은이 벽곡련긔(辟穀練氣)[1][밥 먹지 안코 긔운(氣運)을 달연(鍛鍊)허단

마리라.]하야 먹지 안코 사는 지(者ㅣ) 잇다 헌이 신호(信乎)아. 왈(曰) 사람이 목숨을 능(能)히 스ː로 주장(主張)허지 못허고 반다시

주석

1   『유문의학』(21a:6)의 '仙人不飲食而長生'을 번안한 것으로 추정된다. '벽곡(辟穀)'은 곡식을 끊고 솔잎, 대추, 밤 등을 먹는 것을 말하며 '연기(練氣)'는 호흡을 조절해 수명을 늘리는 훈련을 말한다.

현대어역

음식에 힘입어서 사는 것이다. 소년 때는 뼈와 살이 굳지 않아 모름지기 음식에 힘입어서 자라고 중년 때는 혈기가 날로 소모되므로 반드시 음식에 힘입어서 혈기를 보충하며 나이 들어 늙어서 쇠약해지면 반드시 음식에 힘입어서 기력을 북돋우므로 하루를 먹지 않으면 배가 고프고 3일을 먹지 않으면 걷지 못하고 10일을 먹지 않으면 죽게 된다. 〔50세 이후에는 위의 소화력이 점점 떨어져 날로 소모한 바를 음식으로 충분히 보충하지 못해 노쇠한 모양새가 생기는 것이다.〕 짐승들도 또한 마찬가지이지만 치아와 위장이 같지 않으므로 먹는 것은 다르다. 오직 고기만 먹는 것도 있고 오직 곡식만 먹는 것도 있고 오직 벌레만 먹는 것도 있고 오직 풀만 먹는 것도 있고 오직 과실만 먹는 것도 있는데 각각은 마땅히 먹을 음식이 아니면 먹지 못한다. 개는 풀을 먹지 못하고 소는 고기를 먹지 못하고 양은 벌레를 먹지 못하고 호랑이는 음식(飮食)을 심입어서 사는이 손연(少年)에 고륙(骨肉)이 굿지 안어서는 몰음즉이 음식(飮食)을 심입어서 써 자라고 중연(中年)에는 혈긔(血氣)가 날노 모손(耗損)험이 잇슴미 반다시 음식(飮食)을 심입어서 써 보(補)허고 나이 틀거 쇠약(衰弱)허면 반다시 음식(飮食)을 심입어서 비양(培養)허는 고로 흐루을 먹지 못허면 비곱푸고 삼(三) 일(日)을 먹지 안느면 능(能)히 것지 못허고 십(十) 일(日)을 불식(不食)헌즉 죽는이라. 〖오십(五十) 이후(以後)에는 위경(胃經)에 소화(消和)허는 공역(功力)이 졈〻 감(減)허는지라 날노 모손(耗損)허는 바을 음식(飮食)이 족(足)키 충수(充數)허지 못허는고로 쇠로(衰老)헌 티도(態度)가 싱기는이라.〗 금수(禽獸) 중유(衆類)도 쏘한 그러허나 다만 치아(齒牙)와 장위(腸胃)가 갓지 안키로 먹는 비 쏘 달은이 젼(專)여 고기만 먹는 자(者)도 잇고 젼(專)여 곡식(穀食)만 먹는 자(者)도 잇고 젼(專)여 벌네만 먹는 자(者)도 잇고 젼(專)여 풀만 먹는 자(者)도 잇고 젼(專)여 과실(果實)만 먹는 자(者)도 잇서〻 그 맛당이 먹을 비 안이면 곳 능(能)히 먹지 못허는이 긔는 풀을 먹지 못허고 소는 고기을 먹지 못허고 양(羊)은 벌네을 먹지 못허고 범/은

현대어역

곡식을 먹지 못하지만 사람은 이와 관계없이 곡식과 고기와 과실과 채소가 다 입에 맞으면 위에도 적합하다.

사람이 음식을 먹어야 사는 것은 몸 전체에서 소모되고 흩어지는 것을 음식으로 보충하기 때문인데 사람 몸의 뼈와 살 등이 시시로 화분[변화하여 나뉜다는 말이다.]되고 소모되어 흩어지므로 음식물에 의지하여 이를 보충하는 것이다. 〖먹는 것이 많고 소모되는 것이 적으면 살이 찌고 먹는 것이 적고 소모되는 것이 많으면 파리해지고 먹는 바가 마침 소모되는 바와 딱 맞으면 살찌지도 않고 파리해지지도 않는다. 병자들을 시험 삼아 살펴보면 위에서 소화가 안 되는 사람은 졸지에 곧 파리해지니 살찌고 파리한 것이 음식에 달려 있음을 알 수 있다. 음식이 부족하지 않아도 또한 파리한 사람이 있는데 이는 대개 땀과 오줌과 설사가 지나치게 많기 때문이다.〗 분해된 물질이 수종잡질[두어 가지 좋지 않은 것이다.]을 이루어 몸속에 쌓이면 매우 해로운데 피에 섞여 흘러가서 장중지문[항문이라는 말이다.]에도 이르고 방광 속에도 이르면 핏속의 나쁜 물질이 분리되어 대소변을 따라 나가게 되므로 이런 나쁜 물질은 때때로 흩어져 사라지게 된다. 만일 몸에 부족한 물질을 보충하지 못하면 사람이 점점 파리해져 죽게 된다. 보충하는 방법은 음식에 있으니 어떤 물질이

원문(한자 병기)

곡식(穀食)을 먹지 못허되 사람인즉 불연(不然)하야 곡식(穀食)과 고기와 과실(果實)과 치소(菜蔬)가 다 입에 마즈면 비위(脾胃)에 맛당헌이라. 사람이 음식(飮食)을 심입어서 사는 거슨 능(能)히 빅체(百體)에 모산(耗散)허는 거슬 충수(充數)험인니 사람의 몸에 고륙등질(骨肉等質)이 시〻(時時)로 화분(化分) 〖변화(變化)흐야 논뉘단 마리라.〗 모산(耗散)허민 식물(食物)을 밋더서 써 충수(充數)허는이라. 〖먹는 거시 만코 모손(耗損)허기을 적은즉 살지고 먹는 거시 적고 모손(耗損)허기을 만은즉 파려허고 먹는 비가 맛침 모손(耗損)허는 바을 충수(充數)허면 살지〻도 안코 파려허지도 안는이라. 시엄(試驗)허여 병인(病人)을 본이 비위(脾胃)가 소화(消化)허지 못허는 자(者)는 홀지(忽地)에 곳 파려헌이 살지고 파려헌 거시 음식(飮食)에 미임을 가(可)히 알지라. 음식(飮食)이 감(減)허지 안이코도 쏘한 파려헌 지(者 ㅣ) 잇슨이 더기(大蓋) 똠과 오줌과 설사(泄瀉)가 티/다(太多)헌 연고(緣故 ㅣ)라.〗 화분지물(和分之物)이 수종잡질(數種雜質)〖두어 가지 좃치 아는 거시라.〗을 일워 몸속에 머물은즉 크게 히로음이 잇는이 전(專)여 피을 심입어서 써 힝(行)하야 흘여서 장중지문(腸中之門)〖황문(肛門)이란² 마리라.〗에도 일으고 통(通)하야 방광(膀胱) 속에도 일러 피속에 악물(惡物)이 눈누여 디소변(大小便)을 좃차서 나간이 일언 악물(惡物)이 임의 쩌〻로 소산(消散)허는지라 만일 충수(充數)허는 법(法)이 업슨즉 사람이 점〻(漸漸) 팔

여하야 죽느이라. 충수(充數)허는 법(法)은 음식(飮食)에 잇슨이 무슨 물
건(物件)이

주석

2   18세기 말까지 '항문'을 '황문'으로 썼다. 『역어유해』(1690)에서 '황믄', 『몽
      어유해』(1790)에서 '肛門 황문'이라고 쓴 것이 확인된다. 『증수무원록언해』
      (1796)에서는 '肛門 항문'으로 쓰고 있어 18세기 말에 '肛'의 한자음에 변화
      가 있었던 것으로 보인다. 19세기 말 20세기 초 자료에서도 '肛'을 '황'으로
      읽는 예들이 적지 않다. 지석영의 저술 중에도 『字典釋要』에서는 '肛'의 음
      을 '항'으로 달고 있으나 『言文』에서는 '肛門'을 '황문'으로 적었다.

현대어역

입에 들어가면 치아로 저작[부드러운 상태까지 씹지 않으면 위의 소화력을 많이 쓰게 되어 위가 점점 약해진다.]할 때 입의 침이 음식물과 서로 섞여 죽같이 되어서 인후로 들어간다. 그 후 위의 상관[식도라는 말이다.]을 지나 위 속으로 들어가면 위벽에서 한 층의 담산질[묽고 신 것이다.]이 생기는데 이를 위산이라고 한다. 위산은 모든 음식물의 소화를 주관한다. [위산은 음식물이 없을 때는 생기지 않고 음식물이 들어오면 점점 나와 소화를 시킨다. 음식물이 너무 많으면 소화시키기에 위산이 부족하고 음식물이 몸에 맞지 않거나 입에서 충분히 씹지 않았으면 소화가 더뎌서 음식물이 위의 아랫부분으로 빨리 나가지 못한다.] 다 소화되지 않은 음식물은 위를 빠져나가 소장으로 들어가 또 일종의 유질[흐르는 것이라는 말이다.]을 만나게 되는데 그 소화력이 위산보다 강하다. 위와 소장의 바깥에는 얇은 막이 한 층 있는데 그 형상이 그물 같다. 소화가 된 음식물의 정액이[3][흐르는 즙 같은 것이다.] 위장을 빠져나가

원문(한자 병기)

입에 들어가면 치아(齒牙)로 져작(咀嚼)[져작허기을 녹난(濃爛)허게 못헌즉 비위(脾胃)에 소화지역(消化之力)을 심입음이 마는고로 비위(脾胃)가 점점(漸漸) 약(弱)허는이라.]헐 졔 입에 침이 식물(食物)로 더부러 조화(調和)하야 죽갓치 도야서 인후(咽喉)로 틸여 보니여 비위(脾胃) 상관(上管)[목줄씌란⁴ 마리라.]을 진나 비위(脾胃) 속에 들어가면 비위(脾胃) 속셥질에서 한 층(層) 담산질(淡酸質)[담(淡)허게 신 거시라.]이 싱긴이 명(名) 왈(曰) 위즙(胃汁)이라. 젼(專)여 식물(食物) 소화(消化)허는 일을 주관(主管)헌이 [식물(食物)이 읍슬 쩍는 즙(汁)이 싱기지 안코 식물(食物)이 일은즉 졈ㅅ(漸漸) 나서 소화(消化)허는이 만일(萬一) 식물(食物)이 과다(過多)허면 그 즙(汁)이 소화(消化)허는 데 쓰기 부족(不足)허고 만일(萬一) 식물(食物)이 불합(不合)허던지 혹시 져작(咀嚼)허기을 녹는(濃爛)케 못헌즉 소화(消化)허기 반다시 더듸고 비위(脾胃) 알에목세 속(速)키 용납(容納)하야 나가지 못허는이라.] 소화(消化)허다가 미진(未盡)헌 거슨 비위(脾胃)에 니서 소장(小腸)으로 들어가 쏘 일종 유질(流質)[흘으는 거시란 마리라.]을 만는 이 그 소화(消化)허는 심이 위즙(胃汁)보다 큰이라. 비위(脾胃)와 다못 소장(小腸) 밧게 열분 셥질 한 층(層)이 잇서 그 형상(形像)이 그물 갓튼이 소화(消化)헌바 식물지졍익(食物之精液)이 [유즙(流汁) 갓튼이라.] 힝(行)하/야

주석

3 『유문의학』(21a:15)에 쓰인 '漿質'을 지석영이 '졍액(精液)'으로 번역한 것으로, '즙 같은 물질'의 의미이다.

4 '목줄띠'는 역사적으로 '목쥴뒤>목쥴찌'의 변화를 거친 것으로, '목쥴뒤'는 '목+쥴+뒤'가 결합한 것이다. 목줄띠는 목에 있는 힘줄을 뜻하는데 문맥상 힘줄보다는 식도로 봐야 한다.

현대어역

이 막을 지나서 핏속에 이르고 핏속에서 점점 변하여 수종질[두어 가지 물질이라는 말이다.]이 되어 사람의 몸 각처에 쓰이니 피가 각처로 흘러갈 때 몸속의 부족한 물질이 피를 통해 보충된다.

사람이 날짐승, 길짐승, 물고기, 벌레 등 혈기가 있는 것과 각종 곡식과 과일, 채소 등 혈기가 없는 것을 골고루 먹으므로 피도 되고 살도 되고 몸도 기를 수 있는 것이다. 오직 과일과 채소만 먹는 사람은 파리하고, 고기만 많이 먹는 사람은 어리석고, 편벽되게 한 가지 음식만 먹는 사람은 병이 난다. [오랫동안 늘 한 가지 음식만 먹으면 싫증이 나고 소화도 안 되는데 이는 위가 스스로 불합함을 깨달아 사람에게 경고하여 알게 하는 것이다.] 서양에서 옛날에 과일과 채소는 드물게 먹고 오직 육식만 중요하게 여기는 사람이 있었는데 죽을병에 걸려 두 발이 헐고 얼굴이 누렇게 붓고 잇몸이 들뜨고 입에 선혈이 흐르고

원문(한자 병기)

이 썹질을 진나서 피속에 일으는이 피속에 잇서ㅅ 점ㅅ(漸漸) 변(變)하야 수종질(數種質)〖두어 가지 물건(物件)이란 마리라.〗이 도야 사람의 몸 각쳐지용(各處之用)에 합(合)허는이 피가 각쳐(各處)로 유힝(流行)헐 쪄에 몸속에 젹은바 물건을 반다시 피을 좃차서 거두는이라.

금수어충지유(禽獸魚蟲之類)는 혈긔(血氣) 인는 거시요 빅곡과소지유(百穀果蔬之類)는 혈긔(血氣) 업는 거시라. 사람이 석거서 먹는고로 능(能)히 피도 되고 살도 닉(內)에 잘아고 길으는이라. 홀노 과실(果實)과 치소(菜蔬)만 먹는 자(者)는 팔여허고 만이 고기만 먹는 자(者)는 얼리석고 편벽(偏僻)도이 ᄒᆞᆫ 물건(物件)만 먹는 자(者)는 병(病)나는이 〖젼수(全數)이 한 가지 물건(物件)만 먹기을 올이 헌즉 실증이 나고 소화(消化)허지 못허는이 ㅅ거슨 비위(脾胃)가 스ㅅ로 불합(不合)험을 시다려 사람의게 고(告)하야 알게 험이라.〗 서국(西國) 옛쪄 사람이 과실(果實)과 치소(菜蔬)는 듬물게 먹고 오직 육식(肉食)만 중(重)히 너기는 직(者ㅣ) 잇던이 한 죽을 병(病)을 어더 두 발에 흔데가 나고 얼골이 눌억게 붓고 임몸이 들쓰고 입에 선혈(鮮血)이 흘/으고

현대어역

수족과 피부에 상한 데가 있으면 곧 물러져 진물이 흐르고 맡을 수 없을 정도로 더러운 냄새가 나더니 후에 명의를 만나 명의가 과일과 채소 먹기를 권하여 이에 그 병을 고쳤다고 한다. 또한 뱃사람이 항상 몇 달을 바다에 있으면서 신선한 채소를 먹을 수 없으므로 그러한 병을 면치 못했는데 의원이 하나의 방법을 생각하여 뱃사람에게 배에 탈 때 식초와 레몬즙[과일의 이름으로 그 맛이 식초 같은 것이다.]을 많이 가져가게 했더니 그 이후로는 그 병이 완전히 없어졌다고 한다. 매번 보아하니 불가에서는 사람의 육식을 금지하고 항상 재료[5][고기나 생선을 넣지 않은 음식이라는 말이다.]만 먹게 하는데 재료는 목이버섯과 상추와 두부피 등이다. 이는 다 마르고 정액이 없는 것이라 몸을 기르는 도에 크게 어긋난다. 병든 사람은 신체가 허약하고 파리하므로 마땅히 육식으로 보신을 해야 하는데 시속의

원문(한자 병기)

수족(手足)과 긔부(肌膚)에 상(傷)헌 데 잇스면 곳 물커져 물이 흘너 덜어운 님식을 맛틀 수 업던이 후(後)에 명의(名醫) 만나 과실(果實)과 치소(菜蔬) 먹기을 권(權)하야 이에 이 병(病)을 곳치고 비에 단이는 쟈(者ㅣ) 상혜 수월(數月)을 바다에 잇서ᴅ 가(可)히 시 치소(菜蔬)을 먹을 수 업스미 그러헌 병(病)을 인(因)하야 면(免)치 못허기로 의원(醫員)이 다시 한 법(法)을 싱각하야 하여곰 힝선(行船)헐 쩌에 초(醋)와 다못 령몽즙(檸檬汁)〖과실(果實) 일음인니 그 맛시 초(醋) 갓튼 거시라.〗을 만이 가지게 허엿던이 자차(自此) 이후(以後)로 그 병(病)이 졀무(絶無)헌이라. 미양 본이 불가(佛家)에서 사람의 식육(食肉)허는 거슬 금(禁)허고 상혜 지요(齋料)〖소찬(素饌)이란[6] 마리라.〗만 먹게 헌이 지요(齋料)는 목이(木耳)와 금치(金菜)와[7] 부쥭(腐竹)[8] 등물(等物)이라. 다 말으고 졍익(精液)이 업는 거신이 몸을 길으는 도(道)에 크게 글은이라. 병(病)든 사람이 신체(身體)가 허(虛)ᴅ고 팔여허미 맛당이 육식(肉食)으로 써 보(補)헐 거시여를 시속(時俗)

주석

5 승려의 음식이나 육식을 제외한 정진요리를 말한다.

6 '소찬'은 '素饌'으로 볼 수도 있고 '蔬饌'으로 볼 수도 있다. 해당 협주 바로 뒤에서 '재료'에 버섯과 두부가 포함된다고 하였는데 '素饌'의 의미라면 버섯이나 두부를 포함할 수 있지만 '蔬饌'일 경우는 오직 푸성귀만을 뜻한다. 문맥을 고려할 때 '素饌'으로 보는 것이 더 적합하다고 판단하였다.

7   상추를 '천금채(千金菜)'라 불렀다는 전고가 있어 '금채(金菜)'를 상추로 보았다.

8   '두부피를 말한다. '죽(竹)'에는 '피(皮)'의 의미가 있으며 '腐竹'은 다른 말로 '腐皮'라고도 한다.

신학신설
35b

현대어역

의원이 이치에 어두워서 육식을 극심히 경계하므로 도리어 병자가 날로 허약해진다. 이로 인해 병이 걸린 후 눈이 먼 사람도 있고 귀가 먹은 사람도 있고 수년 만에 비로소 회복된 사람도 있고 평생토록 회복되지 못한 사람도 있고 머리가 빠진 사람도 있고 건망증이 심해진 사람도 있고 총기가 사라져 우둔해진 사람도 있고 한번 병에 걸린 뒤 몸이 전혀 달라져 병에 걸리기 전과 후가 완전히 다른 사람 같은 경우도 있어서 자세히 그 이유를 살펴보니 병에 걸린 뒤 육식을 지나치게 경계했기 때문인 경우가 많았다. 서양 사람은 병에 걸리면 빈부에 상관없이 오래지 않아 곧 회복하는데 이는 육식에 그 비법이 있다. 조양〔몸을 보살피고 기른다는 말이다.〕하는 음식으로는 마땅히 소화하기 쉬운 것과 정액이 많은 것과 기름이 적은 것을 가려야 하는데 〔잘못하여 불결한 것을 먹으면 부스럼이 많이 난다.〕 고기붙이는

원문(한자 병기)

의원(醫員)이 잇치(理致)에 어두어서 육식(肉食) 겡게(警戒)허기을 틱심(太甚)키로 돌우여 병자(病者)로 하여곰 날노 허약(虛弱)하야 병후(病後)에 눈이 어둔 자(者)도 잇고 병후(病後)에 귀가 먹은 자(者)도 잇고 순연(數年)만에 비로소 복원(復原)허는 자(者)도 잇고 종신(終身)토록 능(能)히 복원(復原)치 못허는 자(者)도 잇고 머리가 쓴지는 자(者)도 잇고 잇기 잘허는 자(者)도 잇고 총혜(聰慧)헌 거시 변(變)하야 우졸(愚拙)헌 자(者)도 잇고 흔 번(番) 병(病)에 신체(身體)가 돈연(頓然)이 달너서 전후(前後)가 호련(忽然) 두 사람 갓튼 지(者ㅣ) 잇슨이 지세(仔細)이 그 연고(緣故)을 미루여 본이 병후(病後)에 육식(肉食)을 과(過)히 겡게(警戒)험을 인(因)험이 만터라. 서국(西國) 사람은 병후(病後)에 무론(無論) 빈부(貧富)허고 오러지 안어서 곳 능(能)히 복원(復原)허는 거슨 쏘한 육식(肉食)에 그 법(法)을 어듬이라. 무릇 조양(調養)〔몸을 조섭(調攝)허고 길으단 마리라.〕허는 식물(食物)을 맛당이 소화(消化)허기 쉬운 것과 정익(精液)이 만은 것과 기름 젹은 거슬 갈일 거신이 〘글읏 불결지물(不潔之物)을 먹으면 만이 악창(惡瘡)이 나/는이라.〙 고기붓/치는

현대어역

마른 것을 많이 먹고 살찐 것을 적게 먹으며 과일붙이는 익은 것을 먹고 생것을 [이로 인해 설사를 하고 구토가 나는 경우가 많다.] 먹지 않으며 채소붙이는 연한 것을 먹고 억센 것을 먹지 않는 것이 다 몸을 보신하는 중요한 방법이다. 음식물 중 위에 마땅한 것과 위에 마땅치 않은 것을 가려 뒤에 약간을 나열하겠다.

소화하기 쉬운 것은 양유, 우유[누런 소가 더욱 좋다.], 소고기[어린 것이 좋다.], 양고기, 돼지고기[마른 것이 좋다.], 눈계[어린 닭], 눈압[어린 오리], 반쯤 익은 알[달걀이 좋다.], 엄순[메추리], 자고새, 백합[흰 집비둘기], 참새, 멧비둘기, 물오리, 도요새, 녹육[사슴의 고기], 어류[다 자라고 기름 없는 것이 좋다.], 오곡[곡식], 사고야자 전분, 동과[동아], 절과, 백채[배추], 개채[갓나물], 양배추, 배추순, 현채[비름], 생채, 아채[싹 난 나물], 눈갈

팔여헌 거슬 만이 먹고 살진 거슬 젹게 먹으며 실과(實果)붓치는 익은 거슬 먹고 싱(生)거슬 [설사(泄瀉)와 광는(霍亂)이⁹ 만이 에서¹⁰ 느는이라.] 먹지 안으며 치소(菜蔬)붓치는 연(軟)헌 거슬 먹고 억센 거슬 먹지 안는 거시 다 몸을 보(補)허는 데 요긴(要緊)헌 법(法)이라. 일엄으로 식물(食物)이 비위(脾胃)에 맛당허고 다못 비위(脾胃)에 맛당치 아는 거슬 갈이여 약간(若干) 뒤에 벌이로라.

소화(消化)허기 쉬운 물건(物件)은 양유(羊乳) 우유(牛乳)[황우(黃牛)가 더욱 조흔이라.] 우육(牛肉)[얼인 거시 조흔이라.] 양육(羊肉) 져육(豬肉)[팔여헌 거시 조흔이라.] 눈게(嫩鷄)[얼인 닭] 눈압(嫩鴨)[얼인 오리] 반숙단(半熟蛋)[수란(水卵) 달기 난 거시 조흔이라.] 엄순(鵪鶉)[메출리] 자고(鷓鴣) 빅합(白鴿)[흰 집비들기] 마작(麻雀) 반구(班鳩) 현압(蜆鴨) 사가(沙佳) 녹육(鹿肉)[사슴의 고기] 어류(魚類)[성(成)허고 기름 업는 거시 조흔이라.] 오곡(五穀)[곡식(穀食)] 사곡미(沙谷米) 동과(冬瓜)[동아] 졀과(節瓜) 빅치(白菜)[빅추] 기치(芥菜)[갓남물] 야치(椰菜) 황아빅(黃芽白) 현치(莧菜)[비름] 싱치(生菜) 아치(芽菜)[싹 닌 남물] 눈

현대어역

[칡 순], 우[토란], 소귀나물, 마 뿌리, 연근, 올방개, 의이[율무].

소화하기 어려운 것은 [적게 먹으면 무방하지만 많이 먹으면 소화하기 어렵다.] 비육[기름진 고기], 늙은 돼지의 고기, 늙은 소의 고기, 소금에 절여 훈제한 돼지 다리 고기, 소금에 절인 돼지고기, 소금에 절인 오리고기, 해미[해산물 중 말린 굴과 작은 새우가 가장 소화하기 어렵다.], 두사[비지], 땅콩, 율자[밤], 행인[살구씨], 과사[실과를 거른 찌꺼기], 노채[억센 채소], 노계[늙은 닭], 노압[늙은 오리], 아육[거위고기], 안[기러기], 구육[개고기, 결단코 먹지 말 것이다.], 마육[말고기, 먹지 않는 것이 좋다.], 나복[무], 부채[부추], 선[마늘], 총[파], 수[메밀], 고수, 자소[차조기11], 레몬, 과양12[실과 속], 야자수, 근[미나리], 노과[늙은 오이], 공심채, 함단[소금에 절인 알], 함어[소금에 절인 물고기], 향심[표고버섯], 목이버섯, 건두부, 시금치, 서육[쥐고기, 결단코 먹지 말 것이다13.], 쐐기벌레, 가막조개, 함채[소금에 절인 푸성귀]. 이상의 각종 속명14 미상한 것은 장차 상고하여 다시 기록하겠다.

갈(嫩葛)[칙 순] 우(芋)[토란] 자고(茨菇) 산약(山藥) 연근(蓮根) 마제(馬蹄) 의이(薏苡)[율무]

소화(消化)허기 얼여운 물건(物件)은 〖적게 먹으면 무방(無妨)허되 만이 먹으면 소화(消化)허기 얼여운이라.〗 비육(肥肉)〖살진 고기〗 노져육(老豬肉) 노우육(老牛肉) 화퇴(火腿) 납육(臘肉) 납압(臘鴨) 히미(海味)〖바다 물건(物件) 모기(蚝豉)와 복미(蚨米)가 ᄀ장 소화(消化)허기 얼여운이라.〗 두사(豆渣)〖비지〗 낙화싱(落花生) 율자(栗子)〖밤〗 힝인(杏仁)〖살고씨〗 과사(果渣)〖실과 걸은 직기〗 노치(老菜)〖억센 치소〗 노게(老鷄)〖를근 닭〗 노압(老鴨)〖를근 오리〗 아육(鵝肉)〖거위 고기〗 안(雁)〖길어기〗 구육(狗肉)〖기고기 결단(決斷)코 먹지 안을 거시라.〗 마육(馬肉)〖말고기 먹지 안는 거시 조흔이라.〗 나복(蘿蔔)〖무〗 부치(韭菜)〖부초〗 선(蒜)〖마눌〗 총(蔥)〖파〗 수(菠) 원유(芫荽) 자소(紫蘇)〖차죽이〗 향연(香橼)[15] 과양(果瓤)〖실과(實果) 속〗 야(椰) 근(靳~芹)〖민나리〗 노과(老瓜)〖를근 오이〗 옹치(蕹菜) 함단(鹹蛋)〖소금에 져인 알〗 함어(鹹魚)〖소금에 져인 물고기〗 향심(香蕈)〖버섯〗 목이(木耳) 부죽(腐竹) 금치(金菜) 서육(鼠肉)〖쥐고기 결단(決斷)코 먹지 안을 거시라.〗 모(蚝) 현(蜆) 함치(鹹菜)〖소금에 싸게 져인 푸성귀〗 이상(以上) 각종(各種)에 속명(俗名) 미상(未詳)헌 거슨 장찻(將次ㅅ) 상고(詳考)하야 다시 긔/록(記錄)허리라.

주석

11   깻잎과 모양이 비슷하지만 전체적으로 자줏빛이 돈다.
12   박이나 오이 등의 줄기나 모종을 말한다.

13　한국이 아닌 다른 나라에서는 큰 설치류도 식용으로 삼는데 지석영이 한국의 사정을 반영하여 의견을 덧붙인 것으로 보인다.

14　'속명'은 속어, 즉 구어에서 이르던 명칭을 말한다.

15　'레몬'을 말하는데 이 문헌의 <35a>와 <43b>에서는 레몬을 '령몽'이라고도 하였다.

현대어역

많이 먹은 결과라고 하니 음식을 반드시 가려 먹어야 할 것이다.
음식물이 몸을 기른다는 것은 그 성육『살이 된다는 말이다.』, 생열『열을 낸다는
말이다. 겨울에는 생열할 재료를 많이 먹고 여름에는 성육할 재료를 많이 먹어야 한다.』하는
데 씀을 말한다. 탄질『탄수화물의 바탕이라는 말이다.』을 머금은 것은 열을 낼
수 있는데 곧 전분과 당분과 동물의 기름이고 『면이나 밥 같은 종류가 전분과
당분을 머금었으며 이 두 종류와 기름 속은 대개 탄질이 그 반이 된다.』 질소를 머금은 것
은 살을 이룰 수 있는데 곧 피브린과[17] 단백질과 카세인이다[18]. 『각종 고기
속 태반이 피브린이고 또 핏속에 응결된 1분이 피브린이며 응결되지 않은 1분도 대단히 뜨겁게
하면 또한 응결되는데 이것을 약간 뜨겁게 하여 이루어진 것이 단백질이니 곧 알 속의 흰자위와
바탕이 같다. 또 여러 종류의 식물 속에도 단백질이 있는데 밀가루 같은 것 속에 있는 글루텐이
라 불리는 물질도 그 바탕이 알 속의 흰자위 같으니

원문(한자 병기)

만이 먹어서 일은 비니 그런고로 식물(食物)을 불가불(不可不) 상갈 거시라.

식물(食物)이 능(能)히 몸을 길으는 거슨 그 성육(成肉)[살이 된단 마리라.] 싱열(生熱)[더운 거슬 낸단 마리라. 동절(冬節)에는 싱열(生熱)헐 지요(材料)을 만이 먹고 하절(夏節)에는 성육(成肉)헐 지요(材料)을 만이 먹으라.]허는 데 씀을 위(謂)험이라. 탄질(炭質)[탄긔(炭氣)[19] 밧탕이란 마리라.]을 먹음운 거슨 능(能)히 싱열(生熱)허는이 곳 소분(小粉)과 밋 사탕(沙糖)과[20] 다못 동물(動物)의 기름이요 [면(麵) 반(飯) 등 물(等物) 속(屬)에 소분(小粉)과 다못 사탕(沙糖)을 먹음어슨이 ː 두 물건(物件)과 밋 기름 소에[21] 탄질(炭質)이 딕기(大蓋) 그 반(半)이 되는이라.] 담긔(淡氣)을[22] 먹음운 거슨 능(能)히 성육(成肉)허는이 곳 비포리이(非布里尼)와[23] 다못 단빅질(蛋白質)과 밋 가서의리(加西衣尼)라[24]. 『각종(各種) 고기 속에 틱반(太半)이 비포리이(非布里尼)요 쏘 피속에 응결(凝結)허는 일(一) 분(分)이 비포리이(非布里尼)요 그 응결(凝結)허지 안는 일(一) 분(分)은 딕딘이 쓰겁게 허면 쏘흔 능(能)히 응결(凝結)허는이 ː 거슬 약간 듭게 하야 일운 바 직(渚ㅣ)가 단빅질(蛋白質)인이 곳 알 속에 흰자위와 더부러 밧탕ᄋᆞ갓튼이라. 쏘 수종(數種) 식물(植物) 속에도 단빅질(蛋白質)이 잇슨이 곳 밀가루 갓튼 것 속에 한 가지 물건(物件)이 잇서서 가로등(哥路登)이라 일음하야 그 밧탕이 알 속에 말근 자위 갓튼이

주석

17 피브린(fibrin)은 피가 굳을 때 피브리노젠(fibrinogen)에 트롬빈(thrombin)이 작용하여 생기는 섬유 같은 단백질로 섬유소(纖維素)라고도 한다. 『유문의

학』(22b:12)에서도 주석을 통해 이를 일명 '섬유소(纖維素)'라고 하였다.

18   카세인(casein)은 인단백질의 하나로서 포유류의 젖 속에 들어있는 단백질의 80%를 차지한다. 건락소(乾酪素) 또는 낙소(酪素)라고도 한다. 『유문의학』 (22b:13)에서는 주석을 통해 이를 일명 '건락질(乾酪質)'이라고 하였다.

19   이 문헌에서 '탄기(炭氣)'는 탄소, 이산화탄소, 일산화탄소 등 여러 의미로 쓰였는데 여기서는 문맥상 탄수화물을 말하는 것으로 보인다.

20   '사탕(沙糖)'은 보통 설탕의 의미로 쓰였으나 여기서는 '당분'으로 해석하는 것이 더 적절해 보인다.

21   '속에'의 오기.

22   '담기'는 단백질을 뜻하는 '蛋氣'로 볼 수도 있지만 내용상 대응이 되는 『유문의학』(22b:11)에 따라 질소를 의미하는 '淡氣'로 보았다. 질소는 단백질을 구성하는 성분이다.

23   '피브린'의 의미이다.

24   '카세인'의 의미이다.

현대어역

밀가루를 써서 그 전분을 씻어 버리면 얻을 수 있다. 카세인은 본래 젖 속에 있는 화합물로 만일 신 것을 젖 속에 넣으면 응결되어 두부 같아진다. 또 청두[푸른 콩]와 편두[넓적한 콩] 속에 카세인이 있는데 이를 추출해 두부를 만든다. 또 젤라틴이라[25] 하는 일종질[한 가지 물질이라는 말이다.]이 있는데 곧 아교 같은 종류이다. 뼈와 가죽과 움직이는 힘줄이 다 이것을 머금고 있으므로 젤라틴을 먹으면 살을 보충하지는 못하지만 피부, 뼈, 힘줄을 보충할 수 있다. 고기 삶은 국은 다 젤라틴을 머금었는데 젤라틴은 냉기가 닿으면 응결된다. 물고기 배에 있는 부레가 대개 깨끗한 젤라틴이 된다.] 이 각종 물질 대부분이 한 음식에 다 들어있는 경우가 있는데 각종 고기와 빵과 산우[감자]와 젖과 알 같은 것이다.

이러한 여러 가지 종류의 음식물 중에 고기가 사람의 몸을 기르는 효과가 가장 크다. [그러나 사람이 오직 고기만 먹으면 몸에 병이 없을 수 없다.] 소고기나 양고기 같은 것은 생고기 상태일 때 수분이 대략 절반 정도이고 그 나머지는 질소를 머금고 있어서 5분의 4는 피브린과 단백질이고

원문(한자 병기)

밀가루을 취하야 그 소분(小粉)을 씨서 벌인즉 능(能)히 어들 거시요 가서의리(加西衣尼)는 본(本)

딘 것 속에 잇서호 화합(化合)허 거신이 만일 신 거슬 졋 속에 너으면 응결(凝結)하야 두부(豆腐)

갓고 쏘 청두(靑豆)[푸른 콩]와 편두(扁豆)[닙적헌 콩] 속에 가서의리(加西衣尼)가 잇슨이 가(可)히

쏩바너여서 두부(豆腐)을 만드느니라. 쏘 일종질(一種質)[혼 가지 물건이란 마리라.]이 잇서호 명

(名) 왈(曰) 직날젹니(直辣的尼)이[26] 곳 아교(阿膠) 갓튼 위(類ㅣ)라. 쎄와 가죽과 다못 동(動)허는

심줄에 다 이거슬 먹음운고로 직날젹니(直辣的尼)을 먹으면 살은 보(補)허지 못허고 피골(皮骨)과

다못 동근(動筋)만[27] 보(補)허느니라. 무릇 고기 살문 국에 다 직날젹니(直辣的尼)을 먹음운지라.

그럼으로 닝(冷)헌 걸 단는즉 응결(凝結)허느니라. 어복(魚腹)에 불에가 딕기(大蓋) 졍결(淨潔)헌 직

날젹니(直辣的尼)가 되느니라.] 이 각(各) 질(質)이 틱반(太半) 한 물건(物件) 속에

함게 잇는 지(者ㅣ) 잇슨이 각종 고기와 만두(饅頭)와[28] 산우(山芋)[북감져]

와 졋과 알 갓튼 것신니라.

일어헌 종유(種類) 열어 가지 셩품(性稟) 식물(食物)에 고기가 호장 능(能)

히 사람을 길으는 지(者ㅣ) 된이 [그러나 사람이 다만 고기만 먹고는 몸에 능(能)히

병(病)이 업슬 수 업는이라.] 곳 우양지육(牛羊之肉) 갓튼 거슨 싱(生)고기 쩍에

딕략(大略) 물이 졀반(折半)이 잇고 그 남어지는 담긔(淡氣)을 먹음운 밧

탕이 된이 오분지사(五分之四)는 비포리이(非布里尼)와 다못 단/빅질(蛋白

質)이

주석

25   젤라틴(gelatin)은 동물의 뼈, 가죽, 힘줄 따위에서 얻는 유도 단백질의 하나

로서 뜨거운 물에 잘 녹으며 냉각하면 다시 젤 상태가 된다.

26 '젤라틴'의 의미이다. 표기로 볼 때 '직날젹니이니'에서 '니'가 빠진 것으로
생각된다.

27 수의근이나 주동근(主動筋)과 유사한 의미로 추정된다.

28 뒤의 설명을 보면 이 책에서 말하는 '만두'가 '빵'임을 알 수 있다.

현대어역

5분의 1은 젤라틴이다. 합쳐서 계산해 보면 고기 속에 기름이 4분의 1에서 5분의 1에 이르고 보통의 살코기 100분 중에 성육하는 재료가 40분이고 생열하는 재료가 10분이고 물이 50분이다. 〖물고기의 살에는 홍색 염료질〖붉은 피라는 말이다.〗이 없고 다만 4분의 1이 단단한 물질이고 그 나머지는 물이므로 물고기가 사람의 몸을 기르는 정도가 붉은 피 있는 동물의 고기에 미치지 못함을 알 수 있다.〗 그러나 고기를 생으로 먹지 못하므로 굽고 끓인 후에는 그 바탕이 변하게 된다.

빵은 밀가루로 만든 것으로 밀가루 100분 중에 전분이 70분〖속에 당분이 조금 있다.〗이고 글루텐〖곧 식물의 단백질이다.〗이 15분이고 물이 15분이다. 이 가루를 써서 빵을 만들 때 밀가루가 2분이면 물은 1분을 넣으므로 빵에는 사람의 몸을 기르는 물질의 수효가 3분의 2가

원문(한자 병기)

되고 오분지일(五分之一)은 직날젹니(直辣的尼)요 통겨(統計)허면 고기 속에 기름이 잇기를 사분지일(四分之一)로 오분지일(五分之一)에 일으는고로 심상(尋常)헌 정육(精肉) 미(每) 빅(百) 분(分) 속에 성육(成肉)허는 지요(材料)가 사십(四十) 분(分)이요 싱열(生熱)허는 지요(材料)가 십(十) 분(分)이요 물이 오십(五十) 분(分)이라. [물고기 살은 홍식(紅色) 염요질(染料質)[불근 피란 마리라.]이 소에 잇슴이 업고 다만 사분지일(四分之一)이 정질(定質)됨이 잇고 그 남어지는 물이 된이 물고기의 능(能)히 몸을 기름이 불근 피 잇는 동물지육(動物之肉)에 밋지 못험을 가(可)히 보리로다.] 그러나 고기을 능(能)히 싱(生)으로 먹지 못허미 굽고 쓸인 후에는 그 밧탕이 변기(變改)허는이라.

만두(饅頭)는 밀가루로 써 만든 거신이 밀가루 미(每) 빅(白) 분(分) 속에 소분(小粉)이 칠십 (七十) 부(分)[29][속에 사탕(沙糖)이 죡굼 인는이라.]이요 가로등(哥路登)[곳 식물(植物)의 단빅질(蛋白質)이라.]이 십오(十五) 분(分)이요 물이 십오(十五) 분(分)이라. 이 가루로 써 만두(饅頭)을 만들 젹에 미즁(每中) 이(二) 분(分)이면 물을 일(一) 분(分) 넌는고로 만두(饅頭)의 사람 길으는 수효(數爻)가 삼분지/이(三分之二)가

주석

29 '분'의 오기.

현대어역

된다. 빵 100분 중에 열을 내는 재료가 46분, 살을 이루는 재료가 10분이 있으므로 이 두 가지 수효가 고기 속 두 가지 수효와 비교해 볼 때 서로 반대가 된다. 다만 이러한 빵은 밀기울을[30] 가려내지 않은 것으로 밀을 갈아서 곱게 빻은 뒤 아무것도 가려내지 않고 곧 빵을 만든 것이다. 밀기울에는 글루텐과 양신지질[몸을 기르는 것이라는 말이다.]이 흰 밀가루에 비해 더욱 많다. 흰 밀가루는 100분 중 양신지질 12분을 머금었고 밀기울은 100분 중에 양신지질 17분을 머금었으니 흰 밀가루는 보통의 밀가루에 비해 값은 더욱 비싸면서 몸을 기르는 힘은 더욱 적음을 알 수 있다. 그러나 빈부와 관계없이 사람들이 다 흰 밀가루로 만든 빵을 즐겨 먹으므로

원문(한자 병기)

되는이라. 곳 만두(饅頭) 미(每) 빅(百) 분(分)에 싱열(生熱)허는³¹ 지요(材料)
사십육(四十六) 분(分)과 성육(成肉)허는³² 지요(材料) 십(十) 분(分)을 어든이
ᅟ 두 가지 수효(數爻)가 고기 속 두 가지 수효(數爻)로 더부러 맛침 상반
(相反)허도다. ᅟ만 이 만두(饅頭)는 부피(麩皮)을³³ 오히려 갈여닉지 안은
거신이 곳 밀을 갈어서 세말(細末)하야 다시 아못것도 갈여닉지 안코 곳
만두(饅頭)을 만든 거시라. 밀기울이 즉시(卽是) 부피(麩皮)니 먹음운바 가
로등(哥路登)과 다못 양신지질(養身之質)[몸을 길으는 거시란 마리라.]이 밀 속 빅
면(白麵)에³⁴ 비교(比較)하야 다시 만은이라. 빅면(白麵)은 빅(百) 분(分)에 양
신지질(養身之質) 십이(十二) 분(分)을 먹음고 부피(麩皮)는 빅(百) 분(分)에
양신지질(養身之質) 십칠(十七) 분(分)을 먹음어슨이 빅면(白麵)이 비단(非但)
심상(尋常)헌 밀가루에³⁵ 비(比)하야 갑시 다시 귀(貴)헐 쑨 안이라 그 몸
길으는 심이 다시 젹금을 가(可)히 보리로다. 그러나 무론(無論) 빈부(貧富)
허고 사람이 다 빅면(白麵)으로 만든 만두(饅頭)을 먹기 질겨 허/는이

주석

30 밀에서 가루를 빼고 남은 찌꺼기를 말한다.
31 '싱열'은 칼로리나 열량과 관련된 개념으로 추정된다.
32 '성육'은 단백질과 관련된 개념으로 추정된다.
33 '밀기울'의 뜻이다.
34 밀기울을 완전히 제거한 흰 밀가루를 뜻한다.
35 밀기울이 섞인 밀가루를 뜻한다.

현대어역

만일 밀기울 섞인 빵을 가난한 사람에게 주며 먹으라고 하면 못마땅해
하며 성을 내어 밀기울은 말이나 돼지가 먹는 것인데 사람이 어찌 먹겠
느냐고 할 것이니 이것이 어찌 이치에 밝은 말이겠는가? 밀기울로 만
든 빵은 흰 밀가루로 만든 빵에 비해 더욱 소화가 잘 되고 몸을 더 잘
기를 수 있으며 자주 먹다 보면 그 맛이 매우 좋다는 것도 알게 될 것이
다. 각국 사람이 다 빵을 즐겨 먹는 것은 빵의 열을 내고 살을 이루는
두 가지 바탕이 사람의 몸에 쓰이는 재료와 서로 맞기 때문이다. 장정
한 사람이 매일 살을 이루는 재료 5양과 열을 내는 재료 25양을 먹는데
빵 속에 살을 이루는 재료 매 1분에 열을 내는 재료가 5분이 섞여 있으
므로 성인〖다 자란 사람이다.〗이 매일 빵 3방을 먹으면

원문(한자 병기)

만일(萬一)에 부피(麩皮) 석긴 만두(饅頭)로 써 빈한(貧寒)헌 사람을 주며 먹으라 허면 바련(彿燃)이[36] 성닉여서 허되 부피(麩皮)는 이에 말과 다못 도야지의 먹는 거시라 사람이 엇지 먹으리요 헐인이 ᄏ 엇지 잇치(理致)에 발근 말일이요. 이 만두(饅頭)가 빅면(白麵)으로 만든 만두(饅頭)에 비교(比較)허면 다시 능(能)히 소화(消化)허고 다시 능(能)히 양신(養身)허는이 사람이 상헤 먹어야 그 맛세 심(甚)히 알음다움을 알이라. 각국(各國) 사람이 다 만두(饅頭) 먹기을 질겨 험은 이 물건(物件)의 싱열성육(生熱成肉)허는 두 가지 밧탕이 사람의 몸에 쓰는 바 직료(材料)로 서루 비합(配合)험을 인(因)험이라. 장졍지인(壯丁之人)이 미일(每日)에 모름직이 성육(成肉)허는 직료(材料) 오(五) 양(兩)과 싱열(生熱)허는 직료(材料) 이십오(二十五) 양(兩)을 먹는이 만두(饅頭) 속에 성육(成肉)헐 직료(材料) 미(每) 일(一) 분(分)에 싱열(生熱)헐 직료(材料) 오(五) 분(分)이 잇서 비합(配合)헌고로 성인(成人)『다 자란 사람이라.』이 미일(每日)에 만두(饅頭) 삼(三) 방(磅)을 먹으/면

주석

36 '발연'이라고 썼지만 내용상 대응이 되는 『유문의학』(23b:8)에서 '彿燃'으로 쓴 것을 볼 때 이는 '불연'을 적은 것으로 판단된다. '불연(彿燃)'은 화가 나서 못마땅해하는 모양을 뜻한다.

신학신설
40b

현대어역

충분히 몸을 기를 수 있다.

감자 또한 사람들이 즐겨 먹는데 두어 곳에서 가난한 백성들이 거의 모두 이것만 먹고 사는 경우가 있다. 감자에는 수분이 매우 많은데 100분 중에 대략 물이 75분이고 단단한 물질이 25분이 있다. 단단한 물질 속에는 전분이 23분 반이고 식물성 단백질이 1분 반이 있다. 그러므로 감자를 빵과 비교하면 열을 내는 재료가 불과 그 반을 차지하고 살을 이루는 재료가 겨우 6분의 1이다. 성인이 매일 감자 21방을 먹으면 충분히 몸을 기를 수 있다.

각종의 젖이 사람 기르는 데 가장 적합하니 동물이 출산한 뒤에 곧 젖을 내어 새끼를 기르는 것을 보면 젖이 무슨 바탕이 되는지를 반드시 족(足)히 써 양신(養身)허는이라.

산우(山芋)을 사람이 쏘한 먹기 질겨 하야 두어 곳 졔 가는헌 빅성(百姓)이 거위 젼(全)여 이 물건(物件)만 먹는 데 잇스나 다만 이 물건(物件)이 물을 먹음기 심(甚)히 만은이 민(每) 빅(百) 분(分) 속에 디략(大略) 물 칠십오(七十五) 분(分)과 졍질(定質) 이십오(二十五) 분(分)이 잇슨이 ゝ 졍질(定質) 속에 소분(小粉)이 ゝ 십삼(二十三) 분(分) 반(半)이요 식물(植物) 단빅질(蛋白質)이 일(一) 분(分) 반(半)이라. 그런고로 산우(山芋)을 만두(饅頭)로 더부러 상비(相比)허면 싱열(生熱)허는 지료(材料)가 불과(不過) 거기반(居其半)이요 성육(成肉)허는 지료(材料)가 겨우 육분지일(六分之一)이 되는이 성인(成人)이 민일(每日)에 산우(山芋) 이십일(二十一) 방(磅)을 먹으면 족(足)히 써 양신(養身)허는이라.

각쇠(各色) 졋시 가장 사람 길으는 데 쓰기 합(合)헌이 무릇 동물(動物)이 싱산(生産)헌 뒤에 곳 졋슬 너여 써 길으는고로 졋지 무슨 밧탕이 됨을 반다시

신학신설
41a

현대어역

생각해 보지 않아도 미루어 짐작으로 살을 이루고 열을 내는 양질[두 가지라는 말이다.]이 있음을 알 것이다. 우유 같은 것은 매 100분 속에 단단한 물질 13분을 머금었는데 이 13분 중 4분 반은 카세인이고 3분은 유유[젖의 지방]이고 5분은 유당[젖의 당분]이고 그 나머지 반 분은 염류질이므로 우유에는 살을 이루는 재료 4분 반에 열을 내는 재료 8분이 배합되어 있음을 알 수 있다. 사람의 젖 속에는 살을 이루는 재료 2분 반에 열을 내는 재료 10분이 섞여 있으므로 우유로 어린아이를 기르려 하거든 반드시 물과 설탕을 넣어 사람의 젖과 같게 하라. 나귀 젖은 우유보다 지방이 적어서 소화하기 더욱 쉽고 또 살을 이루는 재료가 많아서 몸이 약한 어린아이가 먹기에

원문(한자 병기)

상고(詳考)헐 것 업시 쏘한 가(可)히 밀우여 반다시 성육싱열(成肉生熱) 양질(兩質)[두 가지란 마리라.]이 잇슴을 알이로다. 곳 우유(牛乳) 갓튼 거슨 미(每) 빅(百) 분(分) 속에 졍질(定質) 십삼(十三) 분(分)을 먹음어슨이 ˎ 십삼(十三) 분(分) 속에 사(四) 분(分) 반(半)은 가서의리(加西衣尼)요 삼(三) 분(分)은 유ˎ(乳油)[졋세 기름]요 오(五) 분(分)은 유당(乳糖)[졋세 사탕(沙糖)]이 요 기여(其餘) 반(半) 분(分)은 염유질(鹽類質)이 된이 우유(牛乳)가 미양 성 육(成肉)헐 지료(材料) 사(四) 분(分) 반(半)에 싱열(生熱)헐 지료(材料) 팔(八) 분(分)이 잇서 비합(配合)험을 가(可)히 보리로다. 사람의 졋 속에는 미양 성육(成肉)헐 지료(材料) 이(二) 분(分) 반(半)에 싱열(生熱)헐 지료(材料) 십 (十) 분(分)이 잇서ˎ 비합(配合)헌고로 우유(牛乳)을 취(取)하야 얼인아히 을 길으려 허거든 반다시 물과 다못 사탕(沙糖)을 너어서 인유(人乳)로 더부러 서루 갓게 허라. 나귀 졋슨 기름 먹음운 거시 우유(牛乳)보다 ˎ 시 젹은고로 더욱 소화(消化)허기 쉽고 쏘 성육(成肉)허는 지료(材料)가 만은지라 얼인아히 신약(身弱)헌 지(者ㅣ)가 먹으/면

신학신설
41b

현대어역

가장 적합하다. 만일 사람이 젖만 먹는다고 할 때 매일 모름지기 6승[여섯 되이다.]을 먹으면 몸을 충분히 기를 수 있다.

몸이 허약하든지 연로하여 사람의 젖을 사서 먹는 자가 있는데 사람의 젖은 다만 어린아이가 먹기에 적합하고 성인은 응당 쇠젖과 나귀 젖을 먹어야 유익하다는 것을 알지 못하는 것이다. 사람 젖을 먹어도 머리카락에 윤이 나는 효과가 없고 그저 유모와 어미, 아이에게 해롭기만 하니 경계하고 또 경계하라.

알 역시 몸을 기르는 음식으로 알 속의 각 물질은 하늘이 정한 대로 병아리를 이루는데 이로 미루어 볼 때 알 속에는 반드시 살을 이루고 열을 내는 재료가 들어있음을 알 수 있다. 새로 낳은 알은 그 재료가 두 층으로 나뉘어 있어 속은 누르고 밖은 맑은데

원문(한자 병기)

가장 맛당헌이라. 만일(萬一) 사람이 다만 졋만 먹을진딘 민일(每日)에 모름직이 육승(六升)〖엿 되라.〗을 어드면 족(足)히 써 양신(養身)허는이라. 사람이 몸이 허약(虛弱)허든지 혹(或) 연노(年老)하야 인유(人乳)을 사서 먹는 쟈(者]) 잇슨이 인유(人乳)가 다만 소아(小兒) 먹기에 합(合)허고 디인(大人)은 응당(應當) 쇠졋과 나귀 졋슬 먹어야 유익(有益)험을 아지 못험이라. 인유(人乳)을 먹으면 호발(毫髮)도 공역(功力)이 업고 한갓 유모(乳母) ᄎ자(母子)로 하여곰 갓치 히(害)롭게만 헌이 겡게(警戒)허고 겡게(警戒)허라.

아리 쏘 가(可)히 양신지물(養身之物)이 됨은 알 속에 각(各) 질(質)이 쏘한 ᄎ를이 비졍(配定)험을 인(因)하야 병아리을 일우는이 ᄎ을 조차 밀우여 알 소에[37] 반다시 셩육싱열(成肉生熱)허는 지료(材料) 먹음움을 가(可)히 알지로다. 시로 나은 아리 그 지료(材料)가 두 층(層)을 분히(分解)야 속은 눌으고 박근 말그나 다/만

주석

37 '속에'의 오기.

현대어역

누른 부분과 맑은 부분이 다 단백질을 머금고 있어 삶으면 안과 밖이
다 응결된다. 알은 매 100분 중에 단백질 15분을 머금었는데 그 흰자위
는 수분이 대부분이며 그 밖에 염류질이 있고 노른자위에는 별도로 지
방이 100분 중 30분 있다. 노른자위의 부피와 흰자위의 부피를 비교해
보면 하나와 둘을 비교하는 것과 같다. 이처럼 알 100분 중에는 지방이
10분, 단백질이 15분이 있고 그 나머지는 수분이 바탕을 이루며 알 껍
질이 전체 무게의 대략 10분의 1이 된다. 쉽게 말하면 알 한 방과 고기
한 방이 열을 내는 재료가 거의 같고 또한 알 두 방 반과 고기 한 방이
살을 이루는 재료가 거의 같다. 삶아서 매우 부드럽게 만든 알은 사람
을 기르는 데에 쓰기에 가장 적합하다.

원문(한자 병기)

눌으고 말근 거시 다 단빅질(蛋白質)을 먹음운지라 만일(萬一) 살무면 니외(內外)가 다 응결(凝結)허는이라. 아리 미(毎) 빅(百) 분(分) 속에 단빅질(蛋白質) 십오(十五) 분(分)을 먹음고 그 말근 자위는 물이 그 틱반(太半)이요 별(別)노 이 염유질(鹽類質)이 잇고 눌은자위는 별(別)노 이 기름이 빅분지삼십(百分之三十)이 잇슨이 눌은자위 붑픠가[38] 말근 자위 붑픠로 더부러 비(比)허면 한아가 둘노 더부러 비(比)허는 것 갓튼지라. 소이(所以)로 알 빅(百) 분(分) 중(中)에 기름 십(十) 분(分)과 단빅질(蛋白質) 십오(十五) 분(分)이 잇고 기여(其餘)는 물 밧탕이요 알 껍질이 디략(大略) 왼통 무게 십분지일(十分之一)이 되는이라. 쉽게 말헐진딘 알 한 방(磅)과 고기 한 방(磅)에 먹음운바 싱열(生熱)허는 지료(材料)가 약간 갓고 알 두 방(磅) 반과 고기 한 방(磅)에 먹음운바 성육(成肉)허는 지료(材料)가 쏘 약간(若干) 갓튼이라. 알을 살머서 심(甚)히 연(軟)헌 거시 가장 사람 길으는 데 쓰기 합(合)헌이라.

주석

38 '부피'는 형용사 '*붚-'(박진호 2000)에 척도 명사 파생 접미사 '-의'가 결합하여 '*부픠>부피'의 형태 변화를 거친 것이다. '기릐>길이', '노픠>높이' 등과 동일한 과정을 통해 형성되었다.

신학신설
43b

현대어역

〔술 이름이다.〕8승과 코코아〔차 같은 종류이다.〕1양과 사탕 1양 반과 차 4분의 1양, 그리고 매 7일 내에 거친 밀가루 반 되와 식초 반 되를 먹게 하였다. 만일 배 안에서 신선한 채소 얻기가 쉽지 않아 항상 함어〔짠 고기〕를 먹게 되더라도 매일 레몬즙을 먹으면 옴으로 인한 피부병을 면할 수 있다. 여러 가지 고기와 각종 채소〔다 모름지기 소금을 더해야 한다. 만일 염분이 부족하면 몸속에서 썩고 문드러져 냄새를 발하는 물질이 생기기 쉬워서 반드시 각종 병이 생긴다.〕를 반드시 익혀 먹어야 한다. 〔동물의 핏속에 염분이 없어서는 안 된다. 염분이 없으면 몸이 허약하고 정신이 없다.〕그 이유가 두 가지 있는데 부드러워 씹기 쉬운 것이 하나이고 배 속에서 소화되기 쉬운 것이 하나이다.

고기를 익히는 법은 세 가지가 있다. 오직 불로만 굽는 것은 '소'이고 〔고기를 불에 가까이하면 겉면의 단백질이 굳어지고 피브린 속의 수분이 가열로 인해 팽창되며 고기가 연해진다. 굽는 동안 열기가 서서히 고기 속에 들어와 고기 속 붉은빛이 검누른 빛이 되면 고기가 다 구워진 것임을

원문(한자 병기)

〖술 일음이라.〗 팔(八) 승(升)과 가ᄉ(可可)〖차(茶) 갓튼 유(類)라.〗 일(一) 양(兩)과 사탕(沙糖) 일(一) 양(兩) 반(半)과 차(茶) 사분양지일(四分兩之一)이요 또 미(每) 칠(七) 일(日) 닉(內)에 것밀가루[42] 반(半) 되와 초(醋) 반(半) 되을 먹게 헌이라. 만일(萬一) 선즁(船中)에서 신치(新荣) 엇기 편(便)치 못하야 상혜 함어(鹹魚)〖짠 고기〗을 먹거든 미일(每日) 영몽즙(檸檬汁)을 먹으면 가(可)히 창긔지병(瘡疥之病)을[43] 면(勉)허리라.

무릇 열어 가지 고기와 다못 치소(菜蔬)〖다 몰음직이 소금을 더헐 거시라. 만일(萬一) 소금이 부족(不足)허면 몸속에서 썩고 물커져 닙식을 발(發)허는 물건(物件)이 잇기 쉬우미 반다시 각(各) 병(病)이 싱기리라.〗을 반다시 익켜서 먹을 거슨 〖동물(動物)의 피속에 가(可)히 소금이 업지 못헐 거시라. 소금이 업스면 몸이 허약(虛弱)허고 정신(精神)이 업는이라.〗 그 연괴(緣故ㅣ) 둘이 잇슨이 연(軟)하야 져작(咀嚼)허기 쉬운 거시 한나요 복즁(腹中)에 소화(消化)허기 쉬운 거시 한너라.

고기을 익키는 법(法)이 세 가지 잇슨이 전(專)여 불노 써 굽는 거시 왈(曰) 쇼(燒)요 〖만일(萬一) 고기가 불에 갓차운즉 외면(外面)에 단빅질(蛋白質)은 응결(凝結)허고 그 비포리이(非布里尼)는 속에 물이 쓱언 것슬 어더 창(脹)험을 인(因)하야 붓고 연(軟)허는이 굽는 바 쓱언 거시 서ᄉ히 고기 속에 전입(傳入)하야 고기 속 불근빗치 변(變)히 금향(錦香) 빗시 되면 고기 굽는 공(功)이 임의 일/움을

주석

42 겨가 포함된 거친 밀가루, 즉 통밀로 만든 밀가루를 말한다. 『유문의학』

(25b:13)에서는 '組麥粉'이라고 하였다.

43 '개창(疥瘡)'이라고도 하며 '옴'을 말한다. 살갗이 매우 가려운 전염성 피부병이다.

현대어역

알 수 있다.] 물을 솥 안에 붓고 불로 고는 것은 '자'이고 [고기를 고면서 깊은

맛을 내고 싶으면 먼저 물을 끓인 후에 고기를 넣는다. 그러면 겉면의 단백질이 굳어지며 고기의

가는 구멍을 막아서 안에 있는 육즙이 새어 나오지 못하기 때문이다. 만일 고기를 너무 오래 고

면 고기가 점점 물크러져서 물에 녹으므로 곧 고기의 몸을 기르는 효과가 구운 고기에 미치지

못하게 된다. 고깃국물을 맑고 맛있게 만들려면 먼저 고기를 가늘게 잘라 냉수에 두어 시각 담가

고기 속의 즙이 물에 녹게 하고 서서히 불을 때 그 물을 얼마 동안 가열시켰다가 다시 불을 때

두어 소금 끓이면 고기 고는 효과를 낼 수 있다. 그 고기가 너무 물러서 국과 같이 먹으려고 하면

많이 끓여야 하고 뼈가 있어서 그 젤라틴을 삶아 내고자 하면 물에 아주 오래 담가 두었다가

많이 끓여야 하며 국 속에 각종 채소를 넣으려면 따로 삶았다가 국이 끓을 때 넣어야 하는데

이는 채소가 끓는 물 속에 오래 있어야 비로소 익게 되기 때문이다. 국물에 단단하며 모양이 덩

어리진 찌꺼기 같은 것이 있으면 이는 변화되지 않은 단백질이므로 건져 버리지 않는다. 국이

식을 때 굳어져 아교같이 되는 것은 속에 젤라틴이 매우 많기 때문인데 이 물질은 몸을 기르는

효과가 매우 적다.]

가(可)히 알 거시라.』 물을 솟 안에 붓고 불노 써 고으는 거시 왈(曰) 자(煮)요

『만일(萬一) 자육(煮肉)ᄒ야 다만 육미(肉味)에 농후(濃厚)헌 거슬 구(求)허거든 반다시 먼저 하여곰 물을 쓸인 연후(然後)에 고기을 너으면 외면(外面)에 단빅질(蛋白質)이 곳 응결(凝結)하야 고기에 가는 구멍을 막어서 닉즙(內汁)이 능(能)히 식여 나오지 못허나 만일(萬一) 고으기⁴⁴ 심(甚)히 오릭즉 고기가 점〻(漸漸) 물커져서 물에 소화(消化)허는고로 자육(煮肉)의 양신(養身)허는 거시 소육(燒肉)에 밋지 못허는이라. 다만 고기을 고아서 그 국에 말고 알음다움을 구(求)허거든 먼저 고기을 세절(細切)하야 닝수(冷水)에 두어 시각(時刻) 당거서 고기 속에 즙(汁)이 물에 소화(消化)헌 거시 잇거든 서〻(徐徐)히 불을 씌여서 그 물노 하여곰 얼마 동안을 덥게 하야쓰가 다시 불을 씌여 하여곰 두어 속금 쓸인즉 고기 고는 공(功)이 임의 일우는이라. 만일(萬一) 그 고기로 하여곰 극(極)히 물너서 국으로 더부러 갓치 먹으려 허거든 반다시 만이 쓸일 거시요 만일(萬一) 쎄가 잇서〻 그 직날젹니(直辣的尼)을 살머 닉고자 허거든 반다시 물속에 당그기을 심(甚)히 오릭 무엇다가 만이 쓸일 것시요 만일 국 속에 각종(各種) 치소(菜蔬)을 너으려 허거든 반다시 쓰루 살머쓰가 국이 장찻(將次ㅅ) 쓸을 씌을 타서 너을 거슨 치소(菜蔬)가 반다시 쓸는 물에 오릭 잇서야 바야으로 능(能)히 익음을 인(因)험이라. 국 속에 만일(萬一) 〻 운바 정질(定質)의 형용(形容)이 성편(成片)헌 사직(渣滓) 갓튼 거시 잇스면 이는 변화(變化)허지 안은 단빅질(蛋白質)인니 가(可)히 건져 버일 것 안이라. 무릇 국이 식은 씩 응결(凝結)하야 아교(阿膠)갓치 되는 거슨 속에 직날젹니(直辣的尼)가 심(甚)히 만은 거신이 〻 물건(物件)이 양신(養身)허는 공역(功力)이 심(甚)히 젹은이라.』

44 '고으-'는 '고-'에 대응된다. '고-'(고기나 뼈 따위를 무르거나 진액이 빠지도록 끓는 물에 푹 삶다.)는 역사적으로 '고으-/고오->고-'의 변화를 거쳤다.

현대어역

솥 안에 넣고 기름으로 지지는 것은 '전'이다. 위에 들어간 후 소화되기 어렵고 쉬운 것을 의논해 보면 불에 구운 고기는 소화가 쉽고 기름에 지진 고기는 소화가 어렵다. 이는 기름이 열로 인해 변화하여 수종질[두 어 가지 바탕이라는 말이다.]을 이루기 때문으로 기름에 지진 것이 가장 소화 되기 어렵다.

밀가루로 만든 점심[45][아침과 저녁 정해 놓은 때 외에 조금만치 먹는 것을 통칭한다.]에 는 결코 기름을 써서 음식을 만들지 않는다. 기름과 밀가루가 서로 만 나면 각종 변화가 일어나 소화되기가 매우 어렵다. 서양의 의원 중에 기름과 밀가루를 합하여 만든 점심이 몸에 가장 나쁘다고 말하는 사람 이 있으니 연약한 사람과 어린아이가 먹기에 매우 좋지 않다.

밀가루를 마르게 찌면 배 속에서 쉽게

솟 안에 넉코 기름으로 써 지~는 거시 왈(曰) 젼(煎)인니 만일(萬一) 비위(脾胃)에 들어간 후(後) 소화(消化)허기 얼엽고 쉬운 거슬 의논(議論)헐 진던 자육(煮肉)이 쉽고 젼육(煎肉)이 얼여움은 기름이 뜩건 거슬 지나서 변화(變化)하야 수종질(數種質)[두어 가지 밧탕이란 마리라.]을 일움을 인(因)험인니 최란소화(最難消化)헌이라.

밀가루로 만든 졈심(點心)[조석(朝夕) 졍(定)헌 씩 외에 조곰앗치 먹는 거슬 통칭(統稱) 졈심(點心)이라.]에 결단(決斷)코 기름을 써서 만들 것 안이라. 기름과 밀가루가 상합(相合)허면 각종(各種) 변화(變化)헌 거시 잇서~ 반다시 소화(消化)허기 얼여운이라. 서국(西國) 의원(醫員)이 일으는 이 잇스되 무릇 기름과 다못 밀가루로 합(合)하야 만든 졈심(點心)이 가장 미운 거시 도야 가(可)히 익의여 말헐 수 업다 헌이 연약(軟弱)헌 사람과 얼인아희가 먹으면 크게 서로 맛당치 못헌이라.

밀가루을 말게 찌는 법(法)을 쓰면 하여곰 그 비 속에 잇서~ 쉽/게

주석

45 여기서 '졈심'은 '간식'의 의미에 가깝다.

319 | 음식
飮食

현대어역

소화된다. 그 방법은 밀가루 2분과 물 1분에 술을 쳐서 섞은 뒤 부풀어 올라 덩어리가 되게 하고 화로 위에 놓아 굽는 것으로 이를 빵이라 하는데 모름지기 조각을 얇게 만들어 구워야 한다. 만일 덩어리가 크면 속이 익기 어렵고 소화되기도 쉽지 않다. 소금 약간을 밀가루 속에 넣어도 무방하다. 빵은 새로 만든 것을 바로 먹지 말고 반드시 식기를 기다려 약간 연해지거든 그때 먹어야 한다.

병이 있는 사람과 몸이 약한 사람은 양고기나 소고기나 닭이나 꿩이나 토끼나 흰 살 생선[속명 미상]을 먹어야 하며 그 밖에 고깃국과 밀가루를 먹고 쌀과 젖과 알로 만든 점심을 먹어야 한다. 다만 구운 고기와 소우[송아지 태아], 소양[새끼 양]의 고기 및 거위와 오리와 소화(消化)허는이 그 법(法)은 밀가루 이(二) 분(分)과 물 일(一) 분(分)에 술을 쳐서 조화(調和)하야 하여곰 붑푸러 올은 덩얼이 되게 하아서 화로(火爐) 우희 노아 구은 거시 명(名) 왈(曰) 만두(饅頭)니 몰음직이 열게 조각을 만들어 구을 거시라. 만일(萬一) 덩얼이가 큰즉 속이 익기 얼엽고 소화(消化)허기 쉽지 못헌니라. 혹(或) 소금 소허(少許)을 밀가루 속에 넌는 거시 쏘한 무방(無妨)헌이라. 무릇 만두(饅頭) 시로 만든 거슬 가(可)히 먹지 안을 거시요 반다시 닝(冷)험을 기다려 적이 연(軟)허거든 바야으로 먹을 거시라.

유병지인(有病之人)과 신약지인(身弱之人)은 가(可)히 양육(羊肉)과 혹(或) 우육(牛肉)과 혹(或) 닥과 다못 꿩과 다못 톡기와 혹(或) 빅어(白魚)〖미상(未詳) 속명(俗名)〗을 먹을 거시요 별(別)노이 육탕(肉湯)과 다못 밀가루을 먹고 혹(或) 쌀과 다못 젓과 알노 만든 점심(點心)을 먹을 거시요 다만 져육(豬肉)과 다못 소우(小牛)〖송치(稚)〗 소양(小羊)〖양치(羊稚)〗지육(之肉)과 밋 거위와 오/리와

현대어역

시어[준치]와 날생선[속명 미상]과 소금에 절인 어물과 별류[자라류], 합류[조개류]는 다 먹지 말아야 한다. 오직 굴[속명 미상]은 먹을 만하며 또 두류[콩류], 핵도류[호도류], 살구씨 같은 것과 수과[참외나 수박 같은 것]는 다 먹지 말아야 한다. 귤과 포도는 오직 익은 것을 먹어야 하며 만일 단 것을 먹고 배 속에서 신물이 오르내리는 듯하면 절대 많이 먹지 말아야 한다. 병이 없는 사람이 맥주를 마시는 것은 가장 유익하지만 많이 마셔서 배 속에서 가스가 생기는 듯하면 절대 마시지 말고 맑은 술이나 증류주에 물을 타서 대신하라.

배가 약간 고픈 듯하면 곧 음식을 먹되 너무 많지 않게 먹는다. 너무 많이 먹는 것과 [또 매번 먹을

원문(한자 병기)

시어(鰣魚)〖준치〗와 선어(鱔魚)〖미상(未詳) 속명(俗名)〗와 함어(鹹魚)와 별유(鼈類)
〖자라유(類)〗와 합유(蛤類)〖조기유(類)〗을 다 가(可)히 먹지 안을 거시요 오직
여황(蠣黄)〖미상(未詳) 속명(俗名)〗인즉 가(可)히 먹을 만허고 쏘 두유(豆類)〖콩유
(類)〗 힉도유(核桃類)〖호도유(胡桃類)〗 힝인(杏仁) 갓튼 것과 다못 수과(水果)〖참
외 수박 갓튼 것〗을 다 가(可)히 먹지 안을 거시요 오직 귤과 포도(葡萄)는
가(可)히 그 익근 거슬 먹을 거시요 만일(萬一) 단 물건(物件)을 먹어서
복중(腹中)에 신물이 올으니리는 듯허거든 반다시 만이 먹지 안을 거시
라. 무병지인(無病之人)이 비쥬(啤酒)을 마시는 거시 가장 유익(有益)허나
만이 마서ᵛ 복중(腹中)에 긔운(氣運)이⁴⁶ 발(發)허는 듯허거든 반다시 마
시지 말고 가(可)히 말근 술과 혹(或) 화쥬(火酒)에 물을 타서 딕신(代身)
허라.

무릇 사람이 비가 젹이 곱푼 듯허거든 곳 식물(食物)을 먹으되 다만 가
(可)히 넘어 만치 안을 거시라. 무릇 식물(食物)이 넘어 만은 것과 〖쏘 미양
먹/을

주석

46 여기서 '긔운'은 가스에 가까운 것으로 추정된다.

신학신설
46a

현대어역

때에 여러 가지를 먹지 말아야 한다.] 너무 적게 먹는 것과 먹을 때 다른 일로 근심에 빠지는 것과 식후에 너무 급히 일을 하는 것과 제때 먹지 않는 것이 다 소화하는 데 방해가 되니 반드시 알아 두어야 한다.

이른 아침에 일어나 아침밥을 먹지 않으면 배 속이 텅 비어서 병에 걸리기 가장 쉬우니 일어난 이후에 반드시 곧장 밥을 먹는다. 다만 아침밥을 너무 많이 먹으면 나른하고 정신이 없으니 아침으로는 부드러운 빵과 고기 약간에 차나 커피 한두 잔을 같이 먹으면 보통 사람은 소화하기 어려운 병이 없을 것이다. 차와 커피를 요즘 각국에서 다 쓰니 그 재료가 사람의 몸에 쓰기 적합함을 알 수 있다. [여름에 보리 물을 마셔 갈증을 해소하면 그 효과가 차보다 낫다.]

원문(한자 병기)

썩에 맛당이 열어 가지을 말 거시라.』 넘어 적은 것과 혹(或) 먹을 찌에 경영사려(經營思慮)허는[47] 것과 혹(或) 식후(食後)에 수고허기을 넘어 급(急)히 허는 것과 혹(或) 먹기을 젯찌에 안이 허는 거시 다 소화(消化)허는 데 방회(妨害)롭이 잇슨이 불가불(不可不) 알 거시라.

청조(清早)에 일어나 조반(早飯)을 먹지 안은즉 복중(腹中)이 공허(空虛)하야 가장 병(病) 밧기 쉬운이 소이(所以)로 일어는 이후에 맛당이 곳 밥을 먹을 것시되 다만 조반(早飯)을 넘어 만이 먹은즉 곤권(困倦)허고 정신(精神)이 업는이 조반(早飯)에 연(軟)헌 만두(饅頭)와 다못 고기 소허(少許)와 차(茶)와 혹(或) 가비(咖啡~珈琲) 한두 잔(盞)으로 써 갓치 먹으면 심상지인(尋常之人)은 가(可)히 소화(消化)허기 얼여운 병(病)이 업스리라. 차(茶)와 다못 가비(咖啡~珈琲)을 근일(近日) 각국(各國)이 다 쓴이 그 지료(材料)가 사람의 몸에 쓰기 합(合)험을 가(可)히 보리로다. 『하절(夏節)에 딕뫽수(大麥水)을 마셔ˀ 히갈(解渴)허면 공역(功力)이 차(茶)보다 나은/이라.』

주석

47 의미가 확실하지 않지만 문맥상 밥을 먹을 때 다른 일로 근심한다는 뜻이므로 '經營思慮'로 한자를 병기하였다. '경영하–'는 오늘날 기업이나 사업을 관리하고 운영한다는 의미로 쓰이지만 19세기 말 20세기 초에는 보다 넓은 의미로 어떤 일을 준비해 진행한다는 뜻으로 쓰였다. [언더우드(1890:54) 경영ᄒ오: To premeditate, to reflect, 게일(1897:221) 경영ᄒ다: To lay plans for; to make preparations for, 문세영(1938:101) 경영: (一) 일을 다스려가는것. (二) 일을 하여 나가는것.]

신학신설
46b

현대어역

그러나 만일 심히 농[진하다는 말이다.]한 것을 마시면 심장 뛰는 것이 고르지 못해 어지럽고 잠이 오지 않으며 음식물의 소화도 어렵다. 대개 차의 성질이 커피에 비해 낫지만 그래도 너무 진하게 마시지 말아야 하며 또 많이 먹지 말아야 한다. 밥을 많이 먹은 후에 커피 한 잔을 마시는 것이 가장 좋은데 커피를 마시면 정신이 들기 때문이다.

밥 먹는 때는 응당 일정한 시간을 정해 두어야 한다. 일정한 때가 없으면 병을 면치 못하니 사람이 병을 면하고 하루 안에 가장 좋은 정신을 얻고자 하면 오전 여덟 시 이후 아홉 시 이전에 아침밥을 먹고 오후 두 시 이후에 점심밥을 먹되 『대략 아침 식사 후 다섯 시간 만에 점심밥을 먹는 것이

원문(한자 병기)

그러나 만일(萬一) 심히 롱(濃)〖진(津)허단 마리라.〗헌 거슬 마신즉 심경(心經)
쒸는 거시 골으지 못하야 사람으로 하여곰 어질업고 잠자지 못허고 식
물(食物) 소화(消化)허기에 얼여운이라. 디기(大蓋) 차(茶)의 성졍(性情)이
가비(咖啡~珈琲)에 비(比)하야 다시 알음다우나 가(可)히 넘어 롱(濃)케
안이 헐 거시요 쏘 가(可)히 만이 먹지 안을 거시라. 무릇 사람이 밥을
만이 먹은 후에 가비(咖啡~珈琲) 혼 잔(盞)을 마시면 가장 묘(妙)헌이 사
람으로 하여곰 졍신(精神)이 잇슴을 씌단는이라.

밤 먹는 씌가 응당(應當) 일졍지시(一定之時)가 잇슬 것시라. 일졍지시(一
定之時)가 업스면 병(病)이 잇슴을 면(勉)치 못허는이 사람이 병(病)을 면
(勉)허고 일ㅅ지닉(一日之內)에 가장 조흔 졍신(精神)을 엇고자 허거든 가
(可)히 진졍(辰正) 이후(以後) 사초(巳初) 이젼(以前)에 조반(早飯)을 먹고 미
졍(未正) 이후(以後)에 즁반(中飯)을 먹되 〖딕략(大略) 조반(早飯) 후(後) 두 시(時) 반
(半)[48] 만에 즁반(中飯)을 먹으면

주석

48 12시간 체계에서 한 시는 24시간 체계의 두 시간에 해당하므로, 여기서 '두
    시 반'이라고 한 것은 24시간 체계에서는 다섯 시간에 해당한다.

신학신설
47a

현대어역

가장 좋다.] 너무 많이 먹지 말아야 하며 오후 다섯 시에 저녁을 먹고 [조금 많아도 무방하다.] 먹은 후 한 시간을 거닐며 이후에는 다른 음식을 먹지 않고 차 한 잔을 마신다. 누워 잘 때 이르러 음식물이 이미 다 소화되었거든 마른 떡 같은 편안한 음식으로 간식을 삼으면 달게 잘 것이니 배 속이 텅 비면 편안히 눕지 못하기 때문이다. 오후 일곱 시 이후에 저녁을 많이 먹으면 누워 잘 때에 이르러도 배 속의 음식물이 다 소화되지 않기 때문에 어지러운 꿈을 많이 꾸게 되고 자다가 가위에 눌리는 일이 잦으며 일찍 일어나서 혀를 보면 백태 한 겹이 생겨 있고 [평소에 반드시 혀를 씻고 닦아서 깨끗하게 해 두면 병을 면할 수 있다.] 몸이 피곤하고 게을러짐을 깨닫게 된다. 쉽게 말해 너무 많이 먹어 생기는 병이 너무 적게 먹어 생기는 병에

몸을 쳔디(賤待)험이 금수(禽獸)로 더부러 무어시 달으리요. 또 밥 먹는 동안이 가(可)히 넘어 속(速)헐 것 안임은 비단(非但) 보기만 아(雅)허지 못헐 분 안이라 또한 식믈(食物)노 하여곰 다시 소화(消化)허기 얼여운이라. 치아(齒牙)로 져작(咀嚼)허기가 볼닉(本來) 능(能)히 심(甚)이 속(速)헐 수 업고 소식지믈(所食之物)이 입에 침으로 더부러 화균(和勻)허기가 또한 능(能)히 더듸지 안을 수 업고 또 비위(脾胃) 속에 들어가는 바 물건(物件)이 홀연(忽然) 만은즉 소화(消化)허는 지료(材料)가 서로 맛당치 못하야 복중(腹中)에 반다시 만은 긔운(氣運)을 발(發)허는이 무릇 얼인아히 길으는 직(者ㅣ)가 응당(應當) 하여곰 그 찬ヽ이 먹게 허되 식믈(食物) 씹기을 심(甚)히 가는 후에 싱키게 허라. 그러치 안은즉 벌읏되야서 자연(自然) 장성(長成)헌 후에도 곳치기 얼여운이라.

신학신설
48a

현대어역

술은 종류가 매우 많지만 그 성질은 대략 서로 같다. 정신을 보충하는
효과가 있으나 많이 마셔서 정도를 넘기면 사람이 미치고 취하여 그 해
가 아편연을 피운 것과 거의 같다. 〔술을 과도히 먹으면 간에 종기가 나고 뼈에 혹이
생기며 큰 종기나 부스럼, 코피, 황달, 중풍 등의 증상이 생긴다.〕 서양의 의원이 미친병의
근원을 연구했는데 술을 과도히 먹음으로써 미친 사람이 3분의 2가 된
다고 하였다.

사람이 먹는 음식이 또한 토지에 매여서 맞지 않으면 병이 나는데 북방
사람은 살찌고 기름진 것이 마땅하고, 남방 사람은 과일과 채소가 마땅
하고, 중간 지역 같은 데는 곡식과 과일과 채소가 마땅하고, 소고기, 양
고기, 돼지고기는 더욱 마땅하며, 고기를 먹지 않는 사람은 몸이 많이
연약하다. 그 땅에서 난 것은 그 땅에 사는 사람이 먹는 것이 마땅하므
로 북방의 추운 지방에서

원문(한자 병기)

수리 종유(種類)가 심(甚)히 만으되 그 성품(性稟)은 디략(大略) 서로 갓고 그 공역(功力)은 능(能)히 졍신(精神)을 보(補)허나 그러나 만이 마셔〃 졍수(定數)가 업스면 사람으로 하여곰 밋치고 취(醉)하야 그 히(害)가 아편연(阿片煙) 먹은 것과 거위 갓튼이라. 〔술 먹기을 과도(過度)이 헌즉 미양 간경(肝經)에 동긔(腫氣)와 다못 썩에 붓튼 혹과 큰 동긔(腫氣)와 물커지는 부슬엄과 코피와 황달(黃疸)과 중풍(中風) 등증(等症)이 싱기는이라.〕 서국(西國) 의원(醫員)이 밋친병(病)[51] 근원(根源)을 밀우려 궁구(窮究)헌이 과도(過渡)이 술 먹음을 인(因)하야 밋친 지(者 ㅣ)가 삼분이(三分二)가 된다 일으더라.

무릇 사람의 식물(食物)이 쏘흔 토디(土地)에 미여서 합당(合當)치 못허면 병(病)이 나는이 디져(大抵) 북방(北方) 사람은 살지고 기름진 거슬 먹음이 맛당허고 남방(南方) 사람은 실과(實果)와 치소(菜蔬)을 먹는 거시 맛당허고 중토(中土) 갓튼 데는 곡식(穀食)과〃실(果實)과 치소(菜蔬)가 맛당허고 더욱 우양져육(牛羊豬肉)이 맛당허기로 고기을 먹지 안는 자(者)는 몸이 만이 연약(軟弱)헌이라. 디기(大蓋) 소싱지물(所生之物)을 보(本)바닥[52] 사람이 먹는 거시 서로 맛당헌고로 북방(北方) 닝/디(冷地)에

주석

51 미친 증세가 일어나는 병을 뜻한다.
52 '본바닥'의 오기.

신학신설
48b

현대어역

짐승이 많이 나고 남방의 더운 국가들에서 곡식과 과일이 많이 나는 것은 하늘이 사람을 위하여 만물을 낼 때 하나도 갖춰주지 않은 바가 없음이다. 〖아프리카 사람이 날마다 살찌고 기름진 것을 먹으면 반드시 죽는다.〗

원문(한자 병기)

금수(禽獸)가 만이 나고 남방(南方) 열국(熱國)에 곡과(穀果)가 만이 난이 하날이 사람을 위(爲)하야 물건(物件)을 님이 무일불비(無一不備)험을 가(可)히 볼지로다. 〖아비리가(阿非利哥) 사람이 만일(萬一) 날마다 살지고 유이(油膩)헌 거슬 먹으면 반다시 죽는이라.〗

'음식'에 나타난 국어학적 특징

1) 한자음

구개음화	◎ **지요(齋料)만**〈35a〉 '料'가 어두에서 두음법칙과 구개음화에 따라 '료→뇨→요'가 되는 것을 의식하여 어중에서도 '요'로 표기한 것이다. ['두음법칙' 참고] ◎ **칭역(冊曆)**〈43a〉 '曆'이 어두에서 두음법칙과 구개음화에 따라 '력→녁→역'이 되는 것을 의식하여 어중에서도 '역'으로 표기한 것이다. ['두음법칙', '자음동화' 참고]
단모음화	◎ **겡게(警戒)허기을**〈35b〉 '警'이 '경'이 아닌 '겡'으로 주음되어 있는데 이는 /ㅕ/→/ㅔ/의 단모음화를 반영한 것이다. ['반모음' 참고]
두음법칙	◎ **지요(齋料)만**〈35a〉 '料'가 어두에서 두음법칙과 구개음화에 따라 '료→뇨→요'가 되는 것을 의식하여 어중에서도 '요'로 표기한 것이다. ['구개음화' 참고] ◎ **괌는(霍亂)이**〈36a〉 '亂'이 어두에서 두음법칙에 따라 '란→난'으로 표기되는 것을 의식하여 어중에서도 '는'으로 표기한 것이다. ['자음동화', '아래아' 참고] ◎ **칭역(冊曆)**〈43a〉 '曆'이 어두에서 두음법칙과 구개음화에 따라 '력→녁→역'이 되는 것을 의식하여 어중에서도 '역'으로 표기한 것이다. ['구개음화', '자음동화' 참고]

반모음	◎ **겡게(警戒)허기을**〈35b〉 　‘戒’가 ‘계’가 아닌 ‘게’로 표기된 것은 반모음 /j/의 탈락을 반영한 것이다. 『언문』에 보면 ‘幣’, ‘斃’, ‘廢’의 경우도 한자음이 반모음 /j/의 탈락을 반영한 ‘폐’로 나타나 있다. ◎ **눈게(嫩鷄)**〈36a〉 　‘鷄’가 ‘계’가 아닌 ‘게’로 표기된 것은 반모음 /j/가 탈락을 반영한 것이다.
아래아	◎ **괭는(霍亂)이**〈36a〉 　‘亂’은 본래의 음이 ‘란(난)’이지만 /ㆍ/>/ㅏ/에 대한 인식으로 ‘론 (논)’으로 적은 것이다. [‘두음법칙, ‘자음동화’ 참고]
자음동화	◎ **녹난(濃爛)허게**〈34a〉 　‘농란’의 ‘란’은 두음법칙을 의식한 이 문헌의 표기 경향에 따르면 ‘농난’으로 적히게 되는데, 이때 ‘농’의 /ㅇ/을 /ㄴ/ 앞의 /ㄱ/이 위치 동화된 결과로 이해하고 ‘녹’으로 표기한 것으로 보인다. ◎ **괭는(霍亂)이**〈36a〉 　‘곽’의 말음 /ㄱ/이 후행하는 /ㄴ/의 영향으로 비음 동화된 것을 반 영하여 ‘괭’으로 적은 것이다. [‘자음동화’, ‘아래아’ 참고] ◎ **칭역(冊曆)**〈43a〉 　‘칙력→칙녁’과 같은 비음화가 일어나고 ‘칙’의 말음 /ㄱ/이 후행 하는 /ㄴ/의 영향으로 비음 동화되어 ‘칭’이 된 뒤 ‘녁’을 ‘역’으로 표 기한 결과 ‘칭역’이란 표기가 이루어진 것으로 보인다. [‘구개음화’, ‘두음법칙’ 참고]
중철	◎ **손연(少年)에**〈33a〉 　‘소년’을 과잉 분철한 것이다. ◎ **순연(數年)**〈35b〉 　‘수년’을 과잉 분철한 것이다.

기타	◎ **엄순(罨鶉)**〈36a〉 ‘鶉’은 覃韻에 속하는 것으로 ‘암’이 올바른 음이다. 『자전석요』에서는 ‘鶉’을 ‘鵪’과 통용하는 것으로 밝히고 음을 ‘암’으로 달고 있다. 이 ‘鵪’ 또한 覃韻에 속하는 것이다. ‘鶉’를 ‘엄’으로 읽은 것은 聲符인 ‘奄엄’에 의한 유추로 생각된다. ‘奄’은 鹽韻에 속한다. ◎ **통겨(統計)허면**〈39a〉 ‘計’에 ‘겨’라는 음이 있음을 보여 준다.

2) 자음 관련

겹받침	◎ **복근**〈37b〉 ‘봇-+-은’의 결합으로 이루어진 것인데, 이런 활용을 하면서 종성의 /ㅅ/이 말음 /ㄱ/에 동화하여 ‘봇-’과 같이 재구조화한 것으로 보인다. 17세기 후반부터 ‘봇-+-아’가 ‘복가〈마경초집언해 하:111a〉’로 나타나는 것이 있는데 이를 잘 보여 주는 표기이다. ◎ **말고**〈44a〉 ‘맑-+-고’의 결합에서 어간 말음 /ㄱ/의 탈락을 반영한 표기이다. ['경음화', '아래아' 참고] ◎ **닥거서**〈47a〉 ‘닷-+-어서’의 결합에서 어간 종성 /ㅅ/이 말음 /ㄱ/에 동화되어 어간이 ‘닥-’으로 재구조화되었다. ['모음조화' 참고]
경음화	◎ **직기**〈36b〉 현대어 ‘찌끼’에 대응하는 형태의 어두 경음화 이전 모습을 반영한다. 17세기 문헌에 ‘즉긔’와 같은 표기가 보인다. ['전설모음화' 참고] ◎ **말고**〈44a〉 ‘맑-+-고’의 결합에서 어간 말음 /ㄱ/이 탈락하였음을 보여 주는데 어미의 경음화는 반영하지 않았다. ['겹받침', '아래아' 참고]

두음법칙	◎ **를근**〈36b〉 　‘늘근’의 ‘늘’이 ‘를’로 표기되었는데, 이는 두음법칙에 따라 ‘ㄹ’을 ‘ㄴ’으로 적는 경향을 의식한 표기이다. ◎ **한를**〈41b〉 　‘하늘’의 ‘늘’이 ‘를’로 표기되었는데, 이는 두음법칙에 따라 ‘ㄹ’을 ‘ㄴ’으로 적는 경향을 의식한 표기이다. [‘중철’ 참고] ◎ **말인즉**〈42b〉 　‘말리-’는 ‘말외->말뢰->말리-’의 변화를 거쳐서 형성된 것이다. 이곳에서 ‘말이-’로 표기된 것은 둘째 음절의 ‘리’가 어두에서 ‘리→니→이’로 두음법칙과 구개음화의 영향을 받는 것을 의식한 표기이다.
자음동화	◎ **임몸**〈34b〉 　‘잇몸→인몸→임몸’과 같이 비음 동화와 위치 동화를 반영한 표기이다. ◎ **상갈**〈38a〉 　‘삼갈→상갈’과 같이 위치 동화를 반영한 표기이다. ◎ **당거서**〈44a〉 　‘담그-+-어서’의 결합으로, 어간 내에서 위치 동화가 일어나 것이다. [‘모음조화’ 참고]
탈락	◎ **시염허여**〈33b〉 　‘시험→시염’과 같이 모음 사이에서 /ㅎ/의 탈락을 보여 준다. ◎ **져인**〈43a〉 　‘절이-’는 18세기 문헌에서부터 ‘절이-’로 나오는데, 이 말이 ‘절이-+-ㄴ’의 결합으로 쓰인 것이다. 당시 표기법에 따르면 이를 ‘저린’과 같이 적는 것이 일반적이나 /ㅣ/ 모음 앞에서 ‘ㄹ’이 탈락된 것을 보여 준다. [‘반모음’ 참고]

3) 모음 관련

고모음화	◎ **혼데**〈34b〉 '헌데'의 의미이다. '헌데'는 역사적으로 '헌디/헌듸>헌데'의 변화를 거쳤는데, '헌디/헌듸'는 '헐-+-ㄴ+디/듸'의 방식으로 결합하여 형성된 것이다. 여기서는 /ㅓ/와 /ㅡ/의 유사성에 따라 '헌데'를 '혼데'로 적은 것이다. ◎ **듭게**〈38a〉 '덥게'의 '덥'이 '듭'으로 고모음화된 것을 반영한 표기이다.
모음조화	◎ **당거서**〈44a〉 어간과 어미의 결합이 모음조화를 따르고 있지 않다. ['자음동화' 참고] ◎ **닥거서**〈47a〉 어간과 어미의 결합이 모음조화를 따르고 있지 않다. ['겹받침' 참고]
반모음	◎ **모와서**〈37b〉 '모ㅎ-'에서 변화되어 온 '모으-'가 '모으-+-아서'와 같이 어미와 결합한 것으로, 어간 말음 /으/가 탈락한 후에 어간의 모음 /ㅗ/에 의해 어미에 반모음 /w/가 첨가된 결과로 이해된다. ◎ **데에**〈37b〉 '데우-'의 의미로, 중세국어 '더이-'가 축약된 '데-'에 어미 '-어'가 결합되고 반모음 /j/가 첨가된 것으로 이해된다. ◎ **져인**〈43a〉 '절이-+-ㄴ'의 결합에서 'ㄹ'이 탈락되고, 치찰음 아래에서 반모음 /j/가 첨가된 것이다. ['탈락' 참고]
아래아	◎ **잘아고**〈34b〉 'ᄌᆞ라고>자라고'와 같이 어두에서의 /ㆍ/>/ㅏ/의 변화를 반영한 표

기이다. ['분철' 참고]

◎ **길으논이라**⟨34b⟩

'기ᄅ->기르-'와 같이 비어두에서의 /ㆍ/>/ㅡ/의 변화를 반영한 표기이다. ['분철' 참고]

◎ **말고**⟨44a⟩

'ᄆᆰ->맑-'와 같이 어두에서의 /ㆍ/>/ㅏ/의 변화를 반영한 표기이다. ['겹받침', '경음화' 참고]

원순 모음화	◎ **족굼**⟨39a⟩ '죠곰>조곰>조금'의 변화를 거쳐 이루어진 '조금'을 나타낸 것인데, '조금'의 /ㅡ/가 음절말 /ㅁ/의 영향으로 원순모음 /ㅜ/가 된 것이다. ['중철' 참고] ◎ **먹음움올**⟨41b⟩ '음'의 /ㅡ/가 음절말 /ㅁ/의 영향으로 원순모음화된 것이다. ◎ **틸긋만쿰도**⟨42b⟩ '큼'이 /ㅡ/가 음절말 /ㅁ/의 영향으로 원순모음화된 것이다. ◎ **붑푸러**⟨45a⟩ '부플-+-어'의 결합으로, '플'의 /ㅡ/가 /ㅍ/의 영향으로 원순모음화된 것이다. ['중철' 참고]
전설 모음화	◎ **칙**⟨36b⟩ '칡'은 '츩>칡'과 같이 치찰음 아래에서의 전설모음화를 거쳐 이루어진 말이다. ◎ **직기**⟨36b⟩ 17세기 문헌에 '즉긔'와 같은 표기가 보이는데, 이것이 치찰음 아래에서의 전설모음화를 겪은 것이 바로 이곳의 '직기'에 해당한다. ['경음화' 참고] ◎ **질겨**⟨39b⟩ '즐겨'가 치찰음 아래에서 전설모음화된 것이다.

4) 분철, 연철, 중철

분철	◎ **일언**〈33b〉 '이런'을 과잉 분철한 것이다. ◎ **팔여하야**〈33b〉 '파려하야'를 과잉 분철한 것이다. ◎ **잘아고**〈34b〉 '자라고'를 과잉 분철한 것이다. ['아래아' 참고] ◎ **길으ᄂᆞ이라**〈34b〉 '기르-'를 과잉 분철한 것이다. ['아래아' 참고] ◎ **얼인**〈36a〉 '어린'을 과잉 분철한 것이다. ◎ **밀갈우**〈37a〉 '가루'가 형태소 내에서 과잉 분철된 표기이다. ◎ **틀임허단**〈37b〉 '트림'을 과잉 분철한 것이다. ◎ **덩얼이**〈45a〉 '덩어리'는 기원적으로는 '덩+-어리'의 결합으로 이해해 볼 수 있는데, 형태소 내에서 과잉 분철이 일어나 '덩얼이'와 같이 표기된 것이다. ◎ **건일고**〈47a〉 현대어 '거닐고'에 해당하는 말인데, '거닐-'은 '걷니->건니->건닐->거닐-'의 변화를 거쳐서 형성된 말이다. 이 '거닐-'이 과잉 분철된 것이다.
중철	◎ **얼리석고**〈34b〉 '어리석-'을 과잉 중철한 것이다. ◎ **듬물게**〈34b〉 '드물-'을 과잉 중철한 것이다.

◎ **남물**⟨36a⟩

'나물'을 형태소 내에서 과잉 중철한 것이다.

◎ **민나리**⟨36b⟩

'미나리'를 형태소 내에서 과잉 중철한 것이다.

◎ **족굼**⟨39a⟩

'조금→조굼'으로 원순모음화된 형태를 과잉 중철한 것이다. ['원순모음화' 참고]

◎ **한를**⟨41b⟩

'하늘→한늘'로 과잉 중철하고 '늘'을 '를'로 적은 것이다. ['두음법칙' 참고]

◎ **붑픠가**⟨42a⟩

'부픠'를 과잉 중철한 것이다.

◎ **녀코**⟨44b⟩

'넣-+-고'의 결합에서 /ㅎ/+/ㄱ/이 /ㅋ/으로 축약되어 형성된 '너코'의 /ㅋ/과 동일한 조음 위치의 평파열음을 선행 음절의 끝음절에 넣는 식의 중철로 이해된다.

◎ **붑푸러**⟨45a⟩

'부풀-'을 과잉 중철한 것이다. ['원순모음화' 참고]

8. 운동運動

신학신설
48b

현대어역

운동

사람의 몸은 매일 반드시 약간의 때를 정해 놓고 운동해야 하는데 운동량이 지나치거나 부족하면 건강하고 무병할 수 없다. 〖도시에 사는 사람은 길 걷기를 가장 적게 하고 늦게까지 항상 앉아 있어 움직이지 않을 때가 많으며 부자는 편안함이 지나쳐 몸에 힘쓰기를 즐기지 않으므로 소화불량, 임파선염, 폐결핵, 통풍, 치질, 백대하, 담음증에[1] 걸린다.〗 신체 각처의 근육은 본래 운동을 위해 생긴 것으로 이는 천지가 사람을 낸 본의인데 요즘은 각국이 다 기계를 써서 사람의 힘을 덜고 있다. 먼 길을 갈 때는 기차나 기선을 타고 가까운 길을 갈 때는 마차를 타므로 사람의 사지가 거의 쓸모를 알 수 없게 되었으니 이 또한 개탄할 일이다. 〖옛날에 어떤 사람이 소의 배를 가르고 시험하니 집 속에 들여 놓고 기른 소는 담음이 있고 밭 갈고 고생한 소는 담음이 없었다. 이를 통해 과도히 편한 데에 말미암아 담음이 생김을 알 수 있다.〗 사람 몸속의 힘줄과 살은 쓸수록 더욱 단단해지므로

신학신설
49b

현대어역

여부를 쉽게 알 수 있는 한 방법이 있으니 길을 걷다가 멈추고 무언가를 먹지 못하겠으면 이미 지나치게 걸은 것이고 잘 먹겠으면 지나치게 걷지 않은 것이다. 하지만 부녀자들은 그렇지 않아 길을 걷다가 걸음이 느려지고 힘이 없어지면 이미 한계에 이른 것이다. 보통 길을 갈 때 너무 빨리 걸을 것은 없지만 젊고 건강한 사람은 매일 걷는 거리를 영국 리 수로 5리보다⁵ 적지 않게 하고 능히 10리를 가면 더욱 좋다. 글 읽는 사람에게는 운동하는 것이 가장 중요하니 〔사람이 항상 서당에서 글 읽고 글씨 쓰기만 하면 두 어깨가 올라가고 등뼈가 구부러지는 폐가 있어서 몸을 곧게 하고 걷지 못한다. 만일 그 사람이 키가 크고 눈과 책의 거리가 가까우면 이런 병이 더욱 많다.〕 서양의 글 읽는 사람은 매일 한두 소시〔한 시간〕를 따로 내어 길을 걷고 운동하며 공부를 하므로 글 읽을 때 더욱

원문(한자 병기)

여부(與否)을 쉽게 아는 한 법(法)이 잇슨이 길 것기을 임의 멈우고 만일(萬一) 능(能)히 먹지 못헌즉 걸은 거시 임의 과혼(過限)헌 줄 알 거시요 오히려 능(能)히 먹은즉 걸은 거시 과한(過限)허지 안은 줄 알 거시라. 분여(婦女) 즉(卽) 불연(不然)하야 길 것기 거려르고 심업슴을 씨달은즉 임의 한(限)에 일은니라. 심상(尋常)헌 힝노(行路)을 가(可)히 넘어 속(速)헐 것시 안이요나 졉고 건장(健壯)헌 자(者)는 믹일(每日)에 건는 바 길이 가(可)히 영국(英國) 잇수(里數) 오(五) 리(里)에서 젹게 안이 헐 거시요 능(能)히 십(十) 니(里)을 힝(行)허면 더욱 묘(妙)헌이라. 글 익는 사람이 운동(運動)허는 거시 가장 요긴(要緊)헌이 〚사람이 상헤 서당(書堂)에만 거(居)하야 글 일고 글씨 쓰면 두 억기가 올나가고 등쌔가 구부러지는 폐(弊) 잇서 능(能)히 몸을 곳게 것지 못허는이 만일(萬一) 그 사람이 킈가⁶ 크고 눈이 갓차운즉⁷ 일언 병(病)이 다시 만은이라.〛 서국(西國) 글 익는 사람은 믹일(每日)에 한두 소시(小時)〚반시(半時)〛을 난워 너여 힝노(行路)허고 운동(運動)허는 공부(工夫)을 헌즉 글 일을 쩌에 다시 능(能)/히

주석

5 여기서 '리'는 '마일(mile)'에 해당한다.

6 '킈'는 형용사 '크-'에 척도 명사를 파생하는 접미사 '-의'가 결합하여 만들어진 단어이다. 이전 시기의 '킈'는 오늘날의 '키'뿐만 아니라 '크기'를 가리키는 용어로도 쓰였으나 오늘날 '키'는 사람의 신체와 관련하여 몸의 길이를 나타내는 의미로만 쓰이고 있다.

7 눈이 가깝다고 한 것은 눈과 책의 거리가 가깝다는 뜻으로 이해된다.

현대어역

집중을 할 수 있다.

포구[공을 던진다는 말이다.]와 척구[공을 찬다는 말이다.]와 얼음 위의 큰 돌을 끄는 것과 얼음 위를 미끄러져 달리는 것과 활 쏘고 사냥하는 것과 그네 뛰는 것과 또 손에 무거운 물건을 가지고 흔들며 움직이는 것 등이 다 서양 사람들이 운동하는 좋은 방법이다.

목구멍의 소리 나는 곳 또한 모름지기 단련하고 익혀야 하는데 목소리가 맑고 쩌렁쩌렁한 것은 비단 보통의 일에만 유익할 뿐 아니라 폐와 호흡을 담당하는 각 부분에도 유익하다. 목소리가 맑고 쩌렁쩌렁한 사람이나 노래 부르는 사람은 폐의 여러 병을 면할 수 있다. 한 집안사람이 한가할 때에 함께 모여 반주 없이 노래를 부르는 것이 크게 유익한 점이 있다. 아름다운 노래가

원문(한자 병기)

마음을 쓰는이라.

무릇 포구(砲毬)[젹기을8 던진단 마리라.] 쳑구(踢毬)[젹기 차단 마리라.]와 다못 얼음 우히 큰 돌을 쓰는 것과 혹(或) 얼음 지치는9 것과 활 쏘고 산양허는 것과 혹(或) 근에 쮜는 것과 쏘 손에 무거운 물건(物件) 가지고 요동(搖動)허는 것10 갓튼 것시 다 서국(西國) 사람의 운동(運動)허는 묘법(妙法)이라. 인후(咽喉) 솔이 나는 곳슬 쏘한 몰음직이 달연(鍛鍊)허고 익킬 거신이 목솔이가 말고 쎳쎳헌 거시 비단(非但) 심상(尋常)헌 일에만 유익(有益)헐 붓 안이라 오히려 능(能)히 폐경(肺經)과 다못 호흡(呼吸)을 가마(堪卜)는 각쳐(各處)에 유익(有益)헌이 목소리 말고 쎳쎳헌 사람과 혹(或) 노러 부는 사람은 가(可)히 폐경(肺經)에 각(各) 병(病)을 면(免)허는이라. 한 집안 사람이 혼가(閑暇)헐 쩌에 합(合)하야 말은 곡죠(曲調)을11 불으는 거시 크게 유익(有益)헌 곳 잇슴은 알음다운 노러가

주석

8   '제기'를 뜻하는 '져기'를 과잉 분철한 것이다. 오늘날의 '제기'는 '뎌기>져기'를 거쳐서 형성된 것으로 19세기에는 '져기'란 형태가 쓰였다. 이 부분에서 지석영은 서양의 운동 종류를 소개하고 있으므로 이때 '제기'는 한국의 민속놀이에 쓰이는 제기가 아니라 서양의 공으로 해석된다.

9   '지치-'는 얼음 위를 미끄러져 달린다는 뜻으로 '얼음 지치는 것'은 스케이트를 뜻한다.

10   손에 무거운 물건을 가지고 요동한다는 것은 아령이나 역기 운동을 뜻하는

것으로 이해된다.

11   '마른 곡조'는 반주 없이 노래 부르는 것을 뜻하는 것으로 이해된다.

신학신설
50b

현대어역

마음을 편하게 해 주고 또 노래 속에 반드시 좋은 말이 있어서 사람의 흥과 운치를 더욱 돋워 주기 때문이다.

누워 자는 것은 활동하는 것과 더불어 서로 반대가 되니 매일 여덟 시간으로 기준을 정해 놓고 많이 움직이는 사람은 잠도 마땅히 부족하지 않게 자야 한다.

사람의 몸을 마땅히 움직이고 단련하고 익혀야 하는데 사람의 마음이 또한 어찌 홀로 그렇지 않겠는가? 곧 글 읽고 글 읊고 글씨 쓰고 바둑 두는 것 같은 일이 다 그 마음을 움직여 쓰는 법이다.

원문(한자 병기)

가(可)히 마음을 편(便)케 허고 쏘 곡조(曲調) 속에 반다시 조흔 말이 잇서ᄼ 사람으로 하여곰 다시 흥치(興致)가 잇슴을 인(因)험이라.

누어 자는 거시 운동(運動)으로 더부러 상반(相反)헌이 믹일(每日)에 네 시각(時刻)으로[12] 써 돗수(度人數)을 삼어서 운동(運動)허기을 만이 허는 자(者)는 잠을 맛당이 젹게 안이헐 거시라.

사람의 몸을 진실(眞實)로 맛당이 운동(運動)하야 달연(鍛鍊)허고 익킬 것 시연이와 사람의 마음이 쏘한 엇지 홀노 그러치 안이헐리요. 곳 글 일고 글 읍고 글씨 쓰고 바둑 두는 것 갓튼 일이 다 그 마음을 운젼(運轉)하야 쓰는 법(法)이라.

주석

12 12시간 체계에서 한 시는 24시간 체계의 두 시간에 해당하므로 여기서 네 시각은 오늘날의 여덟 시간에 해당한다. 이 문맥에서 매일 여덟 시간을 운동한다고 한 것은 활동 시간이 여덟 시간이라는 뜻으로 이해된다.

'운동'에 나타난 국어학적 특징

1) 한자음

전설 모음화	◎ **담임증**(痰飮症)**을**〈48b〉 표기로 볼 때 '담음증'에서 '음'의 /ㅡ/가 전설모음화된 것인데 이런 현상은 일반적으로 나타나지는 않는다.
중철	◎ **분여**(婦女)〈49b〉 '부녀'를 과잉 분철한 것이다.

2) 자음 관련

자음동화	◎ **젼는**〈49a〉 '젓-+-는'의 결합으로, 어간 말 /ㅅ[ㄷ]/이 비음 동화된 것을 반영한다. ['반모음' 참고]
탈락	◎ **누어**〈51a〉 오늘날의 '누워'와 달리 근대국어 시기에는 '눕-+-어'에서 /ㅸ/이 아예 탈락해 버린 '누어'로 활용하는 것들이 적지 않은데, 이곳에서도 이와 같은 양상을 보인다.

3) 모음 관련

반모음	◎ **소는**〈48b〉 '쇼>소'와 같이 치찰음 아래에서 반모음 /j/의 탈락을 반영한 표기이다.

◎ **젼는**⟨49a⟩

  '젓-+-는'의 결합으로, 치찰음 아래에서 반모음 /j/가 첨가된 표기
이다.

4) 분철, 연철, 중철

분철
　　◎ **ㄱ네**⟨50a⟩

  현대어의 '그네'는 '글위>그릐>그늬>그네'를 거쳐 형성된 것인데,
이곳에서는 맨 마지막 단계의 '그네'를 형태소 내에서 과잉 분철한
것이다.

　　◎ **솔이**⟨50a⟩

  '소리'를 형태소 내에서 과잉 분철한 것이다.

9. 부附 보영保嬰

身學新說

신학신설
50b

현대어역

부록: 어린아이 돌보기

젖이라 하는 것은 하늘이 산모에게 주어서 어린아이를

원문(한자 병기)

부(附) 보영(保嬰)

무릇 졋시라 허는 거슨 하르리 산모(産母)을 주어서 써 얼인아희을

현대어역

기르는 것이다. 해산한 후 약 네 시간부터 하루 이틀까지 나는 맑은 젖
에는 특별한 효력이 있어 아이의 배 속에 있는 검은 똥을 설사시킨다.
〖항상 보면 해산한 후 수일 내에는 빈부와 관계없이 산모의 젖을 먹이지 않고 반드시 다른 사람
의 젖을 먹이며 이르기를 산모의 맑은 젖이 성질이 미끄러워 설사를 시킨다고 한다. 이는 배 속
의 나쁜 물질을 쏟아 버려야 아이가 무병한 줄을 알지 못하는 것이다. 산모에게서 나는 맑은 젖
은 하늘이 주신 좋은 약재료이지만 다른 사람의 젖은 그 성질과 바탕이 좋을 수도 있고 나쁠 수
도 있으므로 가히 삼가야 하지 않겠는가?〗 또 산모의 젖이 어린아이의 몸에 매우
잘 맞으므로 먹으면 아이가 살찌고 건강해지니 이는 유익함이 자식에
게 있는 것이다. 그리고 아이에게 젖을 먹임으로써 어미의 몸도 더욱
건강해지고 정신도 깨끗해지며 자궁에 피 이슬이 너무 많다가도 아이
에게 젖을 먹임으로써 피가 그치고 다른 병을 앓다가도 아이에게 젖을
먹임으로써 병이 나으니

원문(한자 병기)

길으는 거시라. 히산(解産)헌 후(後) 두어 시각(時刻)으로[1] 일이일지닉(一
二日之內)에 일으도록 나는 바 말은 졋시 공역(功力)이 능(能)히 사(賜)험
미 소이(所以)로 아히 비 속에 검은 똥을 설사(泄瀉)식키고 [미양 본이 사람의
집에 히산(解産)헌 후(後) 수일(數日) 닉(內)에는 무론(無論) 빈부(貧富)허고 본모(本母)의 졋슬 먹이
지 안코 반다시 달은 사람의 졋슬 먹기며 일으되 본모(本母)의 말근 졋시 성품(性品)이 활(滑)하야
능(能)히 슬사(泄瀉)식킨다 헌이 복중(腹中)에 악물(惡物)을 쏘다 벌여야 능(能)히 아히로 하여곰
무병(無病)헐 쑬을 아지 못험이라. 늣는 바 말은 졋슨 니 한르리 주신 조흔 약지료(藥材料)요 쏘
먹이는 바 달은 사람의 졋 성품(性品)과 밧탕이 족코 글은 데 심(甚)히 관겨(關係)가 잇슨이 가(可)
히 상가지 안을가 본야] 쏘 본모(本母)의 졋시 얼인아히 몸으로 더부러 흡죡(洽
足)키 합(合)허는지라 먹으면 아히가 살지고 건장(健壯)헌이 ㆍ 는 유익(有
益)험이 자식(子息)의게 잇고 졋슬 아히 먹임을 인(因)하야 엄이 몸이 더
욱 장건(壯健)허며 정신(情神)이 씩갓허고 혹(或) 자궁(子宮)에 피 이슬이
넘어 만타가도 아히 졋 먹임을 인(因)하야 피가 긋치고 혹(或) 달은 병
(病)을 알타가도 아히 졋 먹임을 인(因)하야 병(病)이 나/은이

주석

1   이 문헌에 나타난 시간은 전통적인 12시간 체계에 근간하고 있으므로 한
     시(時)는 오늘날 24시간 체계로 볼 때 2시간에 해당한다. 따라서 이 부분에
     서 '두어 시각'이라고 한 것은 오늘날로 볼 때 약 4시간에 해당한다.

신학신설
51b

현대어역

이는 유익함이 어미에게 있는 것이다. 부유한 집에서는 일반적인 풍습에 따라 따로 유모를 고용하는데 유모의 젖의 성질이 아이에게 맞지 않을 우려가 있고 또 산모의 젖을 아이에게 빨리지 않으면 병증이 나기 쉬우니 유옹과[2] 유종이[3] 모두 여기서 생긴다. 〔부인이 해산하기 전에 냉수로 젖꼭지를 자주 씻으면 유종병을 면할 수 있다.〕

아이에게 젖을 먹이는 데에는 마땅히 정해진 주기가 있어야 한다. 처음 낳아서는 두 시간 또는 세 시간마다 한 번 먹이고 점점 젖이 많아지고 진해지며 아이도 크거든 네 시간마다 한 번씩 먹이되 너무 자주 먹이지는 않는다. 저녁 일곱 시에서 열한 시 사이 누워 잘 때에 이르러 배부르게 먹이면 위가 차서 편안히 잘 것이니 밤에는 모름지기 다시 먹이지 말고 오는 새벽 하늘이 장차 밝을

원문(한자 병기)

〜 는 유익(有益)험이 엄미의게 잇눈이라. 부귀지가(富貴之家)에 상습(常習) 성풍(成風)하야 별(別)노히 유모(乳母)을 삭 닉니 임의 성질(性質)이 아히로 더부러 합(合)허지 못헐가 두렵고 쏘 본모(本母)의 졋슬 아히로 하여곰 쌜리지 안으면 병증(病症)이 나기 쉬운이 유옹(乳癰)과 유종(乳腫)이 미양 에서 싱기눈이라. 〔부인(婦人) 히산(解産)허기 전에 닝수(冷水)로 써 졋곡지을 자주 씨스면 유둥병(乳腫病)을 가(可)히 면(免)허눈이라.〕

아히 졋 먹기〜을 맛당이 둣수(度人數)가 잇슬 거시라. 처음 나어선은 미양 한 시(時)와 혹(或) 한 시(時) 반(半)을 지닉에 흔 번(番) 먹이고 졈〜(漸漸) 졋시 만코 진허며 아히가 쏘 장뎌(壯大)허거든 미양 두 시(時)을 진닉에 한 번(番) 먹일 거시요 맛당이 과(過)히 잣지 안을 거시라. 술히시(戌亥時) 누어 잘 쩨에 일으러 비불으게 먹여서 하여곰 비위(脾胃)가 찬즉 편안(便安)이 잘 거신이 밤에는 몰음직이 다시 먹이지 말고 오는 시벽 흐르리 장찻(將次人) 발글

주석

2   유방이 붓고 딱딱해지며 유즙이 잘 나오지 않고 전신에 오한과 발열이 생기는 병증으로 서양의학의 급성 유방염과 유사하다.

3   유옹의 초기 단계로 유방이 붓는 증상을 말한다.

신학신설
52a

현대어역

때에 먹인다.

아이를 낳은 지 2~3개월 내에는 반드시 젖만 먹이고 다른 음식은 먹이지 않는다. 6~7개월 후에 치아가 나느라고 혈력[피 힘이다.]을 많이 써서 몸이 허약한 경우나 젖이 부족한 경우에는 누런 소의 젖과 닭죽과 양고기 탕 같은 것을 먹여도 된다. 그 방법은 돼지고기나 소고기나 양고기 열 돈 양 중을 [다 살코기가 적합하고 기름기는 적합하지 않다.] 잘게 잘라 물 한 근[깨끗한 물이나 산에서 흐르는 물이나 다 좋다.]에 넣고 잘 섞어 약한 불에 서서히 끓여 곤 뒤 잠깐 두었다가 꺼내어 삼베에 싸서 찌꺼기를 거르고 소금을 약간 넣어 [어린아이가 소금을 먹지 않으면 위장 속에 벌레가 생긴다.] 먹이고 [먹이는 기구는 외국 장수에게 구하면 얻을 수 있다.] 반숙 계란을 먹여도 괜찮다. 하지만 아이를 기르는 데에는 젖만큼 좋은 것이 없으니 젖이 넉넉한 사람은 쩌에 바야흘로 먹여 주라.

아히 논 지 이삼(二三) 월(月) 닉(內)에는 맛당이 졋만 먹이고 달은 물건(物件)은 먹이지 안을 거시요 육칠(六七) 삭(朔) 후(後)에 치아(齒牙)가 나르라고 혈역(血力)[피 심이라.]을 만이 허비(虛費)하야서 만일(萬一) 몸이 허약(虛弱)허든지 혹(或) 졋시 부족(不足)헌 자(者)는 눌은 쇠졋과 닥쥭과 양육탕지유(羊肉湯之類)로 써 돕논 거시 쏘한 가(可)헌이 그 법(法)은 져육(猪肉) 혹(或) 우육(牛肉) 혹(或) 양육(羊肉) 열 둔 양(兩) 즁(重)을 [다 졍육(精肉)이 맛당허고 기름긔는 맛당치 못헌이라.] 셰졀(細切)하야 물 한 근(斤)[혹(或) 졍수(淨水) 혹(或) 산수(山水)가 다 조흔이라.]에 조균(調均)하야 젹은 불에 서々(徐徐)히 쓸에 고아서 잠간 두엇다가 쓴니여 마포(麻布)에 짜서 거지(去滓)하야 소금 소허(少許)을 너어서 [얼인아히가 소금을 먹지 안으면 장위(腸胃) 속에 충(蟲)이 싱기눈이라.] 먹이고 [먹이는 긔계(器械)는 외국(外國) 상고(商賈)의게 구(求)허면 가(可)히 엇드리라.] 혹(或) 반슉(半熟) 계란(鷄卵)이 쏘한 가(可)헌이라. 다만 아히 길으는 물건(物件)이 졋 갓튼 것 업슨이 졋시 넝넉헌 자(者)는

신학신설
52b

현대어역

오직 젖만 먹이는 것이 더 좋다. 기름져서 소화하기 어려운 음식은 다 적합하지 않다.

젖 떼는 기한은 대개 9개월이나 10개월로 하고 1년을 지나지 않도록 하며 점점 줄여가며 떼기도 하고 즉시 떼기도 한다. 2~3년에 이르는 경우도 있는데 이는 가장 좋지 않다. 젖이 1년을 지나면 대개 묽어져 아이를 기르지 못하므로 아이가 이를 먹으면 얼굴이 많이 하얘지고 몸이 파리해지며 살이 들떠서 단단하지 않으며 토하거나 설사하고 똥 빛이 청색이나 녹색을 띠며 배가 크거나 노여움을 타서 잘 울며 밤에 편히 자지 못해 이로 인해 몸이 연약해지고 병에 걸리게 되니 이것은 젖을

원문(한자 병기)

젼(專)여 졋만 먹기는 거시 다시 알음다운이라. 무릇 기름져서 소화(消

부
附
보영
保嬰

化)허기 얼여운 물건(物件)은 다 맛당헌 비 안인이라.

졋 쩨는 긔약(期約)은 디져(大抵) 구(九) 월(月) 십(十) 월(月)로 졍(定)헌 한 졍(限定)을 삼을 거시요 맛당이 일 연(一年)을 지날 거시 안인이 혹(或) 졈〻(漸漸) 감(減)하야 졈〻(漸漸) 쩨기도 허고 혹(或) 즉시(卽是) 쩨기도 허눈이라. 먹이기을 이삼(二三) 연(年)에 일으눈 직(者ㅣ) 잇슨이 가장 맛당치 못허도다. 무릇 졋시 일(一) 연(年)을 진나면 디긔(大蓋) 쳥박(淸薄)하야 능(能)히 아희을 길으지 못허눈이 먹으면 만이 얼고리 희고 몸이 파려허고 살이 들쪄서 단〻치 못허고 혹(或) 토(吐)허고 혹(或) 셜사(泄瀉)허고 혹(或) 쏭 빗치 쳥식(靑色) 녹식(綠色)을 졍(精)허지 못허고 혹(或) 비가 크고 혹(或) 노염 타서 울기 잘허며 밤에 자기을 편(便)케 못험이 잇서〻 몸이 이을 인(因)하야 연약(軟弱)허고 병(病)이 이을 인(因)하야 일어눈이〻 거슨 졋

신학신설
53a

현대어역

떼지 않아 그 해가 아이에게 미친 것이다. 1년 후에 이미 묽고 엷어진 젖을 아이에게 억지로 먹이면 어미에게도 해가 되는데 소화가 잘 안 되고 점점 피곤해져 정신이 없고 허리가 아프고 연약해지고 대변이 막히고 식욕이 없고 머리가 어지럽고 귀가 울리고 가슴과 옆구리가 아프고 답답하며 기침이 나고 심장이 벌떡거리고 얼굴이 창백해지고 땀이 많이 나고 다리가 뭉치고 눈에서 푸른빛이 나는 데에 이르니 이것은 젖을 떼지 않은 해가 어미에게 미치는 것이다. 해가 어미에게 있든지 자식에게 있든지 젖을 속히 떼는 것이 중요하다. 속히 떼지 않고 오직 약과 음식만 믿다가는 유익함이 없어서 병이 가벼운 자는 날로 더욱 중해지고 병이 중한 자는 죽기에 이르기도 하고 곧 죽지 않더라도

안이 쩨 회(害)가 아희게 잇슴이요. 일연지후(一年之後)에 졋시 임의 청박
(淸薄)헌 거슬 강잉(强仍)하야 아희을 먹인즉 능(能)히 엄이의게 회(害)도
야 비위(脾胃)가 소화(消化)허지 못허고 점〻(漸漸) 곤권(困倦)하야 정신(情
神)이 업고 허리가 압푸고 연약(軟弱)허며 딕변(大便)이 묽키고 식염(食念)
이 업고 머리가 어질업고 귀가 울고 가슴과 겻가리가⁴ 압푸고 답〻허며
혹(或) 회수(咳嗽)허고 심경(心經)이 벌쩍거리고 얼고리 희고 쏨이 만코
다리가 공기고 눈에 풀은빗치 발(發)허는 데 일은이〻거슨 졋 안이 쩨
회(害)가 엄이의게 잇슴이라. 무론(無論) 회(害)가 엄이의게 잇던지 자식
(子息)의게 잇던지 속(速)키 쩨는 거시 요긴(要緊)헌이라. 만일(萬一) 속(速)
키 쩨기을 질그여 안이허고 젼(專)여 약(藥)과 음식(飮食)만 밋다가는 능
(能)히 유익(有益)험이 업서〻병(病)이 경(輕)헌 자(者)는 날노 더욱 중(重)
허고 병(病)이 중(重)헌 자는 혹(或) 죽기에 일으고 곳 죽지 안트/러도

주석

4   '겻가리'는 갈빗대 아래에 있는 짧고 가는 뼈를 말하는데, '겻가리가 아프
     다'라는 것은 뼈 자체가 아프다는 의미가 아니라 옆구리가 아프다는 의미
     로 보는 것이 문맥상 타당할 것이다.

신학신설
53b

현대어역

나중에 종종 관계가 되니 반드시 명심할 것이다. 젖 떼는 기한을 9개월에서 1년까지로 하는 것은 대개 아이가 6~7개월부터 이가 나서 9개월 후에는 점점 음식을 먹을 수 있게 되므로 이로써 젖 떼는 기한을 삼는 것이다. 이 기한이 지나도 마땅치 못하고 이 기한에 못 미쳐도 또한 마땅치 못하다. 아이의 몸이 허약하여 9개월에도 오히려 이가 나지 않았다면 젖을 떼지 말고 응당 조금 늦추어야 한다.

부인이 아이를 낳은 후 1년이 지나거나 오래 걸려도 열네 달 후에는 월경을 다시 시작하는데 이때 젖이 곧 맑아지고 적어진다. 이 젖을 다시 아이에게 먹이면 비단 어미와 자식에게 모두 해로울 뿐 아니라 다시 자녀를 낳았을 때 그 자녀에게도 몸이 허약한 병이 있을 것이다.

원문(한자 병기)

쏘한 하여곰 뒤에 종〻(種種) 관게(關係)된이 불가불(不可不) 알 거시라. 졋 쎼는 긔약(期約)을 구(九) 월(月)로 써 일(一) 연(年)까지 일으는 거슨 딕긔(大蓋) 아희가 육칠(六七) 삭(朔)벗텀 이가 나서 구(九) 월(月) 후(後)는 졈〻(漸漸) 능(能)히 물건(物件)을 먹는고로 일로 써 졋 쎼는 긔약(期約)을 삼는이라. 이 긔약(期約)이 진아도 맛당치 못허고 이 긔약(期約)에 불급(不及)하야도 쏘한 맛당치 못허는이라. 아희 몸이 허약(虛弱)하야 구(九) 월(月)에 오히려 이가 나지 안어거든 쎄지 말고 쏘 응당(應當) 조곰 지완(遲緩)헐 거시라.

부인(婦人)이 아희 히산(解産)헌 후 일(一) 연(年)을 진니거나 혹(或) 오리도 열넉 달에 경도(經度)가 다시 일은즉 졋시 곳 말고 젹은 거슬 다시 아희을 주어 먹이면 비단(非但) 모자(母子)가 함께 히(害)로을 붓 안이라 다시 자여(子女)을 나으면 신약(身弱)헌 병(病)이 잇는이라.

신학신설
54a

현대어역

젖 뗀 후에 빵을 물에 담가 미음을 만들어서 소나 양 등의 젖을 넣고
섞어 〖백설탕이나 소금을 약간 넣는 것도 또한 괜찮다.〗 먹이는 것이 가장 합당하다.
이때 덩어리진 밥이나 채소를 먹이면 아이에게 해롭다.

젖꼭지가 뾰족하지 않아서 아이가 빨지 못하거나 어미가 허약하여 젖
이 맑고 적어서 아이를 기르지 못하는 자가 있다면 부득이하게 다른 어
미의 젖을 먹일 것이되 반드시 모름지기 자세히 살피고 신중하게 고르
고 가려야 한다. 산모의 젖은 아이의 몸에 하나도 맞지 않음이 없지만
다른 어미의 젖은 맞는 것도 있고 맞지 않는 것도 있으므로 먹어서 해
로움이 있을까 염려된다. 유모를 선택하는 법은 첫째로 그 나이를

원문(한자 병기)

젓 쎈 후에 만두(饅頭)을 물에 당거 미음을 만들어서 우양(牛羊) 등 유(乳)

을 너어 조화(調和)하야 〖혹(或) 빅탕(白糖)과5 및 소금 소허(少許)을 넌는 거시 쏘흔 가(可)헌이라.〗 먹이는 거시 가장 합당(合當)헌이라. 만일(萬一) 이쩌에 덩얼리진 밥과 혹(或) 치소(菜蔬)을 먹기면 아희의게 히(害)롬이 잇는이라.

졋꼭지가 쏐쥭허지 안어서 아희가 능(能)히 쌜지 못허거나 혹(或) 엄이가 허약(虛弱)하야 졋시 말고 적어서 능(能)히 아희을 길으지 못허는 지(者ㅣ) 잇스면 부득이(不得已)하야 달은 엄이 졋슬 먹일 거시되 반다시 몰음직이 자상(仔詳)허고 심신(審愼)하야 골으고 갈을 거시라. 디기(大蓋) 본모(本母)의 졋슨 아희 몸으로 더부러 한앗토 합(合)허지 안음이 업건이와 달은 엄이 졋슨 합(合)헌 것도 잇고 불합(不合)헌 거도 잇스미 먹어서 히(害)롬이 잇슬가 져어허로라. 유모(乳母)을 선틱(選擇)허는 법(法)은 첫씨 그 연긔(年紀)을

주석

5 『구급간이방』에서 '빅탕'이 '힌 엿'의 의미로 쓰였고 『방언유석』에서도 '엿'의 뜻으로 쓰인 것이 확인된다. 하지만 여기서는 백설탕을 뜻하는 것으로 보인다.

신학신설
54b

현대어역

물어야 하는데 대개 20에서 30에 이른 자는 젖이 많고 그보다 더 많은 자는 젖이 적다. 둘째, 그 사람이 아이를 낳은 달수를 물어야 하는데 달수가 가까울수록 더 좋고 너무 먼 것은 좋지 않다. 셋째, 그 사람의 젖을 보는데 크고 통통하고 빛이 흰 것이 좋다. 이 밖에 두어 가지 피해야 할 것이 있는데 이미 월경이 시작된 자는 쓰지 말고 술 잘 먹는 자는 쓰지 말고 성정이 억세고 성급해 노여움을 잘 타고 성을 잘 내는 자는 쓰지 말고 [성을 내면 젖의 성질이 변해 아이가 이를 먹으면 설사가 난다.] 젖꼭지가 너무 크거나 너무 작아서 알맞지 못한 자는 쓰지 말 것이다. 만일 모든 것이 다 갖추어져 있고 적합하되 다만 젖의 양이 너무 적다면 이는 가난함으로 인해 먹는 것이 양에 차지 못한 까닭이니 배부르게 먹으면 스스로 모자람을 채우게 될 것이다.

원문(한자 병기)

물을 거신이 디기(大蓋) 이십(二十)으로 삼십(三十)에 일은 자(者)는 졋시 만코 여기 지는 자(者)는 졋시 젹으며 둘쩨는 그 아희 나은 달수(數)을 물을 거신이 갓차울수록 더욱 묘(妙)허고 과(過)히 큰 거슨 맛당치 안으면 세쩨는 그 졋슬 볼 거신이 크고 통ː허고 빗치 흰 거시 알음다움이 되는이라. 이 박게도 오히려 두어 가지 긔(忌)허는 거시 잇슨이 임의 경도(經度)가 잇는 자(者)을 쓰지 말고 술 잘 먹는 자(者)을 쓰지 말고 성졍(性情)이 강조(剛躁)하야 노염 타고 성닉기 잘허는 자(者)을 쓰지 말고 [성 닉즉 졋 성미(性味)가 변기(變改)하야 아희가 먹으면 또한 능(能)히 설사(泄瀉) 나는이라.] 졋쑥 씨가 넘어 크고 넘어 젹어서 알맛지 못헌 자(者)을 쓰지 말고 만일(萬一) 모든 일이 다 구합(俱合)허되 다만 졋시 심(甚)히 만치 안으면 이는 빈한(貧寒)험을 인(因)하야 먹는 거시 양(量)에 차지 못헌 연괸(緣故ㅣ)이 비불으게 먹으면 스ː로 충족(充足)허리라.

현대어역

만일 가난한 집에서 산모가 젖이 없는데 유모에게 삯을 낼 수도 없다면 다만 짐승의 젖을 먹일 것이니 나귀나 소나 양의 젖이 다 적합하다. 나귀 젖은 맛이 다니 물에 개고 〖끓는 물이 마땅하다.〗 다시 불에 놓아 끓여 먹인다. 아이 낳은 지 10일 내에는 응당 젖과 물을 반반씩 하고 10일 후에는 젖 2분에 물 1분을 타며 한 달 후에는 오직 젖만 먹이고 물은 타지 않는다. 다만 여름에는 나귀 젖이 냄새가 나기 쉬우니 냄새가 나면 먹이지 말아야 한다. 쇠젖은 나귀 젖보다 진하므로 처음에는 물 둘에 젖 하나를 쓰다가 점점 젖과 물을 반반씩 하고 2~3개월 후에는 젖은 더욱 더하여 많게 하고 물은 더욱 감하여 적게 하라. 물소의 젖은 누런 소보다 더 진하므로 모름지기

원문(한자 병기)

만일(萬一) 빈궁(貧窮)헌 집에 본모(本母)가 졋시 업고 쏘 능(能)히 유모(乳母)을 삭 닐 수 업거든 다만 실어금 즘싱의 졋스로 써 먹일 거신이 혹(或) 나귀 혹(或) 소 혹(或) 양(羊)이 다 가(可)헌이라. 나귀 졋슨 마시 단이 물에 기여서 [쓸는 물이 맛당헌이라.] 혹(或) 다시 불에 노아 쓰리는이라. 아희 난 지 십(十) 일(日) 닉(內)에는 응당(應當) 졋과 물을 반분(半分)허고 십(十) 일(日) 후(後)에는 졋 이(二) 분(分)에 물 일(一) 분(分)을 탈 것시요 일(一) 삭(朔) 후(後)에는 가(可)히 젼(專)여 졋만 먹이고 반다시 물을 타지 안을 거시라. 다만 하졀(夏節)에는 나귀 졋시 넘식나기 쉬운이 넘식는즉 가(可)히 먹이지 못헐 거시라. 쇠졋슨 진허기가 나귀 졋보다 더헌이 쳐음에는 물 둘에 졋 하나을 쓰다가 졈〻(漸漸) 졋과 물을 반분(半分)하야 이삼(二三) 월(月) 후(後)에는 졋슨 더욱 더하야 만케 허고 물은 더욱 감(減)하야 젹게 허라. 물소 졋슨 진허기가 황우(黃牛)보다 더헌이 더욱 몰음/지기

현대어역

물을 타야 한다. 중국 시장에서 파는 우유는 진짜와 가짜가 반반이라 밀가루를 섞어 넣은 것이 있는데 아이가 먹으면 병이 나므로 반드시 잘 가려내야 한다. 양젖은 우유보다 더 진하므로 반드시 물을 타야 하는데 물의 양을 점점 줄이는 것은 나귀 젖이나 쇠젖에 물 타는 법과 같다. 소나 양의 젖을 끓는 물에 개어 넣고 다시 불에 끓여서 교융[서로 균일하게 섞인다는 말이다.]하게 하여 백설탕을 약간 넣거나 죽 건더기를 개어 넣는 것이 좋다. 2~3삭 후에는 약간의 죽과 밥을 먹이고 그 밖에 기름진 것이나 단 과자 같은 것은 일절 먹이지 않는다.

어린아이에게는 과일도 많이 먹여서는 안 되고 시고 단 것도

원문(한자 병기)

물을 탈 거시라. 중토(中土) 져자에서 파는 우유(牛乳)는 진가(眞假) 참

반(參半)하야 빅면(白麵)을 석거서 너은 거시 잇스미 아희가 먹으면 병(病)이 난이 불가불(不可不) 분변(分辨)헐 거시라. 양유(羊乳)는 진허기가 우유(牛乳)보다 더헌이 다시 몰음직이 물을 탈 거시요 졈ᄌ(漸漸) 감(減)하야 젹게 허기을 나귀 졋과 쇠졋세 물 타는 법(法)으로 갓튼이라. 무릇 우양유(牛羊乳)을 다 맛당이 끌는 물에 기여 너어 다시 불에 노아 쓰려서 하여곰 교융(交融)[서로 화균(和匀)허단 마리라.]케 하야 약간(若干) 빅탕(白糖)을 넉코 혹(或) 다시 죽(粥) 건지을⁶ 기여 넌는 거시 조흔이라. 이삼(二三)삭(朔) 후(後)에 가(可)히 약간(若干) 죽(粥)과 밥을 먹일 거시요 기여(其餘)유이(油膩)헌 것과 당병(糖餠)⁷ 갓튼 거슨 일졀(一切) 맛당이 먹일 것 안이라. 소아(小兒)을 맛당이 과실(果實)을 만이 먹일 것 안이요 맛당이 시고 단 거/슬

주석

6　'건지'는 현대국어의 '건더기'를 의미한다. 게일(1897), 문세영(1940)에서는 '건지'와 '건덕이'의 의미를 동일하게 기술하고 있다. [게일(1897:209) 건지: Solid - as opposed to liquid; material; matter], [게일(1897:209) 건덕이: Solid - as opposed to liquid; material; matter], [문세영(1940:84) 건더기: ① 국·찌개 기타 음식 속에 섞인 고기·채소들의 총칭 ② 액체에 섞인 모든 고정물], [문세영(1940:84) 건덕지: 「건더기」와 같음], [문세영(1940:86) 건지: 「건더기」와 같음]

7　설탕을 넣은 중국식 호떡을 '糖餠'이라고 하는데 여기서는 단 과자의 의미로 쓰인 것으로 보인다.

현대어역

많이 먹여서는 안 되는데 〖어린아이는 단 음식을 먹기 좋아하므로 밀가루나 쌀이나 사고 가루를 쇠젖과 계란과 설탕과 기생여뀌〖계피 같은 냄새가 나는 것이다.〗에 섞어 구워 만들면 어린아이가 먹기를 좋아하고 소화하기도 쉬워서 몸을 잘 기른다.〗 이는 소화하기 어렵기 때문이다. 때로 설사를 하는 것은 먹은 음식이 맞지 않기 때문으로 응당 다른 음식으로 바꾸어 먹여야 한다.

어린아이가 식후에 배가 아프고 부른 것은 먹은 음식이 너무 많기 때문이거나 단 것을 과식했기 때문으로 응당 음식을 바꾸어야 하는데 계란이나 영계탕이 가장 적합하다. 이가 나기 전에는 고기를 먹이지 말고 만일 이미 이가 난 뒤 음식을 빨리 삼키는 것이 버릇이 되어 잘게 씹지 못하면 위 속에서 소화하기가 쉽지 않으므로 어미가 응당 신경을 써 가르쳐서 고치게 해야 한다.

원문(한자 병기)

만이 먹일 것 안인이 〖소아(小兒)가 단 물건을 먹기 조하헌이 가(可)히 밀가루와 혹(或)
쌀과 혹(或) 서곡미(西谷米) 가루을 쇠젓과 다못 겨란(鷄卵)과 다못 사탕(沙糖)과 다못 향요(香蓼)[8]
〖계피(桂皮) 갓튼 님식 느는 거시라.〗에 합(合)하야 구어 만드면 소아(小兒)가 먹기 깃거허고 소화
(消化)허기 쉬워서 극(極)히 능(能)히 몸을 길으느니라.〗 소화(消化)허기 얼여운이라. 써
로 설사(泄瀉)허기을 소식지물(所食之物)이 불합(不合)험을 인(因)험이 잇
거든 응당(應當) 곳쳐서 달은 물건(物件)을 먹이라.

소아(小兒)가 식후(食後)에 비가 압푸고 불은 거슨 식물(食物)이 만음을
인(因)험이요 혹(或) 단거슬 과식(過食)헌 연괴(緣故ㅣ)라 응당(應當) 음식
(飮食)을 곳칠 거신이 계란(鷄卵)과 혹(或) 연계탕(軟鷄湯)이[9] 가장 맛당헌
이라. 이가 나기 젼(前)에는 가(可)히 고기을 먹이지 안을 거시요 만일(萬
一) 임의 이가 나서 식물(食物)을 속탄(速吞)허기 벌읏되야 일즉이 잘게
씹지 못허면 다 하여곰 비위(脾胃) 속에서 소화(消化)허기 쉽지 못헌이
엄이가 응당(應當) 유심(有心)하야 갈웃쳐서 곳칠 거시라.

주석

8   '기생여뀌'라는 풀로 강한 향기가 난다.
9   '연계(軟鷄)'는 '영계'의 원말이다.

신학신설
56b

현대어역

어린아이는 반드시 바람이 통하는 집에 있도록 하고 집에 항상 일광이 비쳐 들어 컴컴하지 않게 해야 한다. 〔갓 나은 어린아이에게 바람과 햇빛을 쐬지 않도록 하는 것은 눈병이 날까 우려되기 때문이다.〕 몸은 모름지기 덥게 하고 습한 땅에 거하지 않게 하며 발은 차게 드러내지 않도록 하고 부지런히 몸을 씻기고 옷을 갈아입혀야 한다. 늘 보면 어린아이의 피부병은 땀구멍이 때에 막힘으로 인해 생기는 경우가 많으므로 응당 비누와 암모니아수 〔맑은 비눗물〕를 덥혀 씻기고 씻긴 다음 수건으로 닦아서 말리면 부스럼과 헌데와 서캐와 이 등이 스스로 없어질 것이다. 또 혀를 깨끗하게 하고 다리를 따뜻하게 하고 머리를 서늘하고 시원하게 하면 각종 잡병이 스스로 몸에 침입하지 못하는데 이는 성인도 또한 그러하다.

원문(한자 병기)

소아(小兒)을 맛당이 바람 통(通)허는 집에 거쳐(居處)식키여 상혜 일광(日
光)으로 하여곰 빗춰여 들이고 맛당이 컹컴허게 안이헐 거시요 〔얼인아히
간 나서 모름즉이 바람과 일광(日光)을 삼갈 것슨 눈병(病) 날가 져어험인이라.〕 몸은 몰음직이
덥게 하야 습(濕)헌 짜에 하여곰 거(居)허게 말 거시요 발은 차게 들어니
지 안을 거시요 맛당이 부질언이 몸을 씩기고 의복(衣服)을 가려입필 거
시라. 믹양 본이 소아(小兒)의 피부병(皮膚病)은 쏨 궁기 씩에 믹킴을 인
(因)하야 일은 빅 만은이 응당(應當) 비조(肥皂)와 담검수(淡鹼水)〔물근 석검
(石鹼) 물〕로 써 덥게 하야 씻고 씨슨 후 수건(手巾)으로 닥거서 말니면 부
슬엄과 헌데와 긔슬지유(蟣虱之類)가 스〻로 업스리라. 쏘 혀는 심써 정
결(淨潔)케 허고 디리는 심써 덥게 허고 머리는 심써 선을허고 시연케
헌면 각종(各種) 잡병(雜病)이 스〻로 몸에 침노(侵擄)허지 못허느이 디인
(大人)도 쏘한 그러헌이라.

마련하였다.

13 '가경(嘉慶)'은 중국 청나라 인종 때의 연호(1796~1820)이며 '병진년(丙辰年)'은 1796년에 해당한다.

현대어역

접종을 시키지 않고 천연두가 생기기를 기다린다면 이는 비상 같은 독약을 가져다 어린아이에게 먹이는 것과 같으니 인명을 중히 여기는 이는 이 말씀을 소홀이 여겨서는 안 된다.[『우두신설』에[14] 자세히 나와 있다.] 홍역을 앓지 않는 경험적 방법은 섣달 그믐날 사과[수세미오이] 한 개를 새 기와 위에서 그 형체가 남아 있도록 불에 그슬린 뒤 땅 위에 놓아 불기운을 빼고 잘게 가루 내어 끓인 물에 타 먹는 것이다. 그 이듬해에 홍역을 앓게 되면 그 증세가 반드시 가벼울 것이고 위에서 말한 방법대로 2~3차 먹으면 영영 홍역을 앓지 않는다.

원문(한자 병기)

넛치 안코 그 시두(時痘) 발(發)허기을 기달이는 자(者)는 비상(砒霜) 갓튼 독약(毒藥) 가져다 소아(小兒)을 주어서 먹이는 것 갓튼이 인명(人命)을

3) 모음 관련

아래아	◎ **아희올**〈52b〉
	'아히>아희'와 같은 비어두에서의 /ㆍ/>/ㅡ/의 변화를 반영한 표기이다.
	◎ **뮉키고**〈53a〉
	어두에서의 /ㆍ/>/ㅏ/의 변화에 대한 인식으로 '맥키-'를 '뮉키-'로 적은 것이다. ['전설모음화', '중철' 참고]
원순 모음화	◎ **압푸고**〈53a〉
	'아프고'에서 /ㅡ/가 /ㅍ/의 영향으로 원순모음화된 것이다.
전설 모음화	◎ **뮉키고**〈53a〉
	'막히-'에서 /ㅏ/가 후행하는 /ㅣ/의 영향으로 역행 동화된 것이다. ['아래아', '중철' 참고]

4) 분철, 연철, 중철

분철	◎ **엄이**〈51a〉
	'어미'를 형태소 내에서 과잉 분철한 것이다.
연철	◎ **한르리**〈51a〉
	'하늘'을 '한를'로 적은 것에 조사 '이'가 결합되며 연철이 일어난 것이다. ['두음법칙' 참고]
중철	◎ **졋시라**〈50b〉
	'젖'이 '젓>졋'과 같이 재구조화를 거쳐 중철된 것이다.
	◎ **엄미의게**〈51b〉
	'어미'를 과잉 중철한 것이다.

◎ **딕키고**〈53a〉

'믹히고'를 중철한 것이다. ['아래아', '전설모음화' 참고]

5) 문법 형태

어미	◎ **마옵소**〈58a〉 '-옵소'는 이전 시기의 '-옵소' 형태에 소급하는 것으로 볼 수 있다. 이때의 '-옵-'은 선어말 어미 '-슣-'에 대응하는 것으로, 명령형 종결어미 '-소'에 '-옵-' 형태를 더함으로써 일정 부분 청자를 대우하는 방식으로 등급을 분화한 것으로 파악할 수 있다.
조사	◎ **육칠 삭벗텀**〈53b〉 '벗텀'은 '부터'가 비원순모음화된 것에 말음 /ㅁ/이 첨가된 형태로 평안, 함남, 황해에서는 이 어형이 사용된다.

참고문헌

게일(Gale, J. S.)(1897), 『韓英字典』, Yokohama: Kelly & Walsh. (황호덕·이상현 공편 (2012), 『한국어의 근대와 이중어사전 영인편』 5, 박문사.)

게일(Gale, J. S.)(1911), 『韓英字典』, Yokohama: The Fukuin Printing Co., L'T. (황호덕·이 상현 공편(2012), 『한국어의 근대와 이중어사전 영인편』 6, 박문사.)

게일(Gale, J. S.)(1931), 『韓英大字典』, 京城: 朝鮮耶蘇教書會. (황호덕·이상현 공편(2012), 『한국어의 근대와 이중어사전 영인편』 10, 박문사.)

곽충구(1980), 『十八世紀 國語의 音韻論的 硏究』, 국어연구회.

국립국어연구원 편(1999), 『국어의 시대별 변천 연구 4: 개화기 국어』, 국립국어연구원.

국립국어원(1999), 『표준국어대사전』, 국립국어원.

기창덕(1993), "송촌 지석영", 『대한치과의사학회지』 31(6), 457-459.

기창덕(1995), 『의학 치과의학의 선구자들』, 아카데미아.

김명선(2008), "지석영의 『신학신설』(1891)에서 근대적 주거 문제", 『한국산학기술학회논 문지』 9(3), 765-770.

김연희(2016a), 『한국 근대과학 형성사』, 들녘.

김연희(2016b), "1880년대 수집된 한역 과학기술서의 이해: 규장각 한국학연구원 소장본을 중심으로", 『한국과학사학회지』, 71-119.

김연희(2017), "19세기 후반 한역 근대 과학서의 수용과 이용: 지석영의 『신학신설』을 중심 으로", 『한국과학사학회지』 39(1), 65-90.

김영진(1999), "池錫永의 國文硏究와 普及", 『어문논총』 14, 51-70.

김형철(1997), 『개화기 국어연구』, 경남대학교출판부.

대한의사협회(1994), 『松村 池錫永』, 아카데미아.

리델(Ridel, F. C.)(1880), 『한불ㅈ뎐』, Yokohama: C. Levy Imprimeur-Libraire. (황호덕·이 상현 공편(2012), 『한국어의 근대와 이중어사전 영인편』 1, 박문사.)

문세영(1938), 『朝鮮語辭典』, 박문서관.

문세영(1940), 『修政增補 朝鮮語辭典』, 조선어사전간행회.

박병채(1980), "『言文』에 관한 硏究: 聲調를 中心으로", 『민족문화연구』 15, 1-60.

박윤재(2005), 『한국 근대의학의 기원』, 혜안.

박진호(2000), "'봄놀다'와 '붊괴다'에 대한 어원론적 형태 분석", 『형태론』 2(2), 209-214.

박호현(1993), "지석영의 국어학 연구", 대구대학교 교육대학원 석사학위논문.

방언연구회(2003), 『方言學辭典』, 태학사.

서용태(2011), "1877년 釜山 濟生醫院의 설립과 그 의의", 『지역과 역사』 28, 239-276.

서울대학교 한국의학인물사 편찬위원회(2008), 『한국의학인물사』, 태학사.

송현호(1996), "서울 地域語의 助詞", 성균관대학교 석사학위논문.

송철의 외(2013), 『한국 근대 초기의 어문학자』, 태학사.

스콧(Scott, J.)(1891), *English-Korean Dictionary*, Corea: Church of England Mission Press. (황호덕·이상현 공편(2012), 『한국어의 근대와 이중어사전 영인편』 3, 박문사.)

신규환(2006), 『질병의 사회사: 동아시아 의학의 재발견』, 살림.

신동원(1997), 『한국근대보건의료사』, 한울.

신동원(2000), "한국 우두법의 정치학: 계몽된 근대인가, '근대'의 '계몽'인가", 『한국과학사학회지』 22(2), 149-169.

신동원(2015), 『동의보감과 동아시아 의학사』, 들녘.

신용하(2004), "지석영의 개화사상과 개화활동", 『한국학보』 30(2), 89-112.

신용하(2005), 『한국근대지성사 연구』, 서울대학교출판부.

신유식(1993), "池錫永의 國文硏究", 『어문논총』 8·9, 149-184.

안예리(2018), "20세기 전반기 가정학 교과서의 번역과 어휘", 『한국사전학』 31, 285-116.

안예리(2020), "근대 한국어학의 지적 계보를 찾아서: 지석영의 국문·국어 연구를 중심으로", 연세대 근대학국학연구소 인문한국플러스(HK+) 사업단 엮음, 『20세기 전환기 동아시아 지식장과 근대한국학 탄생의 계보』, 소명출판, 142-172.

언더우드(1890), 『韓英字典』, Yokohama: Kelly & Welsh; London: Trübner & Co. (황호덕·이상현 공편(2012), 『한국어의 근대와 이중어사전 영인편』 2, 박문사.)

여찬영(2003), "지석영 ≪자전석요≫의 한자 자석 연구", 『어문학』 79, 193-212.

연세대학교 의학사연구소(2016), 『한국 근대의학의 탄생과 국가』, 역사공간.

이승재(1983), "再構와 方言分化", 『국어학』 12, 213-234.

이종찬(2004), 『동아시아 의학의 전통과 근대』, 문학과지성사.

이주행(2002), "서울 방언에 대한 연구", 『국어교육』 107, 283-318.

이준환(2012a), "『자전석요(字典釋要)』의 체재상의 특징과 언어적 특징", 『반교어문연구』 32, 113-144.

이준환(2012b), "池錫永 ≪言文≫의 표기, 음운, 어휘의 양상", 『국어학』 65, 281-317.

이준환(2013), "池錫永『아학편』의 표기 및 음운론적 특징", 『대동문화연구』 83, 201-236.

이준환(2014a), "池錫永『兒學編』 영어 어휘의 한글 표기와 국어의 음운론적 대응 양상: 자음을 대상으로 하여", 『국어사연구』 18, 249-292.

이준환(2014b), "『兒學編』 일본어 어휘의 한글 표기와 국어와 일본어의 음운론적 대응 양상", 『한국어학』 63, 305-343.

이준환(2014c), "池錫永『兒學編』 영어 어휘의 모음의 한글 표기와 국어와 영어의 음운론적 대응 양상", 『대동문화연구』 86, 445-483.

이준환(2018), "신식부인치가법(新式婦人治家法)』의 번역과 한중일 한자어의 교섭 양상", 『대동문화연구』 102, 337-377.

이한섭・박성희 편(2017), 『개화기 외국지명 표기 사전』, 고려대학교 출판문화원.

임상석(2008), 『20세기 국한문체의 형성과정』, 지식산업사.

임상석(2013), "근대계몽기 가정학의 번역과 수용: 한문 번역『신선가정학(新選家政學)』의 유통 사례", 『한국고전여성문학연구』 27, 151-171.

임상석(2016), "근대 지식과 전통 가치의 공존, 가정학의 번역과 야담의 번안 및 개작: 『가뎡잡지』결호의 발굴", 『코기토』 79, 52-83.

임상석(2018), 『식민지 한자권과 한국의 문자교체: 국한문 독본류와 총독부 조선어・한문 독본 비교 연구』, 소명출판.

전미경(2004), "식민지 시대 '가사 교과서'에 관한 연구: 1930년대를 중심으로", 『한국가정과육학회지』 16(3), 1-25.

전미경(2005), "1900-1910년대 家政 敎科書에 관한 연구: 현공렴 발행『漢文家政學』, 『新編家政學』, 『新訂家政學』을 중심으로", 『한국가정과교육학회지』 17(1), 131-151.

정한데로(2018), "『신식부인치가법』 한자어의 공인화: 한자 병기 어휘를 중심으로", 『언어와 정보 사회』 34, 241-275.

최경봉(2012), "천연두 퇴치 관심이 우리말 연구로 이어지다: 의학자이자 국어학자 지석영", 『쉼표 마침표』 77, 30-31.

하강진(2010), "『자전석요』의 편찬과정과 판본별 체재 변화", 『한국문학논총』 56, 663-728,

한국학문헌연구소 편(1985), 『池錫永全集 1-3』, 아세아문화사.

한성우(2009), "『兒學編』을 통해 본 근대 동아시아의 언어 교류", 『한국학연구』 21, 267-301.

한성우(2010), 『근대 이행기 동아시아의 언어 지식: 지석영 편찬『兒學編』의 언어 자료』, 인하대학교출판부.

황상익(2013), 『근대 의료의 풍경』, 푸른역사.